本书获教育部人文社会科学研究规划基金项目
《新中国成立初期山西省农村的党员与党组织研究（1949-1956）》（项目编号：17YJA770007）资助

郝正春 ◎ 著

中国一个县域的党组织建设考察
ZHONGGUO YIGE XIANYU DE DANGZUZHI JIANSHE KAOCHA

1949—1956

江苏人民出版社

图书在版编目（CIP）数据

扎根：中国一个县域的党组织建设考察：1949—1956 / 郝正春著. -- 南京：江苏人民出版社，2023.12
 ISBN 978-7-214-28324-5

Ⅰ.①扎… Ⅱ.①郝… Ⅲ.①中国共产党－农村－基层组织－党的建设－研究 Ⅳ.①D267.2

中国国家版本馆 CIP 数据核字(2023)第 172564 号

书　　　名	扎根：中国一个县域的党组织建设考察(1949—1956)
著　　　者	郝正春
责 任 编 辑	陈　颖
特 约 编 辑	王暮涵
装 帧 设 计	赵春明
责 任 监 制	王　娟
出 版 发 行	江苏人民出版社
地　　　址	南京市湖南路1号A楼，邮编:210009
照　　　排	江苏凤凰制版有限公司
印　　　刷	南京新洲印刷有限公司
开　　　本	652 毫米×960 毫米　1/16
印　　　张	16　插页 2
字　　　数	207 千字
版　　　次	2023 年 12 月第 1 版
印　　　次	2023 年 12 月第 1 次印刷
标 准 书 号	ISBN 978-7-214-28324-5
定　　　价	78.00 元

（江苏人民出版社图书凡印装错误可向承印厂调换）

目　录

绪　论　*1*
　　一、探究累积:新中国成立初期农村党组织研究　*3*
　　二、宏微互洽:中共组织史研究的一种实践趋向　*9*
　　三、设身处地:中共组织史研究之资料收集与方法融合　*18*
　　四、谋篇布局:本研究的研究理路与叙述架构　*24*

第一章　新中国成立前寿阳县农村的社会生态和组织形态　*27*
　　一、农村党组织发展的社会生态　*27*
　　二、党组织发展轨迹及基本形态　*32*

第二章　新中国成立初期寿阳县农村党组织建设的社会生态　*56*
　　一、农村基层政权体系的建立　*57*
　　二、农村社会经济建设的发展　*62*
　　三、农村党组织自身建设的困境　*64*
　　四、农村党组织建设的顶层规划　*68*

第三章　新中国成立初期寿阳县农村党组织的吸纳实践　86

一、农村党员吸纳的地方规划　87

二、农村党员吸纳的具体举措　96

三、农村党员吸纳的实践趋向　110

四、农村党员吸纳的工作缺陷　118

第四章　新中国成立初期寿阳县农村党员的训练教育　126

一、农村党员思想行为的总体境况　127

二、农村党员训练教育的地方规划　131

三、农村党员训练教育的基本内容　136

四、农村党员训练教育的实践模式　146

五、农村党员训练教育的实际成效　152

第五章　新中国成立初期寿阳县农村党组织的整顿实践　170

一、农村党组织整顿的地方规划　171

二、农村党组织整顿的实践运作　186

三、农村党组织整顿的实际成效　219

结　语　231

主要参考文献　240

后　记　252

绪　论

"作始也简，将毕也巨"。作为中国历史上"第一个新型的无产阶级革命政党"①，中国共产党历经百年，由1921年建党时仅50多名党员的秘密组织，到如今已成为拥有9800多万名党员的世界第一大党。从弱小到强大，从稚嫩到成熟，中国共产党百余年波澜壮阔的奋斗历程既彰显了蓬勃旺盛的组织生命力，亦蕴结了由"简"至"巨"之历史演进逻辑。如何深入且生动细致地呈现中国共产党由"简"至"巨"的丰富历程及内涵，向来是研究者们所热切关注的一个历久弥新的论域，更是中共组织史研究者们所必须具备的一种学术自觉和社会责任。早在1942年，毛泽东就曾告诫全党："如果不把党的历史搞清楚，不把党在历史上所走的路搞清楚，便不能把事情办得更好。"②因此，竭力探寻中国共产党组织发展的每一个历史足迹，既有助于全景式呈现中国共产党百余年组织发展之实态和历程，又有益于更深彻地体悟中国共产党何以取得如此巨大的成就，亦可为当下贯彻落实新时代组织路线提供历史的镜鉴。中国共产党成立已有102年，回望来路，细化研

---

① 中共中央党史研究室：《中国共产党历史》第一卷（1921—1949）（上册），中共党史出版社2011年版，第100页。
② 《毛泽东文集》第二卷，人民出版社1993年版，第399页。

究,可谓正逢其时。故本研究即为笔者忝列其间身体力行所作的一点努力。

中国共产党是依据马克思主义和列宁的建党学说创建起来的。根据马克思主义和列宁的建党学说,无产阶级政党是无产阶级领导的,以工人阶级为主要的依靠力量。然而,中国共产党的诞生与成长自有其特定的生态环境。中国共产党成立之初,全国50多名党员除个别外,大都是具有初步共产主义思想的知识分子。大革命失败后,中国共产党经过痛苦抉择,走上了一条农村包围城市、武装夺取政权的革命道路。这条革命道路虽历经艰难险阻但与中国国情相适应。在沿着这条革命道路行进的历程中,中国共产党的组织规模不断发展壮大,其社会构成与经典理论家的设想亦大不相同——工人党员并未占据绝对多数,而农民党员的人数在革命阶段不断增加。据统计,1927年中共五大召开时,全党人数为57967人,其中工人成分占50.8%,农民成分占18.7%;而到1928年六大时,全党党员40000多人,其中农民党员占了76.6%,工人党员仅占10.9%;1929年工人党员更下降到7%;1930年9月又降为1.6%;直到1949年底,全国党员总数为448.8万人,其中工人党员占12.24%,农民党员占75.8%。[1]从中可见,直至中华人民共和国成立之初,农民一直是党员队伍里的主体。如今,中国共产党已经走过了一百多年的历史,连续执政达70多年,据中组部发布的《中国共产党党内统计公报》,截至2022年12月31日,中国共产党党员总数已达9804.1万名,其中农牧渔民2603.2万名,约占26.6%,虽然广泛意义上的农民党员比例较新中国成立之初已有大幅下降,但490041个行政村已建立党组织,其覆盖率已超过99.9%。[2] 由上可见,中国共产党在成长历程中极为注重其组织体系在农村社会的延伸与发展。新

---

[1] 谢春涛主编:《中国共产党如何治党》,新世界出版社2017年版,第14—15页。
[2] 中共中央组织部:《中国共产党党内统计公报》,《党建研究》2023年第7期。

中国成立初期是中国共产党全面执政后逐步开展各项社会建设的关键时段,其时的组织工作至关重要,是组织建设的奠基阶段。随着社会建设的全面推进,中国共产党与农村社会的互动日益直接、频繁和密切,农村的党员与党组织自然成为联结党和国家与农村社会必不可少的重要纽带,其地位和作用不容轻视。正因如此,有关新中国成立初期农村党组织的研究成为中共组织史及中华人民共和国史研究所必然关注之焦点。

一、探究累积:新中国成立初期农村党组织研究

迄今为止,学界对于中共组织史的研究勤耕不辍,硕果累累。"中共组织史,顾名思义,就是中国共产党组织建设的历史,也可以说是党的组织路线保证思想路线、政治路线胜利实现的历史。"①中共组织史研究,即为党的组织建设史研究。组织建设是党的建设的重要基础。中国共产党在革命、建设、改革各个历史时期,始终把组织建设置于重要位置,因而吸引了学界持续且广泛之关注。就笔者目力所及,20世纪80年代以前,对中共组织史的关注大都局限在对党的领导人的相关文献及会议文件之解读,深入性的学理研究颇为罕见。自20世纪80年代以来,随着从中央到各省、市、县大量组织史资料的相继出版,以及一些领导人的传记、回忆录、文稿等不断面世,中共组织史的研究有了更多史料支撑而得以渐次展开。然囿于资料的公开程度和意识形态,初期研究多依据党的会议、文件、重大事件等,聚焦于党的组织路线和组织建设的政策演变与发展进程,以宏观描述居多。此外,一些通论性的党史、国史著作也均有关涉。后来,随着乡村社会史、区域史研究的渗透与影响,学界对农村党组织的关注度日渐增强,研究成果亦日益丰硕。在此,笔者仅就关涉新中国成立初期农村党组织的研

---

① 赵生晖:《中国共产党组织史纲要》,安徽人民出版社1988年版,序,第2页。

究成果作一大致梳理。

宏观的通论性的组织史或党史论作中,对农村党组织建设的方针政策均略有概述。如,赵生晖的《中国共产党组织史纲要》①,肖东波和曹屯裕的《新中国成立初期执政党建设研究》②,谢春涛主编的《中国共产党如何治党》③,张明楚主编的《中国共产党基层组织建设史(1921—2016)》④等。专门就中国共产党成立以来农村党组织建设历程作了全面梳理的有卢先福、龚永爱主编的《农村基层党建历程》⑤一书,其中一章节对新中国成立初期的农村党组织建设所面临的新的挑战、新的探索,组织整顿、组织建设的新要求等进行了概述。王先俊的《新中国成立初期党的基层组织建设》⑥就新中国成立初期包括农村在内的党的原有基层组织的整顿、新的基层组织的建立和新党员的发展等方面的"治党"活动进行了宏观描述。吕连仁的《新中国成立初期农村基层党组织发展的政策变化及影响分析》⑦则对新中国成立初期农村基层党组织由限制发展甚至暂停发展的方针,后又改为大发展的方针这一组织发展的政策变化的原因、前后不同的方针政策的实施及其对农村工作产生的不同影响进行了分析,展现了其时党的基层组织基本实现了在乡、村两级全覆盖的历程及其对于夯实党的组织基础和进行农村社会整合所产生的重大作用。总而言之,上述通论性的宏观论述对新中国成立初期农村基层党组织巩固和发展的政策或有所涉

---

① 赵生晖:《中国共产党组织史纲要》,安徽人民出版社1988年版,第249—251、280—284页。
② 肖东波、曹屯裕:《新中国成立初期执政党建设研究》,浙江大学出版社2010年版,第114—129页。
③ 谢春涛主编:《中国共产党如何治党》,新世界出版社2017年版,第17—22页。
④ 张明楚主编:《中国共产党基层组织建设史(1921—2016)》,福建人民出版社2017年版,第150—195页。
⑤ 卢先福、龚永爱主编:《农村基层党建历程》,湖南师范大学出版社2011年版,第160—200页。
⑥ 王先俊:《新中国成立初期党的基层组织建设》,《中共党史研究》2007年第5期。
⑦ 吕连仁:《新中国成立初期农村基层党组织发展的政策变化及影响分析》,《理论探讨》2013年第3期。

及,或进行专门梳理论述,但其中难见对整个过程的具体描摹及细致的分析解剖。

新中国成立初期的基层党组织建设主要是围绕建党与整党实践展开的,因而以此为主题的研究成果亦有很多。除了前述宏观论作多有涉及,以整党为主题的专题论文主要有李庆刚的《论建国初期的整党运动》①、赵亮的《1951—1954 年整党运动研究》②、陈明艳的《1951—1954 年中共整党研究》③等,其中对农村的建党或整党虽无专题论述,但就政策而言又多有关涉。而王锋德的《论建国初期农村整党》④、熊秋良的《"集体化"语境下农村整党考察(1952—1954)》⑤则专门就农村整党工作作了论述。前者侧重宏观性的整体概述,后者则主要利用《人民日报》相关报道就 1952—1954 年农村整党过程中的相关举措进行了描述,将其概括为集体主义价值观的引导,排斥富农党员、树立榜样、组织内清理整顿等。新中国成立初期,中国共产党的建党工作由革命战争年代的秘密状况转变为完全的公开建党。东北作为最早对公开建党方式进行探索的地区吸引了学者们的关注,学者罗平汉、黄进华等着重描述了东北地区和黑龙江公开建党的进程及其产生的影响。罗平汉的《东北地区"公开建党"进程分析》⑥通过描述 1947 年全国土地会议后东北地区率先公开建党所经历的零星发展、大量发展和巩固发展三个阶段,客观呈现了东北地区率先公开建党所作的可贵探索。黄进华的《新中国成立前夕黑龙江地区"公开建党"探析》⑦对 1948 年前后黑龙江地区积极探索"公开建党"实践进行了概述,并就该地区突破党的"发展瓶颈",积极建党所取得的成效及影响作了具

---

① 李庆刚:《论建国初期的整党运动》,《上海党史与党建》2003 年第 8 期。
② 赵亮:《1951—1954 年整党运动研究》,博士学位论文,中共中央党校,2012 年。
③ 陈明艳:《1951—1954 年中共整党研究》,硕士学位论文,南京大学,2012 年。
④ 王锋德:《论建国初期农村整党》,硕士学位论文,湘潭大学,2006 年。
⑤ 熊秋良:《"集体化"语境下农村整党考察(1952—1954)》,《福建论坛》2010 年第 11 期。
⑥ 罗平汉:《东北地区"公开建党"进程分析》,《中共贵州省委党校学报》2013 年第 5 期。
⑦ 黄进华:《新中国成立前夕黑龙江地区"公开建党"探析》,《中共党史研究》2014 年第 1 期。

体分析。新中国成立初期的建党工作总是与各项运动相伴而行,这种"运动式建党"是其时建党的重要模式。刘振华的《论中国共产党的政治运动建党方式》①则就"运动式建党"形成的原因及在实践中的成效作了分析,认为新中国成立初期因袭这一方式是成功的,效果是显著的。但随着时代环境的变迁,特别是中国共产党执政地位和主要任务的变化,仍然沿袭以政治运动方式建党显然会有许多"后遗症"。总体观之,新中国成立初期的整党建党实践是学界关注的热点。

新中国成立初期农村党的组织建设逐步实现了"乡乡有支部""村村有党员"的境况,对乡村社会政权重建影响极大。学者们从理论层面就"政党下乡"或"支部下乡"对乡村社会的改造与整合功能作了深入剖析。徐勇在《"政党下乡":现代国家对乡土的整合》②一文中提出,对于现代中国建构中的乡村治理而言,政党整合发挥着政权整合所不能够发挥的作用。党组织在农村社会的延伸和发展使其成为乡村治理的权力主体,成为传统乡村社会精英治理体制的现代替代物。吕连仁的《建国初期"党支部下乡"与农村政治整合》③结合新中国成立初期中国共产党大规模的"党支部下乡"运动,对基层党组织不断向乡村社会延伸,从而推动了乡村社会政党化、政治化、组织化的进程进行了分析:"党政权力以党的组织网络为基础,重组了乡村权力结构、社会组织、社会力量和价值体系,实现了对农村空前的政治渗透和政治动员,把农民纳入到国家政治体系中,彻底改变了旧中国农村一盘散沙的状况。"这种以政党权威进行的政治整合,对农村政治乃至各方面发展产生了深远的影响。黄晓龙的《"支部下乡":建国初期共产党对乡村社会的整合》④也是从政党整合的角度出发,以鄂东 C 村为分

---

① 刘振华:《论中国共产党的政治运动建党方式》,《理论探讨》1999 年第 1 期。
② 徐勇:《"政党下乡":现代国家对乡土的整合》,《学术月刊》2007 年第 8 期。
③ 吕连仁:《建国初期"党支部下乡"与农村政治整合》,《山东大学学报(哲学社会科学版)》2013 年第 5 期。
④ 黄晓龙:《"支部下乡":建国初期共产党对乡村社会的整合》,硕士学位论文,华中师范大学,2008 年。

析对象，论述了新中国成立初期党支部在C村的建立过程，以及建立后的党支部通过组织、动员、思想教育等方式对C村的整合过程，进而揭示了新中国成立初期党的"支部下乡"对乡村社会整合的有效性。综观而言，上述论作主要的侧重点在于论述"政党下乡"或"支部下乡"对乡村社会的政治整合作用，对党组织的建设过程本身论述较少。

随着多学科理论方法的相互交融和渗透，新中国成立初期组织史的研究论题所关注的视野不仅涉及宏大的历史评述、政策分析、社会影响，且更趋向于"由小而大""自下而上"的区域性研究。何志明、满永、黄永源、杨丽梅、庆格勒图等分别就川北达县、安徽省、惠安县、川北、内蒙古等区域在新中国成立初期农村党组织的建设进行了详细考论。杨丽梅的《新中国成立初期川北区整党建党运动研究》[①]和庆格勒图的《新中国成立初期内蒙古的党的基层组织建设》[②]分别对川北地区和内蒙古地区的整党建党进行了实证描述。何志明的《地权变动中的新区农村党建工作研究（1952—1954）——以川北达县为个案》[③]则利用档案等资料对土地改革结束后农村地权变动中新区农村党建工作的基本方针、政策及其实践进行了描述，认为新区农村党组织的建立为地权变动中的乡村社会顺利实现所有制转型发挥了不可忽视的作用。满永的《二十世纪五十年代的农村建党——以安徽省为中心的考察》[④]以20世纪50年代的安徽农村建党为中心，通过梳理中共中央建党政策的历史演进及安徽的农村建党实践，讨论中共以建党"扎根"乡村的过程及其对乡村社会改造的影响。满永认为，农村建党

---

① 杨丽梅：《新中国成立初期川北区整党建党运动研究》，《中共四川省委党校学报》2012年第4期。
② 庆格勒图：《新中国成立初期内蒙古的党的基层组织建设》，《内蒙古大学学报（哲学社会科学版）》2016年第5期。
③ 何志明：《地权变动中的新区农村党建工作研究（1952—1954）——以川北达县为个案》，《中南大学学报（社会科学版）》2014年第3期。
④ 满永：《二十世纪五十年代的农村建党——以安徽省为中心的考察》，《中共党史研究》2015年第11期。

布局的完成既成了中共组织权力"扎根"乡村的标志,也颠覆了乡村社会的政治结构,将其从相对自治状态纳入国家的治理体系中。

此外,王奇生、李里峰、李秉奎等对20世纪二三十年代、抗日战争时期的中国共产党组织的内部结构和外部关系的深入剖析,为深入开展新中国成立初期农村党组织的研究提供了极有价值的参照。如,王奇生对1927—1932年广东的中共地下党组织进行了微观考察,描述了当时基层党组织在白色恐怖下的生存和应变能力及地方主义和宗族性渗透于基层党组织的实态,从而揭示出"党在力图改造农民的同时,农民也在改造和利用当地党的地方组织"[1]。李里峰以山东抗日根据地为中心,以各级党内文件为基本资料,将关注重点从党组织的制度层面转向了实践运作层面,进而生动具体地呈现了抗战时期中国共产党与乡村社会之间的关系。[2] 李秉奎以太行抗日根据地为研究区域,利用原始档案、地方志、报刊等史料,着力再现中共农村党组织建立、发展、巩固的历史图景,并粗略勾勒了根据地基层的党军、党政、党群关系,不仅关注党组织壮大的动力、基层党组织的运作,而且留意党组织的具体动员、党员的心态等,大大增强了历史事实的鲜活感和可信度。[3] 从这些学者的论作中可以体悟到他们不仅有微观的学术视野,而且有高远的学术追求,特别是有甘于枯坐档案馆、行走于乡间田野、贴近底层的心态和毅力。当然,正如王奇生先生所言:"这种地域性的考察结论对该时期中共历史是否具有普遍性的认知意义,尚有待更多地域性研究的累积和验证。"[4]可见,翔实生动的组织史面相急需更多力作以不断"验证"与丰富,故而深化中共组织史研究仍存

---

[1] 王奇生:《党员、党组织与乡村社会——广东的中共地下党(1927—1932年)》,《近代史研究》2002年第5期。
[2] 李里峰:《革命政党与乡村社会——抗战时期中国共产党的组织形态研究》,江苏人民出版社2011年版。
[3] 李秉奎:《太行抗日根据地中共农村党组织研究》,中共党史出版社2011年版。
[4] 王奇生:《党员、党组织与乡村社会——广东的中共地下党(1927—1932年)》,《近代史研究》2002年第5期。

有相当大的思考和拓展空间。

笔者所见难免挂一漏万,但通过上述梳理对研究之总体趋向有一概观。大体观之,学界对于中共组织史研究及新中国成立初期农村党组织的相关研究已做了大量开拓性的工作,如研究视角已由宏观综述趋向微观深描,由传统党史国史的实证见长转向历史学、政治学、社会学、人类学等多学科的理论方法的交融互鉴,研究区域亦向"四面八方"不断延展开来。然既往研究关注党组织发展演变的概述性、通论性、重大事件的著作居多,而对党组织的时段性、地域性、结构性的研究仍显不足;对组织机构的沿革、组织制度的制定颁行论述较多,而对其组织机制的基层实际运作考察较少;对中共顶层、中层组织的结构和演变的总结多,而对基层党组织生态和形态的关注不够;对重要人物及上层党员群体关注多,而对普通党员群体乃至个体的研究阙如。如此,则很难精准地呈现新中国成立以来党组织发展演进的全貌及实态,也难以深切体味中共组织演进历程中"自上而下"与"自下而上"互动的生动景象,以及那些被淹没在"组织"中有血有肉、有情有感的党员、干部个体的各种境遇。凡此种种,不一而足。综观当下的学术层累和组织建设实践,可拓展的研究空间仍很大——只见"组织",不见"党员",重视"上级组织",忽略"基层支部"的研究局势仍需不断改善。为此,当下亟须在深入体悟和把握既有成果的基础上择取新的研究视角,深入挖掘资料,进一步跟进相关研究,以期在现有的广度和宽度上增进研究的深度、厚度乃至温度。此亦为本研究价值所涉之一。

二、宏微互洽:中共组织史研究的一种实践趋向

承前所述,深化中共组织史研究的主要着力点在于研究取向的抉择。目前,长时段、概述性、通论性的著述已对中共组织史研究的广度和宽度有所拓展,如果能进一步扩展研究的深度和厚度并略加温度,将能更深入地把握中共组织发展演进的内在逻辑。若把长时段、概述

性、通论性的著述看作宏观性研究的话,那拓展研究的实践趋向就要深化微观性的分时段、分区域、分领域、分层级、分结构的研究,作为宏观性研究之补充。简言之,宏微互洽之多维观照,当为目下切实可行的研究取向。

论及微观性研究,得益于微观史学研究理路之极大启发。微观史学并非新近才出现的研究理念和方法,它早已存在于历史研究中。微观史学大约产生于20世纪70年代的意大利,至90年代达到鼎盛期。其主要特点是"不把注意力集中在涵盖辽阔地域、长时段和大量民众的宏观过程,而是注意个别的、具体的事实,一个或几个事实,或地方性事件"。微观研究取得的结果"往往是局部的,不可能推广到围绕某个被研究的事实的各种历史现象的所有层面"。"但它却有可能对整个背景提供某种补充的说明。"[1]学界关于微观史学的争论亦不绝于耳,然宏观与微观始终相互依存、如影随形是不争的事实。微观性研究取向的目标主要是通过微观分析来观照宏观问题,换言之,微观论述中凝结着宏观视野,以小见大、见微知著才是其真正的核心所在,因此,提及微观性研究绝非将微观与宏观完全割裂开来。

就中共组织发展的时段而言,人类历史处于永恒发展之中,一切历史事物都处于某一具体的历史发展阶段上。若把中国共产党自身从年幼到成熟、从弱小到强大、从局部执政到全国执政整个成长壮大历程视为一个历史长时段,其间则包含了几个成长的关键期,可把这些时段视为中时段或短时段,而对每一时段的研究均非常必要。回望历史,中国共产党之所以能领导全国人民进行新民主主义革命、社会主义革命、社会主义建设、改革开放及至走进新时代,完成了近代以来其他各种政治力量不可能完成的艰巨任务,都与其在不同历史阶段的"自我革命"密切相关。可以说,"一部中国共产党推进社会革命的历

---

[1] 陈启能:《略论微观史学》,《史学理论研究》2002年第1期。

史,就是一部不断进行自我革命的奋斗史"①。每一历史时段的奋斗所面临的社会生态和需要直面的时代命题各不相同,然而中共对于自身组织的建设和锤炼则始终未停息。因而,只有从特定历史时段的历史条件、历史背景出发,细化对不同历史时段中共党组织状况的研究,对具体问题进行具体分析,才能更全面深刻地体味中共组织发展的实态、发展历程中的各种境遇及其实践经验。当然,一定时段并不是静止不动的一个点,而是一个历史发展着的现时存在,是承前启后的重要"关节",联结着上下百年。故而考察某一时段须从历史的绵延发展中纵向观照,切不可忽略历史发展中的连续性。唯有如此,才可贴切地归结出隐伏于时间线条中的发展逻辑和历史规律。

就分布的区域和领域而言,中国共产党自成立以来,其组织已由"星星之火"渐成"燎原之势",在中国广袤的大地上处处生根发芽。就分布的空间看,各地中共组织的社会地域特征突出,其历史条件、社会生态差别极大。若把全国空间范围内的中共组织分布视为一个大区域的话,包含在其间的省、区、城、县、乡、村则是不可或缺的"小区域",特别是县以下的基础行政区划变化幅度相对较小,其自然环境特质和历史文化生态则自成一体。由点及面、由面成体。可以说,一个县域乃至一个村庄里可能就藏着一个"中国",其间数量众多、形态各异的地方性知识有助于强化对全国整体情况的深入理解,特别是对地理、经济、政治、文化、社会特征的复杂性的理解,任何同一性或特殊性都应在学术思考的范围内。因此,对特定区域内党组织进行"解剖"可更直观地观察整个党组织在基层的发展状况。同理,亦可对城市、农村、国有企业、高校、非公企业、社会组织等多个领域的党组织"分而研之",由一个点向"四面八方"辐射开来,真正做到"小题大做","小视域"中有"大境界"。

就组织体系和架构而言,中共组织有其特有的组织肌理、组织形

---

① 本刊评论员:《以党的自我革命推动伟大社会革命》,《求是》2018年第3期。

态和行为准则——既有上层的精心设计和推进，也离不开基层社会的建构与实践。其组织效能的获得既与设计者、领导者的政治视野、政治谋略、政治智慧相关，也与践行者的学识觉悟、责任担当、自我约束密切相关。因而，研究中不仅要关注上层的组织架构，更要关注下层的组织细部；既要关注组织制度的制定颁行，更要关注制度在基层的运作实践；既要关注高层、中层领导干部，更要关注基层村级干部；既要关注党员群体，更要关注党员个体。通过分层级、分结构以关注"小问题"，进而了解"真情况"，抓住种种细节才能更细致真切地透视中共组织在发展历程中不断成长、完善的客观景象，进而深切体悟中国共产党是如何锤炼出善于发现问题、敢于面对问题、勤于解决问题的"自我革命"之气度与胸怀的。

要言之，上述几方面并不截然孤立，实际研究中始终有各种交织重合。同时，微观性研究与宏观性研究在实践操作层面亦很难截然分野。一般而言，宏观性组织史论作大都气势恢宏，有全盘考虑与全局观念，能够站在较高基点梳理出组织发展演进及其推动社会革命历程的整体轮廓和基本史实。微观性组织史研究侧重对某一研究对象所蕴含的各种细节的探微与分析，如关注特定历史阶段、特定地域的党员之来源与分布、数量和质量、思想文化状况，基层组织的构成及运行等，然又不拘泥于某一细节，而是从当时的历史背景、社会生态和发展进程中去观察细节，又将细节置于中共组织发展的整体场景中。可以说，微观性组织史研究是就观察的视域进行一定收缩，基于中共组织发展的前后连续的进程，通过微观的审视与解构来洞彻宏观组织系统上下联动的运作历程和运作实态，有助于更清晰、更通透地看清描述对象的面相和本质。此外，微观论述的深描叙事亦使众多鲜为人知的往事浮出"史"面，进而又可触及组织发展之温度。因而，对中共组织史任何整体上的理解与构建都是建立在对细节的关照和描述之上的。实事求是言之，微观性研究确是宏观性研究的有益且必要的补充。微观性组织史研究的主要宗旨是拓展研究领域，丰富研究主题，其意义在于为宏观性研究"补缺捡漏",无意亦不可能忽略宏观性组织史研究的优势与积淀。

当下,历史虚无主义思潮之影响并未绝迹。深化组织史研究之宏微互洽的实践取向、强化宏观中的微观研究和整体中的细节研究,亦可成为反击历史虚无主义的切实可行的途径之一。通过精准细密的研究把研究对象分析透彻,既可把事件叙述得细致具体,又可把人物描写得贴切鲜活。微观问题透彻明了了,宏观问题就有了准确判断和科学评价的基础,如此,历史虚无主义将不攻自破。正如党史专家曲青山所言,反对历史虚无主义就"要在加强宏观研究的基础上重视微观研究。既尊重历史发展的客观逻辑和规律,坚持历史和逻辑的统一,从整体上研究历史发展过程及其规律,探求历史本质,又以大量深入细致的微观研究夯实宏观研究的基础,以更丰富多样更多角度更多层面的微观研究和历史细节,挫败历史虚无主义的各种攻击"[①]。可见,微观与宏观互为补充,从而构造一种多维立体的研究取向,当为目下深化中共组织史研究的一种实践趋向。

综上考量,就研究时段之选取来看,本研究将目光专注于新中国成立初期。学界对新中国成立初期有两种认识:一种认为是指中华人民共和国成立最初的三年,即国民经济恢复的三年时间;另一种,也是大多数,认为是 1949 年 10 月至 1956 年的时段。在此,笔者即以 1949—1956 年为研究时段。该时段是中华人民共和国初建的一个关键时期,是中国共产党组织发展历程中承前启后的一个重要阶段,亦可视为中国共产党全面执政后组织建设的奠基阶段。这一时期的社会生态和组织生态相较于革命战争年月差别极大,其时的组织建设亦面临诸多形态各异的新问题,可谓"老革命遇到了新问题"。中国共产党取得了新民主主义革命的胜利,获得了执掌全国政权的地位,自然承担起社会建设和国家建设之重任。当时,各方面建设自上而下地全

---

① 曲青山:《提高反对历史虚无主义的能力和水平》,《求是》2018 年第 4 期。

面铺开,其关涉的范围之广、程度之深,前所未有。该时段社会建设和变革的目标是巩固已取得的政权,逐步在中国确立社会主义制度,以"建设一个新世界"①。因此,想要出色地完成自身承载的历史使命,就必须尽快实现自上而下的组织角色转变,不断提升自身的组织素养。然而这一时期的组织工作所面临的社会生态极其复杂,遭遇的阻碍和挑战很多,不过反观其实践经验也是极为丰富的。因而,对该时段农村党组织建设的考察是观察中国共产党全面执政初期组织建设轨迹的一扇窗口,可深化对中国共产党在该时段组织建设所面临的困境与所作应对之认识。

就研究的组织领域及体系而言,笔者以农村党组织作为焦点。作为一个农业大国,中国农村基层党组织始终是中国共产党组织体系中的重要一环,是联结中央组织、地方组织与乡村社会的"最后一公里"。身处农村社会的党员与党组织,在中国革命、建设、改革各个历史时期的基层社会运行中起着无可替代的作用,是乡村社会治理的权力主体。新中国成立初期,中国共产党的工作重心由乡村转入城市,其组织工作亦面临着前所未有的繁杂和挑战,既要"组织进城",又要"组织下乡"。其时的农村社会建设和发展面临着诸多新的困境和调整,亟须大批具备上下贯通的组织工作能力的党员干部以贯彻各项方针政策,因党员数量和质量的局限,围绕中心任务的组织吸纳与整训是一点点探及农村社会的各个角落的。虽然农村的党员和党组织在中国革命、建设、改革各个历史时期均因时因势不断地或被动或主动地完善和提升自己,并渐次接近或达到了组织建设的各项规范要求,但又很难涤荡尽其与生俱来的乡土本性,组织工作之复杂景象可以想见。本研究力求探析该时段农村党组织的发展变动、历史具象、个性特征、角色定位与时代特点,并以此呈现新中国成立初期中国共产党在农村社会的形

---

① 1949年3月5日,毛泽东曾在中共七届二中全会的报告中宣称:"我们不但善于破坏一个旧世界,我们还将善于建设一个新世界……还将活得比帝国主义国家要好些。"参见《毛泽东选集》第四卷,人民出版社1991年版,第1439页。

象建构与组织认同的复杂面相。同时,本研究亦有助于深刻认识和理解新中国成立初期中国共产党在乡村社会政权建制、社会改造和秩序重建中的地位与作用,并为赋予其理性分析和客观评价提供翔实的历史依据,还对观察和理解当下农村党组织建设及乡村社会治理有所启迪。

  本研究关注的是中华人民共和国成立初期农村党组织的吸纳与整训,然而无论从地理空间还是人口分布来看,均无面面俱到、进行"地毯式"研究之可能。为此,笔者则以微观性的区域视角进行个案研究。当然,区域的选取绝非率性而为。正如有学者所言:"'区域'可大可小,只是一个相对的概念。开展中国区域社会史研究,研究者可以选择自己生于斯、长于斯的熟悉的相对区域开展研究。这样既有天时、地利、人和的基本条件,又有切身体会和领悟的实践。"①选取特定时段的特定区域,特别是选取自己熟悉的区域,更容易获取"地方性知识",从而对相关问题能进行更恰如其分之深入探究。笔者生于山西、长于山西,对山西既有地域感情,又有现实感悟。但是,选取山西并非单纯的"家乡情结",作此研究亦不是书写简单的"家乡史",更多的是缘于山西在中华人民共和国成立初期所具有的独特地位和社会影响。山西在中华人民共和国成立初期的社会建设历程中不断涌现出闻名全国的各种典型,是其时大家颇为注目的一个"明星"省份,亦为学界研究格外关照的重要省份之一。就其组织建设而言,山西是中国共产党在北方较早建立党组织的省份之一,中共山西地方党组织始建于1924年。② 在抗日战争时期,中共中央确定山西为坚持华北抗战的战

---

① 行龙:《从社会史到区域社会史》,人民出版社2008年版,第159页。
② 1924年5月,中共北京区委员会委员长李大钊派高君宇回家乡山西建立党组织。高君宇(1896—1925),山西省静乐县岭底村(今属娄烦县)人。五四运动时为北京大学学生会负责人之一。1920年与邓中夏等共同组织马克思学说研究会,同年加入北京的共产党早期组织,是全国最早的50多名共产党员之一、山西第一个共产党员、山西党团组织的创始人。曾任中共中央机关报《向导》编辑、孙中山秘书等职。1922年当选为中国社会主义青年团第一届中央执行委员和中共中央第二届执行委员。1925年3月5日在北京病逝,年仅29岁。

略支点。山西党组织依托八路军迅猛发展,曾在晋东北、晋西北、晋东南各抗日根据地中局部执政。在解放战争时期,山西成为支援全中国解放战争的战略基地,在各解放区进一步建立和发展党、政、军、群各系统组织。1949年8月1日,华北人民政府通令调整华北地区行政区域,以旧山西省界为基础,东、西、南沿旧界不变,北以内长城为新界,组成山西省建制。同月,中共中央华北局批准组建中共山西省委,结束了战争年代按根据地设置党组织的状况。1949年9月中共山西省委成立后,按照国家确定的行政区划,设置山西省各级地方党组织。其时全省面积12.89万平方公里,人口1083.3万人,其中,有中共党员25.64万人,约占人口总数的2.4%。① 1952年11月,中央人民政府委员会第十九次会议决议撤销察哈尔省建制,原属察哈尔省管辖的雁北13县和大同市划归山西,山西省版图至此划定。其时全省面积15.71万平方公里,人口1395.2万人,其中,有中共党员34.54万人,约占人口总数的2.5%。② 山西作为一个不折不扣的农业省份,农村党员数量占比极大。据统计,1949年9月,山西省有共产党员25.64万人,占全省总人口的2.37%,基层党委14个,党总支268个,党支部1.3万个;其中,农村党支部1.09万个,占全省党支部总数的83.89%。全省农民党员占到党员总数的86.98%。③ 到1951年8月,全省党员发展到28.69万人,约占人口总数的2.41%;农村党员24.06万人,占总人数的8.39%;全省党的支部发展到1.32万个,建立农村党组织的行政村占到行政村总数的90%以上。④ 到1956年底,全省共产党

---

① 中国共产党山西省委员会组织部、山西省档案局编:《中国共产党山西省组织史资料(1949.10—1987.10)》,山西人民出版社1994年版,第15页。
② 中国共产党山西省委员会组织部、山西省档案局编:《中国共产党山西省组织史资料(1949.10—1987.10)》,山西人民出版社1994年版,第15页。
③ 中共山西省委党史办公室:《中国共产党山西历史》第二卷(1949—1978)上册,中共党史出版社2012年版,第130页。
④ 中共山西省委党史办公室:《中国共产党山西历史》第二卷(1949—1978)上册,中共党史出版社2012年版,第133页。

员发展到48.09万余人,是中华人民共和国成立初期的1.6倍,占全省人口总数的3.1%,农民党员占全省党员总数的比例为63%。① 因而,以山西为个案进行中华人民共和国成立初期的农村党组织研究有典型意义和独特价值。

关注农村基层党组织需不断下沉,以县为单位较为可行。在中国共产党的组织结构和国家政权结构中,县一级处在承上启下的关键环节。"一个县可以说就是一个基本完整的社会,'麻雀虽小,五脏俱全'"②。因此,县级及以下的组织生态和组织形态当更为学界关注。山西所属县在新中国成立前处于各种政治力量与政权交错控制之下,社会生态异常复杂,各个县的实际境况亦不尽一致。以寿阳县为例并非因其具有特殊的典型特点,凡列为典型并广为传播者则难免笼罩着被塑造的光环,非典型区域的考察更能彰显其一般形态和历史本相。寿阳县即为如此。寿阳县建置悠久,经历了纷繁复杂的历史变迁,特别是中华民国至新中国成立前该县在各种政治力量的角逐中呈现出复杂的社会生态。如,抗日战争及解放战争中,各方政权各有行政区划,且随着形势变化,屡有更易。新中国成立前后,该地区亦划分为老区、恢复区、新区,不同区域施政策略不同。③ 党组织的发展演进与社会生态密切相关,虽然中国共产党成立于1921年,但受当时各种条件制约,地方党组织的发展并不均衡。寿阳县直到1936年才成立了地方党组织,且因党组织建立后在发展进程中所遭遇的社会生态异常复杂而经历了诸多曲折,其组织生态随之不断变化,党组织亦呈现出较为复杂的形态。新中国成立后,该县实行了统一的行政区划和政权体

---

① 中共山西省委党史办公室:《中国共产党山西历史》第二卷(1949—1978)上册,中共党史出版社2012年版,第239页。
② 中共中央文献研究室编:《十八大以来重要文献选编》(中),中央文献出版社2016年版,第319页。
③ 根据《在不同地区实施土地法的不同策略》(1948年2月3日),毛泽东在文中将中国共产党控制区域分为老区、半老区和新区。参见《毛泽东选集》第四卷,人民出版社1991年版,第1277—1279页。

制,党组织的建设同向并进,各项工作有序开展,中共意识形态逐渐深入民心,组织体系一步步扎根农村,党组织在农村社会治理中的引领作用得以显现。诚然,该过程并非一帆风顺,成效与缺陷均客观存在,因而关注如此境况下的组织形态更能彰显其时中共农村党组织建设的历史实态,同时亦能深刻体味隐伏于其中的农村党组织之演进逻辑和成长规律。

概而言之,以一定历史阶段的区域个案为中心展开研究,是整体史研究论证之基础累积,对特定区域内党组织进行"解剖"可对整个党组织在基层的发展状况有更直观细致的观察,为精准研究分析农村基层党组织的发展演进及其组织生态、组织形态提供了参考样本,同时亦能极大地丰富和充实对中国共产党及其领导的乡村社会变革的整体性或普遍性认知。

三、设身处地:中共组织史研究之资料收集与方法融合

在当今学术繁荣发展的时代,中共组织史研究之实践绝非空中楼阁,无的放矢。现存的大量组织史资料,开放多元的学术互鉴,学界前辈的探索引领等,均使笔者备受鼓舞。

深挖资料是深化研究的基础工作。常言道"巧妇难为无米之炊",对于一项历史研究,没有资料积累和支撑很难诉诸笔端。史料则是历史认识的中介。梁启超曾言:"史料为史之组织细胞,史料不具或不确,则无复史之可言"①。毋庸置疑,任何一项历史研究,史料的掌握是提炼新观点、创建新理论、凸显真历史的必要条件。深化中共组织史研究更需要有充分的史料佐证。如今,档案资料的结集出版、报刊资料的缩微影印、历史影像资料的采集整理等已为开展研究提供了较为丰富可靠的资料资源。以档案资料为例,截至 2000 年 10 月底,中

---

① 梁启超:《中国历史研究法》,上海古籍出版社 2006 年版,第 39 页。

央、省、地、县四级共编纂出版《中国共产党组织史资料》3065部,总字数逾15亿;其中县一级2700多部,地一级300多部,省一级29部。①之后又陆续补充完善,上至省,下及县,各地的组织史概述和党史纪事等资料相继出版,这些公开出版的组织史史料对推进研究至为关键。当下,身处大数据时代,搜集、整理、出版的资料日益数字化,各类资料平台相继建设成型,在无远弗届的互联网上查询利用亦很便利,可以说现有的史料留存状况已能满足大部分研究需要。

当然,对于微观性研究而言仍不充分,当研究空间或研究对象收缩聚焦到某一具体问题时,现已公开出版的资料仍显不足。眼光向下,深挖基层未刊档案文献资料可为必要补充。随着各级档案馆馆藏档案文献开放共享,学界亦可直接查阅现存的许多未刊的组织史原始文献,特别是出自当时基层党员干部之手的各种细节性的统计、报告、总结、鉴定等参证材料。此外,对特定区域、特定时间内形成的散落民间的历史文献、个人资料、回忆史料、宣传画报、地方志、各种报纸杂志等的收集与整理亦可为中共组织史研究之兴盛增色不少。总体来看,基层档案文件的史料价值最高,最能反映从政府决策、政策执行到落实的具体情境,但这些档案的开放程度不一,研究者对其全面利用仍有一定难度。

所以,口述资料日益受到学者青睐。口述资料能开拓新思路,为文献资料做些补充,尽可能地收集、整理一些基层口述资料与文献资料以相互印证非常必要。运用口述资料亦可有身临其境之感,从而深化对研究对象的认识。当然,口述资料的获得需学者在田野中不辞辛劳地调查访谈。同时,在运用时需特别注意其潜在的若干缺陷和适用限度,如当事者的选择性回忆、模糊性记忆等缺陷。故研究者既不能小视或无视口述史料的作用,亦不可夸大其价值和使用范围。总而

---

① 《卷帙浩繁 鉴往知来——中共组织史资料编纂出版述实》,《中共党史研究》2001年第2期,第40页。

言之,深化组织史研究,须努力构建多层次、多角度、较完整的史料链,且当注重各种资料间的相互印证。

面对丰富的资料,研究者对其全面筛选利用的难度较大,对资料的择取也非常艰苦。有学者曾形象作比"如同沙里沥金,需要花大量时间和精力翻阅、研琢历史文献",学者亦应肯下苦功,甘于寂寞,认真爬梳史料,分析史料。① 因而,傅斯年先生曾提倡的"上穷碧落下黄泉,动手动脚找东西"仍为中共组织史研究者须谨遵的学术理念。事实上,涉及中共组织史研究的史料之收集整理和开发利用还需要不断放远眼光、不断付出心力。

本研究采用的资料主要为中共中央、省、地区和县级当时颁行的党内文件,特别是地区级和县级各党组织的上级来文、工作计划、报告、总结等,其中包含很多重要的统计数据和生动的运作描述。就数据而言,其时留存的大量统计表格较为翔实。这得益于中国共产党在组织管理等工作中的精细化管理——"一切要有数目字"②在当时的践行。正因为当时沿用这一贯彻机制,为包括组织工作在内的各项工作中留下了大量数据统计表格——从县级、乡级、区级、村级到支部,不同年份不同区域的《党员分布统计表》《党员花名登记表》《支部干部登记表》《入党申请统计表》《建党谈话员审查批准登记表》《整党中生产情况登记表》《转入转出党员情况报告表》《党员增减表》等,甚至当年的党员介绍信、党员组织关系接转等存根都有留存。在一些总结报告中,书写者不仅摆出组织建设成绩,而且关注正在遭遇的难题、尚未解决的困难以及错误,并提出相应的改进之策等,极为详尽。这些数据、报告等能在多大程度上反映当时的真实状况,也许仍有值得推敲之处,但这些基层档案是目前所能收集到的最为有价值的参考资料。

---

① 郭小凌:《浅谈史学中的宏观与微观研究》,《世界历史》1993年第4期。
② "一切要有数目字"是学者黄道炫对中国共产党抗日战争时期从财政工作到干部管理工作中重视数目字精细化管理贯彻机制的一种形象概括。参见黄道炫《如何落实:抗战时期中共的贯彻机制》,《近代史研究》2019年第5期。

尤其是这些材料大都出自当时的基层党员干部之手,很多是没有公开或未打算公开的党内文件,甚至有一些档案被收藏机构认定为控用资料,不对外开放,其学术价值难以忽略。可以说,它们不仅是深化研究的基础,亦为研究的重要对象,可直接呈现当时组织发展的某些实态。恰如有学者所言:"大体而言,越是上层的、公开或半公开的,传阅范围广的、指导性和计划性的文件,就越抽象、理论、含混不清;反之,越是基层的、秘密的、传阅范围窄的、请示性和汇报性的文件,就越真实、生动、贴近实际。"[①]范力沛在为陈永发的《干革命》一书所写序言中曾言:"陈对地方层级共产主义运动的准确理解,主要依赖从未打算公开的党内文件。……无论其假定的听众是谁,公开的材料总是强调胜利远远超过困难和失败……党内的材料则是出自一种完全不同的看法,更加详细和具体,不仅关注胜利,而且关注正在遭遇的问题、尚未解决的困难以及错误。它们用农民自己的土语生动地报道了基层对党的政策的反应。"[②]陈永发本人也声称:"我所使用的关于政策实施的中共内部材料出自中共干部之手,大都是不出名或不知名的干部,他们很少关注全国范围的党的争议和辩论。他们对党和农民在农民利益问题上的分歧很敏感,详细具体地描述、分析了农民的态度并艰难地调解这些分歧。有时这些材料在行文和意识形态内容上都很粗糙,但对我们而言,这恰恰增强了其历史价值。"[③]正如陈永发描述的那样,笔者所使用的是一些粗糙的、手写的、凌乱的,但又非常真实、具体且生动的资料。对这些原始资料的发掘与利用将能进一步丰富乡村社

[①] 李里峰:《革命政党与乡村社会——抗战时期中国共产党的组织形态研究》,江苏人民出版社2011年版,第22页。
[②] Lyman P. Van Slyke, "Foreword", in Yung-fa Chen, *Making Revolution: The Communist Movement in Eastern and Central China, 1937-1945*. 转引自李里峰《革命政党与乡村社会——抗战时期中国共产党的组织形态研究》,江苏人民出版社2011年版,第23页。
[③] "Preface", in Yung-fa Chen, *Making Revolution: The Communist Movement in Eastern and Central China, 1937-1945*. 转引自李里峰《革命政党与乡村社会——抗战时期中国共产党的组织形态研究》,江苏人民出版社2011年版,第23页。

会史及中共组织史研究,同时也为追索中国共产党管党治党和社会治理历史经验提供了重要凭据。

融合方法是深化研究的必取之径。在当下开放多元的学术环境中,哲学社会科学研究的一个整体趋向就是打破学科藩篱,构建多学科研究方法的互鉴融合模式。中共组织史研究亦当如是。中共组织史作为历史的一部分,对历史发展的本然过程进行实证考察,运用历史的方法当为首要。如毛泽东所言的"古今中外法","就是弄清楚所研究的问题发生的一定的时间和一定的空间,把问题当作一定历史条件下的历史过程去研究。"[①]笔者在研究中除了运用传统史学研究方法,亦极为重视汲取政治学、政党学、社会学、心态学、人类学、统计学等学科有关理论方法之合用之处。如具体分析中,笔者不仅注重档案资料与文献资料的相互结合、相互印证及相互补充,亦更注意在过程-事件分析中,从定量研究到定性研究中,细致观察各级党组织发展的历史动态和趋向,以更深刻地揭示研究问题的主旨和实质。学者杨天石曾言:"世间的一切事物处于一定的过程中,表现出一定的质,也表现出一定的量。因此,历史要忠实地记录过程,这是它的主要任务,但是,历史也要对处于特定过程中的事物作出质和量的分析。"[②]如前所述,新中国成立初期的农村档案资料举凡党员成分、年龄、文化程度、地域分布等都有数量统计,对分析其时的"党情"极为有益。

此外,研究中也应特别虑及中国共产党的个性特征和中国不同地域的特性。借用毛泽东的话说,要"以中国为中心,把屁股坐在中国身上"。"不研究中国的特点,而去搬外国的东西,就不能解决中国的问题。"[③]对中共组织史研究更要立足中国实际,参透研究对象,创新研究话语体系,设身处地地展开客观的研究。如此,"地方性知识"在

---

① 《毛泽东文集》第二卷,人民出版社1993年版,第400页。
② 王奇生:《党员、党权与党争:1924—1949年中国国民党的组织形态》,华文出版社2010年版,序二,第2页。
③ 《毛泽东文集》第二卷,人民出版社1993年版,第407页。

区域个案研究中就显得颇为珍贵。正如程美宝在谈及人类学家吉尔兹的"地方性知识"和"译释"对史家治区域史的启发时曾做如下总结:"(1)重视理解当地人的观点;(2)重视理解当地人的知识结构、内容以及知识传递的方法;(3)重视理解当地人在日常生活中使用的语言和其他表述方式;(4)对自己作为研究者译释上述三方面的局限有所警惕"①。如何在研究中实践这些建议呢?主张"中国中心观"的美国史家柯文曾给出了详细指引。柯文倡导把"移情"方法运用于历史研究,指出"理解历史实质上就是如何进入到历史演员们丰富多彩的直接经验之中的问题"。"移情是为了理解对方,设身处地体会对方的思想、感情和处境,它并不意味着就赞同对方的思想感情"。用柯文的话说,"移情"就是"卸下"那张紧紧地裹着史家自身的文化的、历史的乃至个人的"皮",然后钻进他所研究的对象的"皮"中去。② 柯文的观点亦可用以捍卫移情方法著称的美国史家威廉·德雷的话概括,"如果史家的兴趣在于发现或通过想象重建过去某时某地的人类生活",我们就需要采取"从内部","从当事人的观点来观察它"。"移情"方法并非单凭想象灵感一蹴而就,而是建立在对历史现实与当事人的周密调查基础之上的。③ 史家章开沅先生也曾言:"治史者要'设身处地',把自己置身于特定的历史情境中,这样才有可能获致比较客观而又贴近历史实际的'知人论世'"。④ "治史者必须设想自己身临其境,历经其事,思其所思,然后始能与其形成对话、沟通、理解。"⑤据此,笔者在前

---

① 程美宝:《地方史、地方性、地方性知识——走出梁启超的新史学片想》,杨念群等主编:《新史学:多学科对话的图景》,中国人民大学出版社2003年版,第688页。
② [美]柯文:《在中国发现历史——中国中心观在美国的兴起》,林同奇译,中华书局2002年版,译者代序,第21、22页。
③ [美]柯文:《在中国发现历史——中国中心观在美国的兴起》,林同奇译,中华书局2002年版,译者代序,第23页。
④ 王奇生:《党员、党权与党争:1924—1949年中国国民党的组织形态》(修订本),华文出版社2010年版,序一,第1页。
⑤ 王奇生:《党员、党权与党争:1924—1949年中国国民党的组织形态》(修订本),华文出版社2010年版,序一,第3页。

辈学术理念的引导下深入挖掘地方资料、进行田野访谈等均是为了获取身临其境之感悟。

总之,在本研究中笔者结合收集到的历史资料,以微观性研究的区域视角切入,将政治史、组织史与社会史等研究方法融合起来,深入到所选区域,捕捉其"地方性知识",运用"移情"法,"设身处地"地把这段历史放在更为广阔的社会变迁之历史背景中进行描述、探析,从而勾勒中国共产党取得全国执政地位后农村党组织的自身建设及组织发展演变的历史实态。

四、谋篇布局:本研究的研究理路与叙述架构

本研究的研究理路以"自下而上"和"自上而下"相结合的观察视角,立足历史学的实证研究,在挖掘整理原始档案、报刊文献等资料的基础上,借鉴政党学、社会学、人类学、政治学、心态学等学科的理论方法,统筹宏观与微观、纵向与横向各种接近历史原貌的资料,以新中国成立之初农村的社会生态和组织生态为研究起点,结合中国共产党农村组织建设的构想与实践,以山西省寿阳县这一特定区域为中心,对新中国成立初期乡村社会变动中的农村党组织建设进行了深入的历史考察,以充分探究和展示该时段农村党组织的社会结构、历史本相、主体地位、角色特征及发展变动等,以揭示社会转型期中国共产党在农村的发展轨迹和组织实态,并深切体味凝结着"组织性格"与"乡土性格"的农村党员在时代变革中的历史际遇,进而立体地呈现这一时段丰富复杂的社会图像和时代特征,并从更深层次上揭示出中国共产党在农村党组织建设实践之复杂性和曲折性。具体如下:

第一部分主要描述了新中国成立前山西省寿阳县农村的社会生态和中共组织形态之基本状况,以探析影响或制约中国共产党全面执政后关于农村建设及其自身建设构想实现的各种因素。主要包括新中国成立前农村社会的自然状况,各个历史时段的政权变动,党组织

发展概况,党员的数量质量、社会构成及其思想行为或组织观念,党组织的分布规模及组织体系的基本状况等。

第二部分主要考察新中国成立初期中国共产党全面执政后寿阳县的社会生态和组织生态,以客观呈现中国共产党依据新中国成立之初农村党员与党组织的实际状况及客观形势所作的主动应变与积极探索。主要包括其时经济建设、政权建设、政治运动等社会情势,及在如此情势下中国共产党应对农村党组织建设的总体构想、顶层设计和面临的各种困境。

第三部分主要考察新中国成立初期寿阳县农村党组织的吸纳实践,以此透视中国共产党的组织权力在农村社会延伸的实践情境和总体趋向。重点考察其间党员的吸纳规划和吸纳机制、党员的社会构成、党员的数量和质量、党员吸纳实践中的困境及应对、党员吸纳的成效与缺陷等。

第四部分主要描述新中国成立初期寿阳县农村党员的训练教育,以此观察该时段经过整训学习农村党员意识行为的变动态势,从而对其时强化党性塑造和建构党员形象的实践有更客观的认识。主要包括农村党员面对新形势的思想认识,农村党员训练教育的整体规划,教育训练的主要内容、主要形式与方法,教育训练的运作及其收效等。

第五部分主要考察新中国成立初期寿阳县农村党组织的整顿实践,以此考察农村党组织在该时段治党实践中的种种境遇与变动态势。主要包括贯穿于土地改革、整党、农业合作化等运动中组织整顿的规划,组织整顿实践中的试验、动员及分阶段推进的运作实态,组织整顿的成效与缺陷等。

结语则从理论和实践层面总结分析新中国成立初期农村党组织发展运行的总体趋向及其历史影响,以深刻认识中国共产党在该时段的农村发展轨迹与时代特征。主要包括总结分析该时段农村党组织的发展态势及主要特点,综合分析党员与本级党组织间以及上级党组织的互动关系的主要态势及大致趋向,综合分析党员与党组织与所处时代的种种关联,综合分析前述内容对之后的农村社会主义建设及中国共产党组织自身建设之显性与隐性、现时与历时的深刻启示。

第一章 新中国成立前寿阳县农村的社会生态和组织形态

寿阳县隶属于山西省晋中市,蓄积着厚重的历史文化底蕴,存续着光荣的红色革命传统。这里早在1936年就成立了地方党组织——中共寿阳支部。该县域党组织早期的发展与社会生态密切关联。党组织建立后在革命进程中不断积蓄力量,逐步发展壮大,其组织生态亦随之渐次转变,呈现出较为复杂的形态。新中国成立前寿阳地方党组织建立发展的历史为中共组织史不可或缺的重要组成部分,在中国共产党百年发展史上亦有其特定的地位。历史进程总是绵延相牵的,对这一时段中共组织发展实态之考察有助于对新中国成立初期组织发展所面临的问题或困境有更深入的体认。

一、农村党组织发展的社会生态

(一)自然环境①

寿阳县位于山西省中东部,太行山西麓,居潇河上游,地域宽广,东与阳泉、平定、昔阳为邻,西依太原、榆次,南接和顺,北靠盂县,全县

---

① 参见寿阳县志编纂委员会编《寿阳县志》,山西人民出版社1989年版。

总面积2110平方公里。寿阳县境内重峦叠嶂，山岭环峙，各山纵横分布，脉络可循，高低错落，首尾相接，由西、北、南三面逐渐向中间倾斜，然后向西南降低，形成一山间盆地。境内还有潇河、寿水、向阳河（又称桃河）曲折穿行于山岭之间。可见寿阳县地形复杂，地势险要。

寿阳县耕地充裕，塬坪土厚，盛产谷子、玉米、大豆和各种杂粮，素有"山西东山粮仓"之誉。全县以传统农业经济模式为主，亦有经营商业之传统，有宗艾等著名商业集镇，其遗迹至今尚存。此外，寿阳的煤、铁、铝、石膏、矾土等矿产资源蕴藏丰富。

寿阳县在地理位置上处在交通要道上，东出娘子关、井陉，顺势直下，可入华北大平原；南走榆次，沿晋中盆地、河东地区，出潼关，可至陕西、河南，自古为晋冀京陕重要通道。特别是近代正太铁路、石太公路建成后，线路横贯东西全境，成为华北交通运输干线。

总之，寿阳县地形复杂、资源丰富、交通便利，历来为兵家必争的战略要地。特别是近代以来，许多政治军事力量皆据此作为突袭省会太原之战略基地。又因该地区山多路崎，区间分割，林木繁茂，便于遁藏，因而有利于中国共产党在抗日战争、解放战争期间依托山地建立根据地，开展游击战，积蓄发展力量。因之，对寿阳自然环境的大致描述有助于对该地区共产党组织发展之地理生态有一概观。

（二）政权沿革

1. 清末之前的建置

寿阳建制于春秋晚期，当时称为"马首邑"。西晋太康年间，以"寿阳"为名的行政建制正式成立，至今已有1700多年的历史。北魏至唐贞观十一年前曾称"受阳"或"寿州"。贞观十一年（637年），改"受阳"为"寿阳"。宋、金、元、明为并州所属，清雍正二年（1724年）改属平定州，直至清末。清末，县级行政司法机构归于一体，称县衙门，寿阳为乙等县,正七品,属直隶平定州管辖。①

2. 民国阎锡山政权

辛亥革命后,1912年废府州,山西各县政权机构为公署,行政长官称为知事,由省行政长官呈由国务总理及内务总长推荐任命,办理本县政务。知事下设四科两吏,县设议会,有议长,县以下设区,每区议员3人。其时阎锡山被推举为山西都督,开始主政山西。1917年,阎锡山任山西省省长兼督军后,废四科改为六政。六政人员由省府任命,回避本县。县知事综理全县政务。1933年后,县公署更名为县政府,知事改称县长,撤销原六政人员,设民政、财政、教育、建设四科,后又增设地政、田粮、司法、社会等科。上述更名一直沿用至抗日战争时期。②

1917年开始,阎锡山政权实施村本政治,将全县划为四个行政区,即东乡、西乡、北乡、南乡,共辖编村132个。编村下设闾,闾下设邻,25户为1闾,5户为1邻。以编村为施政单位,积户成闾,积闾成村,积村成区,区统于县,一县之治,以村为基础。解放战争初期,阎锡山政权已将全县划为4个区,1948年重新划为5个区,共17个乡。1946年年底到1947年春,阎锡山在其占领的城关、宗艾、上湖、马首等地区推行"兵农合一",主要内容包括"编组互助""划领份地""平均银粮",以解决其面临的兵源、粮食等问题。其间,阎锡山在寿阳征常备兵4次,仅城关、宗艾一次就征招了800多名青壮年,补充阎军二一三团,因抓兵抽丁而造成许多青年不得不隐瞒年龄或逃往解放区。③此外,阎锡山政权为了肃清共产党,以"净白阵营"等名义实施"三自传训"与"自白转生"。所谓"三自传训"是指"自清、自卫、自治",源于"赵

---

① 参见寿阳县志编纂委员会编《寿阳县志》,山西人民出版社1989年版,第338页;《中国共产党寿阳县历史》编委会编《中国共产党寿阳县历史》,中央文献出版社2011年版,第2页。
② 寿阳县志编纂委员会编:《寿阳县志》,山西人民出版社1989年版,第339页。
③ 寿阳县志编纂委员会编:《寿阳县志》,山西人民出版社1989年版,第359页。

俊义奋斗法"。"赵俊义奋斗法"为阎军第四十九师第一团团长赵俊义所创,赵军驻防寿阳等地时,推行"三自传训":其所在区域内所有人,分别集中起来进行"自清",让人们坦白自己是否为共产党做过事,凡站过岗放过哨、做过军鞋等均得坦白,被认为彻底坦白者,就算"转生",认为自白不彻底或有嫌疑的人,分别加以大会斗争或处死。阎锡山政权在寿阳以此法杀戮了许多无辜的农民和共产党员,为其政权的覆灭埋下隐患,为新政权的渗入提供了各种空隙和可能。① 直至1948年5月10日,寿阳解放,阎锡山政权在寿阳的统治宣告终结。

3. 日伪政权

1937年11月2日夜,日军沿正太路侵入寿阳县城,驻扎在车站营盘,之后在寿阳建立维持会,由寿阳碧石村的留日学生王作人出任会长,成为一个临时傀儡政权。1938年初,张静村的安正、王作人等被召去太原,经过一番策划后,2月26日将维持会改组为"寿阳县公署",即日伪县政权机关。日军在占领期间,到处奸淫掳掠,杀人放火,并实行"治安强化"、经济封锁、毒化政策、经济掠夺等,使寿阳人民的生命和财产均遭受严重损失,而且大肆掠夺各种矿藏畜产和农副产品致寿阳经济趋于崩溃。特别是百团大战后,日军为了挽回颓势,建成大东亚兵站基地,建立华北参战体制,于1941年2月开始进一步实行"总力战",连续五次实行"治安强化",寿阳和华北各地一样,被日军划分为治安区(敌占区)、准治安区(游击区)和非治安区(抗日根据地)三种,以不同手段实行统治和进攻。"治安强化",以制造"笼囚"为基础,在治安区着重于"清乡""强化保甲",实施大乡编制,建立合作社,厉行"配给制度",囤粮灌仓,抓丁拉夫,扩充伪军,即所谓强化乡村自卫力量。在沦陷区建立所谓的"爱护村""模范村",在一些大村打围墙、挖战壕,组织自卫团,训练青壮年。除城关周围,日军还在距城较远的地

---

① 郝正春:《经验、技术与权力:晋中新区土地改革研究》,中国社会科学出版社2014年版,第64页。

方,如宗艾、下州等地也打起围墙,防备游击队袭击。在游击区,日军着重于封锁"蚕食",以特务与武装结合、恐怖与怀柔兼施的办法,步步推进,威胁民众"接头","维持"或者制造"无人区",对于所谓非战区的抗日根据地,日军则进行疯狂的"扫荡"和摧毁,实行"三光"政策,与反共组织策划会道门暴动等。由此可见,在日军侵入下,寿阳县的社会生态遭到了极大的破坏。

4. 抗日民主政权

1937年日军侵入山西,11月寿阳县城沦陷,由于抗日战争形势发展的需要,中国共产党在石太铁路以北建立了寿阳县抗日民主政府,即路北县政府,因将榆次县北境划入,又叫寿榆县。全县以正太路为分界线,分为路北(后划属晋察冀边区)、路南(后划属晋冀豫边区)两大块抗日根据地。1943年将盂县县城以南、平定的严康、保安沟一带和黄丹沟以东、石太路以北整合起来,建立寿东县(1945年改称盂寿县)。因此,在路北地区有寿西和寿东两个县政府,属晋察冀边区北岳区领导。1945年8月,路北两县政府合并,原盂寿县所辖之盂县、平定地区划归原县制。在石太铁路以南所建的寿阳县政府习惯上称路南县政府,归晋冀鲁豫边区太行二专署管辖。

抗日政府领导下的行政区划仍是区村制。由于战事频仍,乡村区划屡有变更,区公所驻地没有固定地点,大致情况是,抗日战争之初,路南划分为四个区,四个区的建制一直延续至1948年,其中1941年曾增设至五个区;路北划分为五个区,1940年增设至十个区。1943年寿东地区盂县、平定一部组成寿东县,共设六个区;这时寿西地区设七个区,其中有两个区在榆次境内。1945年8月,寿西寿东合并,共设八个区。① 中共在其所控制区域对村政权逐步进行了改造,有力地推动了党组织力量在乡村的扎根与延伸。

---

① 寿阳县志编纂委员会编:《寿阳县志》,山西人民出版社1989年版,第4、7页。

5. 人民民主政权

抗日战争结束后,寿北县委、县政府,寿南县委、县政府调整区划,搬迁驻地,领导全县人民投入新的斗争中。1948年5月10日,寿阳全境解放。路南、路北政府合并,恢复寿阳县建制,成立中共寿阳县委,寿阳县人民政府划属晋中区,县委、县政府驻地迁入县城。至此,全县南北统一起来。1948年12月28日,中共晋中区党委批复组建中共寿阳县委,委任王一平为县委书记,王炳生为县长,寿阳党政领导机构诞生。寿阳全县划为13个区,到1949年5月21日,调整行政区划,由原13个区调整为10个区,共辖207个行政村。① 县委根据其时的老区、恢复区、新区特点,加强了县区村政权的建设,在老区普遍整顿了农会组织,新区都建立了农会。土地改革结束后,在农代会的基础上,成立了人代会,选举产生了村政权,自上而下逐步建立了新的政权体系。

综上所述,寿阳县建置悠久,经历了纷繁复杂的历史变迁,特别是民国至新中国成立前,该县在各种政治力量的角逐中呈现出复杂的社会生态。如,抗日战争及解放战争中,各方政权各有行政区划,且随着形势变化,屡有更易。虽然其实际施政未必都能达到所辖村范围,但政权分割的状态亦使社会生态面临难以复合的创伤,使中共组织发展受到极大制约。当然,这亦为新政权的渗入与建立提供了间隙及可能,显而易见的是,这期间亦蕴积着一种"改天换地"的历史必然。

二、党组织发展轨迹及基本形态

(一) 全面抗战前夕党组织之初创

寿阳县城距山西省会太原虽仅71公里,但20世纪初的信息传播

---

① 中共寿阳县委党史研究室编:《中国共产党山西省寿阳县历史纪事(1936—2004)》,中共党史出版社2005年版,第125页。

模式还不足以让革命或政党等相关的政治消息迅速传入乡间。加之当时村民受教育程度极低,对政治变动有一种疏离感。辛亥革命发生后,人们听说"省城反了",但对革命是怎么回事,完全茫然,以至于革命发生多年后,乡间生活习俗、礼数乃至装束还保留着清朝的样式。据张磐石①回忆,阎锡山政权曾派人到乡间查男人留辫子、女人裹小脚的情况,然屡禁不绝;他本人直到12岁还在留着长辫子,而这已是1917年的事了。② 1919年五四运动爆发后,在北京、天津、太原读书的青年学生周末会到寿阳县城进行爱国讲演,当时在县城读书的一些学子受到新思想的启蒙。之后,这些进步学生通过学习探索,较早地接受了革命思想,其中有些学生前往省会太原求学。于是,寿阳县城与外界有了一条进步思想的传播通道。20世纪20年代后期,在省会太原就读的寿阳籍学生张磐石等接受了革命思想并回乡办刊和组织各种活动以宣传革命思想,他们成为其时传播马克思主义思想的主要力量。在他们的宣传下,马克思主义在这座小县城悄悄传播开来,为寿阳党组织的创建奠定了思想基础。

1931年九一八事变后,国内掀起抗日救亡运动高潮,山西人民随

---

① 张磐石(1905—2000),原名潘敬业,山西省寿阳县平头乡潘家沟村人。1932年参加革命,同年加入中国共产党。历任中共北平中国左翼社会科学家联盟、左翼文化总同盟党团书记,中共天津市委宣传部代部长,太行文化教育出版社编辑部部长,华北《新华日报》丛书编辑部部长,中共太行区委常委兼宣传部部长,中共晋冀鲁豫中央局宣传部副部长。1946年,他创办了晋冀鲁豫中央局机关报《人民日报》,兼任社长。后任中共华北局宣传部副部长,兼中共华北局机关报人民日报社社长。1948年8月,任中央人民日报(华北局《人民日报》和《晋察冀日报》合并后改名)社社长兼总编辑。他是《人民日报》的创始人之一。新中国成立后,任中共华北局宣传部部长兼新华社华北总分社社长,中共华北局常委、第四副书记兼华北行政委员会文教委员会主任。1954年任中宣部副部长。"文革"期间,受到残酷迫害,被投入监狱。"文革"结束后,恢复工作,1979年,任林业部党组成员、副部长。1982年,退居二线。张磐石是第一、第二届全国政协委员,第五、第六届全国政协常委及全国政协文史委员会常务副主任。2000年6月22日,因病在北京逝世,享年95岁。参见李泓《张磐石事略》,《文史月刊》2007年第6期;钱江《张磐石的青少年时代》,《文史月刊》2006年第3期;钱江《张磐石一生创办三个〈人民日报〉》,《中国报业》2013年第10期。
② 钱江:《张磐石的青少年时代》,《文史月刊》2006年第3期。

之积极组织起来,团结御侮。1934年以后,中共中央针对阎锡山的动向,派遣上层文化界的秘密党员,利用学者身份,采取讲学的方式,打入了阎锡山集团内部,既做上层人士的工作,又把阎锡山控制的群众团体变为革命的政治讲坛,大力开展宣传教育和组织群众的工作。其间,在太原就学的寿阳籍共产党员荣晋武、王奎甲、侯艾科等根据上级党组织指示回乡,分别在西乡、东乡、北乡开展工作,秘密宣传共产党的主张,革命思想在寿阳进一步秘密传播开来。1935年11月,任职于寿阳马首乡肥村学校的赵庄村人侯承璋在太原出版的《乡村教师》上发表抗日文章,吸引了当时在中共山西工委工作的北方局特派员王文达的注意。1936年春节后,王文达来到寿阳赵庄村侯承璋家中与之交流。侯承璋趁机向王文达介绍了他个人的情况,同时也汇报了寿阳青年学生在"一二·九"学生运动影响下开展的抗日救亡运动,以及在省会太原读书的寿阳籍学生寒假返乡组织读书会等情况。王文达对侯承璋的思想给了肯定、支持和鼓励,并向其详细介绍了中国共产党的建党纲领和抗日主张,同时还就如何开展党的活动提出了指导意见。于是,1936年2月,经王文达介绍,侯承璋加入党组织。3月,侯承璋与泥庄村知识分子李思源、张映魁等组建中共寿阳党支部,侯承璋被推选为中共寿阳支部书记,李思源、张映魁为委员。① 支部归属中共山西工委领导。支部成立后,侯承璋等人曾在部分乡村以小学教员的名义宣传抗日救亡等主张。

日军侵华后,在共同抗击日本帝国主义的政治主张下,山西出现了各党派、各阶层联合抗战的局面,1936年9月18日成立了山西牺牲救国同盟会。1937年5月,阎锡山在寿阳县火车站大营盘成立国民兵军官教导团第十团(简称"教十团")。受党组织的派遣,中共寿阳党支部领导人侯承璋、李思源带领20多名进步青年知识分子加入了

---

① 《中国共产党寿阳县历史》编委会编:《中国共产党寿阳县历史》,中央文献出版社2011年版,第8—9页。

教十团。6月山西牺牲救国同盟会寿阳分会成立,共产党员樊俊顺、姚祖章担任分会特派员。这一时期,成批先进青年政治上得以觉醒,寿阳抗日救亡的群众运动掀起热潮。知识界组织报告会激发人民群众的抗日斗志,商界开展抵制日货的斗争活动,山西牺牲救国同盟会分会在两个月里发展会员2000多人,并组建20余人的分会游击队。在外任教和读书的知识分子青年学生,返回本县参加山西牺牲救国同盟会和国民兵军官教导团,不少人担任了村政协助员,利用公开合法的身份,秘密进行建党宣传工作,广大农民受到了一定的启蒙教育,逐渐凝聚起抗日救国的激情,要求参加山西牺牲救国同盟会,参加抗日救国运动,这为以后抗日武装和革命政权的建立奠定了群众基础。①

粗略反观寿阳县中共早期党组织的建立情形,从中可见中国共产党早期地方组织创建的一种惯常模式,即由被新思想吸引外出求学的青年学生带回革命火种,并将其播撒在家乡的土地上,使中共的组织体系扎下根须。虽然这一时段的基层组织力量以学校知识分子为主体,但还不够强大和坚实,不过有了"星星之火","燎原之势"便也有了可能。

(二) 抗日战争时期的党组织形态

1937年7月7日,卢沟桥事变爆发,八路军第一一五师、第一二〇师和第一二九师,途经寿阳县平头、解愁、景尚、松塔,开赴山西抗日前线。

1937年10月,晋察冀边区战地工作团组建了中共寿阳(路北)县工委,李雪瑞担任书记,并进入寿阳地区开辟抗日根据地。11月,中共晋中特委在和顺县石拐镇组建了中共寿阳(路南)县委,由李玉祯任县委书记,不久县委驻地移往道坪村,抗日民主政权在寿阳建立。

---

① 参见中共寿阳县委党史研究室编《中国共产党山西省寿阳县历史纪事(1936—2004)》,中共党史出版社2005年版,第1—2页。

1937年11月15日,刘少奇为中共中央北方局起草了《独立自主地领导华北抗日游击战争》,指出:"在游击战争中,我党已成为政权、武装与群众运动的主要领导者,因此,我党应立即公开。建立公开的党的领导机关,发展党员,建立地方党部。"①1938年3月15日,中共中央发出《关于大量发展党员的决议》,明确指出:"目前党的组织力量,远远落在党的政治影响之后,甚至许多重要的地区尚无党的组织,或非常狭小。因此大量地、十百倍地发展党员,成为党目前迫切与严重的任务。"②为此,中共寿阳(路北)县委、中共寿阳(路南)县委在中共山西工委的领导下,在正太铁路南北两侧的山区把大量发展党员、建立各级党组织作为一项重要任务。农村基层党组织党员的吸纳首先是通过群众团体发现积极分子,然后利用支前参战和各种斗争中培养的积极分子,通过个别教育和组织考察发展党员。这一时期,县委特别注意在贫农、雇农和知识分子中发展党员。道坪、红洼、云烟、张庄等村的党支部,就是在这一阶段中最早创建的基层党组织。中共寿阳(路南)县委先后在潇河两岸的道坪村、景尚村分别建立了两个区分委。这两个地区在区分委的领导下,党员、党组织迅速发展。1938年4月,中共寿阳(路南)县委,决定越过正太路把党组织发展工作推进到寿阳(路北)县地区,并以逯村和平头镇为中心,分别建立区分委,开展党的工作。③ 1938年,寿阳(路南)县有2个区委、25个农村党支部、2个机关党支部,发展党员356人。④ 1939年,寿阳(路北)县的党员人数发展到200人,寿阳(路南)县发展到554人(包括寿阳路南县

---

① 《刘少奇选集》上卷,人民出版社1981年版,第96页。
② 中共中央文献研究室、中央档案馆编:《建党以来重要文献选编(1921—1949)》第15册,中央文献出版社2011年版,第186页。
③ 《中国共产党寿阳县历史》编委会编:《中国共产党寿阳县历史》,中央文献出版社2011年版,第26—27页。
④ 中共寿阳县委党史研究室编:《中国共产党山西省寿阳县历史纪事(1936—2004)》,中共党史出版社2005年版,第28页。

委开辟路北地区的党员人数)。① 在基层党组织发展中,因组织力量所及地区的政权控制程度不一,因而党员分布呈现出不均衡的实态。据1940年部分地区的不完全统计,党员占比较大地区可达1.26%,少则仅0.09%,组织分布情况可见其时共产党在基层社会已有一定的组织力量,但其覆盖层面或数量分布极不平衡(见表1.1)。

表1.1 1940年寿阳(路北)县部分区域党员分布情况

分区	党员数	人口数	区域
一区	42	18971	沟北、南安多、郑家庄一带
二区	26	17013	百僧庄一带
三区	19	20128	清平、王强一带
四区	110	8753	南畔、逯村一带

资料来源:寿阳县志编纂委员会编《寿阳县志》,山西人民出版社1989年版,第326页。

随着党员数量的增加,党员质量亦参差不齐。据时人回忆,有的党员是抗战初期发展起来的,"那时环境还不太恶劣,因此一遇风云突变的形势,有的害怕不干了,有的在敌人压力下自首了,留下来的都是坚强的骨干。他们经得住考验,敢拼敢斗,智勇双全。像王六宝、崔汉臣等都是顶得硬的,就是这些人在县委领导下成为中流砥柱"②。有的党员革命意志坚定,所在支部坚强有力。"那时一个村建立党的基层组织,发展上三四个党员,这个村子基本上就被我们控制了,那时的党员模范作用和支部的堡垒作用是很强的。像南畔、常村、平头等都是非常好的支部,这一批建立的支部是真正在烈火中诞生的,能够经

---

① 《中国共产党寿阳县历史》编委会编:《中国共产党寿阳县历史》,中央文献出版社2011年版,第37页。
② 赵修:《英雄的人民光辉的业绩》,中国人民政治协商会议寿阳县委员会文史资料研究委员会编:《寿阳文史资料》(第1辑),寿阳1984年版,第1—9页。赵修(1921—1992),在抗日战争期间曾任中共寿阳(路北)县委书记。

得住考验。"①其时,党组织发展受战争影响,手续亦不尽完善,"发展党员是单线的,不写申请书,也不举行入党仪式,经区委研究批准,通知本人就是正式党员"②。此外,还出现了发展党员标准降低的现象。针对这些情况,1940年1月,寿阳县委开始了党组织整顿工作。其时,寿阳(路北)县基层党支部发展到60个,党员增加到640人;而寿阳(路南)县因工作中的"左"倾错误,加之日军的不断侵扰,使党员干部产生了恐惧悲观的情绪,有的动摇逃跑,有的公开投敌,给其时的组织工作带来了严重挫折,其时的基层党支部有26个,党员人数下降到267名。③ 经整顿,1941年,寿阳(路北)县有党支部66个,党员515人;寿阳(路南)县有党员212人。④ 1943年,寿阳(路南)县有党员265人;寿阳(路北)县有党员433人,党支部63个;寿东县有党员270个,党支部45个。⑤ 据寿阳(路北)部分区域统计可见,四个区的197名党员都是在抗战全面爆发后发展的,其中1938—1940年入党者占到总数的近70%,其中1940年最多。1941—1942年因日军"扫荡""清乡"等日益加剧及组织整顿中的"左"倾错误,致使党组织减员情形严重,入党人数明显下降。1943年则随着战争形势的变化,根据地的军民开始了局部的战略反攻,组织发展又出现了新的高潮。其时寿阳(路北)县委结合整风学习,对农村支部进行了调查,就一、二区支部而言,其支部分为5个类型:较好的24个,存在宗派主义问题的1个,被地富分子掌握的12个,被特务掌握的支部13个,被恶霸掌握的支部4

---

① 赵修:《英雄的人民光辉的业绩》,中国人民政治协商会议寿阳县委员会文史资料研究委员会编:《寿阳文史资料》(第1辑),寿阳1984年版,第1—9页。
② 刘传毅:《寿阳县二区公所是如何建立和开展抗日工作的》,中国人民政治协商会议寿阳县委员会文史资料研究委员会编:《寿阳文史资料》(第1辑),寿阳1984年版,第17页。
③ 中共寿阳县委党史研究室编:《中国共产党山西省寿阳县历史纪事(1936—2004)》,中共党史出版社2005年版,第42页。
④ 中共寿阳县委党史研究室编:《中国共产党山西省寿阳县历史纪事(1936—2004)》,中共党史出版社2005年版,第49页。
⑤ 中共寿阳县委党史研究室编:《中国共产党山西省寿阳县历史纪事(1936—2004)》,中共党史出版社2005年版,第70页。

个。通过调查对农村党组织"扎根不深"的状况有了了解,并在斗争中审查党员,进行教育,纠正党员的不良情绪,恢复发展党员 87 名,培养模范支部 15 个。①

表 1.2　1943 年寿阳(路北)县部分地区党员党龄

分区	党龄					
	5 年以上	4 年以上	3 年以上	2 年以上	1 年以上	当年
一区	—	—	17	—	5	20
二区	—	6	9	4	2	5
三区	—	—	9	4	3	3
四区	28	22	46	2	6	6
合计	28	28	81	10	16	34

资料来源:寿阳县志编纂委员会编《寿阳县志》,山西人民出版社 1989 年版,第 327 页。

寿阳县委为了积蓄组织力量,1944 年 1 月制订了当年的党组织发展规划,即按全县人口总数的 1.5% 发展党员,逐村建立党支部,并要"扎正根子",巩固支部。到 1945 年,寿阳(路北)县有党支部 249 个,党员 2832 人,寿阳(路南)县有党支部 54 个,党员 800 人。② 由 1945 年上半年寿阳部分地区党组织情况统计可见,其时农村党组织的分布范围及农村党组织的发展规模(见表 1.3)。

表 1.3　1945 年上半年寿阳部分地区党组织情况统计

类别	分区						
	一区	二区	三区	四区	五区	六区	合计
支部数	33	32	24	13	26	10	138
行政村数	34	54	39	29	33	30	219

---

① 中共寿阳县委党史研究室编:《中国共产党山西省寿阳县历史纪事(1936—2004)》,中共党史出版社 2005 年版,第 69 页。
② 中共寿阳县委党史研究室编:《中国共产党山西省寿阳县历史纪事(1936—2004)》,中共党史出版社 2005 年版,第 89 页。

续 表

类别	分区						
	一区	二区	三区	四区	五区	六区	合计
支部占行政村比例	97%	59.2%	71.5%	44.8%	74.3%	33.3%	62.4%
党员数(人)	302	272	357	89	137	55	1212
人口总数(人)	18487	17000	18681	14683	11105	12051	92007
党员占总人口比例	1.63%	1.6%	1.91%	0.6%	1.23%	0.46%	1.3%

注：一区系解愁地区，二区系温家庄地区，三、四区系盂县兰庄、苗家庄地区，五区为太平沟地区，六区为今阳泉燕龛地区。

资料来源：寿阳县志编纂委员会编《寿阳县志》，山西人民出版社1989年版，第327页。

综上可见，日军入侵寿阳八年间，寿阳农村党组织在艰难复杂的战争环境中逐步成长，数量虽不断增加，但质量难以稳固。虽然在不断整顿中，党员的思想意识有了提升，党员的数量却有所收缩。尤为不可避免的是，在严酷艰苦的战争环境中，党员群体中亦有一些意志薄弱的人经不住困难考验。据寿阳（路北）县委1943年统计，该区党员中自首叛变的有200多名，蜕化逃亡的有80余名。① 这表明其时党员的忠实程度及组织观念或党性仍然较低。可见农村党组织的发展巩固非一时之功。当然，在抗日战争期间，寿阳作为晋察冀边区和太行边区的前沿阵地，抗日根据地扩展到全县80%以上地区，人口占到全县70%左右，②该地区党组织对巩固根据地支援前线作战所作出的贡献不容忽略。据统计，抗日战争时期有250名八路军官兵、武工队员、游击战士、民兵、地方干部在这片热土上牺牲。③

---

① 寿阳县志编纂委员会编：《寿阳县志》，山西人民出版社1989年版，第327页。
② 中共寿阳县委党史研究室编：《中国共产党山西省寿阳县历史纪事（1936—2004）》，中共党史出版社2005年版，第4页。
③ 中共寿阳县委党史研究室编：《中国共产党山西省寿阳县历史纪事（1936—2004）》，中共党史出版社2005年版，第85页。

（三）解放战争时期的党组织形态

抗日战争结束后，1945年8月30日，阎锡山县政权恢复，并在县城附近和各乡村组建"治村"村政权。驻寿阳的阎军在寿阳周围整修碉堡，集结力量对寿阳解放区根据地进行攻击，加之阎军在其统治区强制推行"三自传训""自白转生"，部分党员自首或被杀害，村级党组织遭到暴露和破坏。1946年11月，在温家庄、崔家垴、安胜、冯家庄六区、七区，阎军一夜之间就杀害了共产党员200多人，多为兄弟相残、父子相杀、党员相害，且所用手段极其残忍，均为棍子打、镢头刨、活埋等。另外，阎军还组织"暗杀团"，常半夜叫门、抓人，并嫁祸于共产党。"暗杀团"手段残忍，所抓之人不是被抛尸街头就是再无音信。① 被杀害的党员中有16岁的女共产党员尹灵芝（1947年11月3日）。② 为了粉碎阎军进攻，寿北县委提出，"全面开展反阎、反特运动，扩大宣传，摧毁敌伪组织，争取团结群众，大量发展党员，扩展我各种力量深入巩固根据地"③。寿北县委和寿南县委在反击阎军进攻的同时，根据1946年的《五四指示》和1947年的《中国土地法大纲》在根据地和解放区进行了土地改革，同时不断发现积极分子，吸纳和壮大党员队伍。其间，农村党组织既有新的血液补充，也有被清理、开除、死亡和迁移者，因而，党员数量及其构成也有所变动。据不完全统计，1946年寿阳（路北）县有党支部284个，党员有3780人；寿阳（路南）

---

① 中共寿阳县委党史研究室编：《中国共产党山西省寿阳县历史纪事（1936—2004）》，中共党史出版社2005年版，第99页。
② 尹灵芝（1931—1947），女，1931年3月12日出生于山西寿阳县赵家垴村，从小受父亲尹尔恭影响，带领小伙伴站岗、送情报、监视汉奸，组织抗日宣传活动，曾任村儿童团团长、妇女救国会主任。1947年7月6日，16岁的尹灵芝被破格吸收为中国共产党党员。1947年10月19日，阎锡山军队和地主反动武装袭击赵家垴村时，尹灵芝为保护公粮和转移群众不幸被捕。同年11月3日牺牲。1965年3月，山西省人民委员会批准尹灵芝为革命烈士。参见尹君《刘胡兰式的女英雄尹灵芝》，《党史文汇》2020年第6期。
③ 中共寿阳县委党史研究室编：《中国共产党山西省寿阳县历史纪事（1936—2004）》，中共党史出版社2005年版，第4页。

县有800名党员。① 据对1947年一区、二区、三区、四区61个支部的不完全统计可见,男党员689人,女党员30人,共719人;支部干部中无女性,男性148人;党员成分中贫农和中农占居多数,贫农227人,占31.6%,中农402人,占55.9%,其余还有雇工、富农、商人、知识分子等;无文化程度初中以上学历者,文盲400人,粗通文字者218人,小学101人;②1945年以后入党者440人,占61%,党员年龄在45岁以下者居大多数,占94%。

1947年寿阳(路南)县委曾对8个村进行了一次典型调查,从中亦可见其时农村组织状况。该调查于9月23日开始筹备,10月2日召开会议,从全县范围内选出了8个典型村,分别为先进、平常、落后村,老区选取北王昌、西草庄、道坪、景尚村,"倒算"区选取了张韩河、柏子峪、河底村,新区选取了长岭村。10月8日由19人组成的调查组赴各村调查。据调查可见,8个行政村原有149名党员,在土地改革前后就发展了122人。就党员的性别比例而言,男性居绝对多数,男党员有138名,占92.6%;女党员11名,仅占7.4%。就党员的年龄来看,45岁以上者8人,占5.4%;18—25岁者41人,占27.5%;26—45岁居多,有100人,占67.1%。就党龄而言,1944年以前的入党者20.1%,1944至1946年土地改革前入党者占55.7%,1946年至1947年10月入党者占13.4%,还有一部分是1947年10月以前入党者,占10.8%。就其思想状况而言,积极者约占41%,平常者约占33%,落后者约占26%。这些党员中担任主要干部者59人,占39.6%,他们大都是在土地改革运动中涌现出的"自觉的""优秀的"积极分子,他们对群众"老实忠诚",对工作"积极负责",在土地改革及推动工作中起着核心作用。此外,就党员的成分而言,有赤贫1人、雇

---

① 中共寿阳县委党史研究室编:《中国共产党山西省寿阳县历史纪事(1936—2004)》,中共党史出版社2005年版,第99页。
② 《全县党的组织概况统计表》(1947年3月8日),寿阳档案(以下简称"寿档"):1-1-142-25,寿阳县档案局藏(以下所引档案未作特别说明者均收藏于寿阳县档案局)。

农9人、贫农41人、工人6人、下中农31人、中农45人、上中农5人、富农6人、地主5人,中农占大多数,占54.36%,地主和富农(被列为阶级异己分子)占7.38%,从中可见党组织内部成员复杂。根据调查可知,其中有不少入党动机不纯者,如有的曾在国民党区分部做宣传工作时,偷拆党内信件,支书怕秘密泄露而把人拉拢进来;有的怕参军、怕被发现有政治问题而参加的。调查组认为,这些人"邪气十足""毫不正派""成分不好,怕斗争",因此"有意见也不敢互相提出,错误由小而大,走向蜕化"。一部分党员自私自利,贪污多占,为个人打算,表现积极是为了"发洋财",因而遭到群众反对,认为"比封建地主还可恨","要求打死"。还有一部分党员胆小,开会不发言,工作上没办法,依靠上层,把"阶级敌人"当成"忠实的朋友",被钻空子,甚至打压基本群众等。还有一部分是作风不民主,乱发行政命令,捆打群众,在党内利用群众搞宗派,闹不团结,搞大斗争,互相攻击。还有党员有怕误工思想,要求尽快把交代的工作完成,未经过诉苦发动,几天里就要结束土改运动。该调查认为,这些支部"不够十分健康",其主要原因是"领导问题",认为"发展党员从阶级出发是不够的","不是从政治上着眼去启发其思想,自觉而建造"。其次是领导"忙于中心工作,不通过支部去完成,不好开会,有问题不加过问,或者用生硬的方式整一下,虽然也开除停止了一些异己分子,但缺乏教育与组织生活"。在报告结尾写道:"这次调查正在秋收中间,加以阎匪在我边地抢粮活动,所以在工作的细密深入上是或多或少会受到影响的,如在某些情况上,有出入之处,或不周到的地方在所难免,希各地工作同志提出宝贵意见,以资修正补充为盼。"①从该调查可见,其时的党员数量虽有增加,但其思想状况、行为作风等与理想状态有极大差距。尽管如调查人所言,报告有些许出入,但调查数据亦反映了组织发展的某些趋向,从中可窥见其时农村组织形态之实态。

---

① 《寿阳县土地改革典型村考察总结》(1947年11月15日),寿档:1-1-38-1。

表 1.4 1947 年寿阳县党组织概况统计表

项别		分区								
		一区		二区		三区		四区		合计	
支部数		15		15		17		14		61	
		党员	支干	党员	支干	党员	支干	党员	支干	党员	支干
性别	男	199	33	153	27	221	46	116	42	689	148
	女	7	—	8	—	10	—	5	—	30	—
成分	贫农	45	19	42	18	107	17	33	19	227	73
	中农	140	14	87	9	123	29	52	22	402	74
	富农	6		4						10	
	雇工	13	—	8	—	1	—	21	—	43	—
	手工业者			11	—			9	1	20	1
	知识分子							1		1	
	商人	5		9				2		16	
文化程度	文盲	134	12	78	17	118	24	70	31	400	84
	粗通文字	72	21	69	10	36		41	11	218	42
	小学			14		77	22	10		101	22
入党时间	1937 年	—	—					2		2	
	1938 年	8	3	20	6	11	5	12	2	51	16
	1939 年	3		4		8	3	9	2	24	5
	1940 年	—		2	8	4		4	5	10	13
	1941 年	1	—	6	3	4		5	7	16	10
	1942 年	17	3	8		3		7	11	35	14
	1943 年	10	5	19	4	17	3	11	—	57	12
	1944 年	45	2	13	6	15	4	11	15	84	27
	1945 年	66	12	47	—	49	13	21	—	183	25
	1946 年	52	8	42		120	18	43	—	257	26

续 表

项别		分区								
		一区		二区		三区		四区		合计
支部数		15		15		17		14		61
		党员	支干	党员	支干	党员	支干	党员	支干	党员	支干
年龄	25岁以下	46	9	41	5	92	11	40	3	219	28
	35岁以下	99	21	78	14	76	26	57	11	310	72
	45岁以下	38	3	37	8	52	9	20	24	147	44
	45岁以上	18	—	10	—	11	—	4	4	43	4

资料来源:《全县党的组织概况统计表(1947年3月8日)》,寿档:1-1-142-25。

说明:对党员的各种统计包括支干在内,雇工中包括羊工。"合计"为笔者计算所得。

寿阳县各级党组织在抗日战争胜利后有了较大发展,但在大发展过程中,存在着不同程度的思想、组织、成分不纯等问题。有的党员在土地改革运动中歪曲党的政策,认为越"左"越好,出现了对部分地主"扫地出门""全体消灭地富"等乱打乱杀现象;有的党员干部利用权力包庇地富分子与亲友;有的党员在土地改革中购买、侵占、掠夺、偷取、贪污斗争果实;有的党员在阎军进犯时自首变节;还有部分阶级异己分子在党内投机钻营,搞宗派主义,这些问题严重损害了共产党的形象,破坏了党群关系。此种情境并非寿阳县独有,其他区域也或多或少出现了上述问题。为了改善这种局面,中共中央于1948年2月22日发出了《老区半老区的土地改革与整党工作》,指出老区半老区应在两三年(1948—1950年)内完成全区域的土地改革与整党任务。① 之后,寿阳(路南、路北)县区以上主要干部分别到平山、左权县参加北岳、太行区举办的整党会议。会后,寿阳县结合土地改革进行整党。

---

① 《周恩来选集》上卷,人民出版社1980年版,第288—296页。

整党的内容是"三查三整",即查阶级、查思想、查作风,整顿组织、整顿思想、整顿作风。整党的方针与方法是"惩前毖后、治病救人",并请党外群众参加党的会议,彻底揭发一切偏离党的路线的错误思想和严重现象;党员和党的干部开展批评与自我批评;对犯错误的党员进行耐心教育;对一切问题采取分析态度,既反对忽视成分,又反对唯成分论,坚决清除混入党内的阶级异己分子及坏分子。通过整党,党的基层组织和广大党员干部的思想、组织和作风状况进一步得到改进与提高。但在整党中,因对党内存在的问题估计过于严重,在发动群众给党员提意见时,发生了"左"的偏向,群众要求斗谁就斗谁,要求扣谁就扣谁,侵犯了中农和工商业主的利益,伤害了开明绅士,处分过重,打击面过大。在寿阳(路北)县,许多党员干部被当作"石头"搬掉,太平五区被搬的30块"石头"中,就有29名是党员。在"贫雇农坐天下"的口号下,出现了无组织、无纪律、无政府状态,严重地削弱了党的领导,挫伤了一部分党员和基层干部的积极性,对工作产生了不利影响。① 后来,依据中共中央发出的《关于目前整党政策中的几个重要问题》等一系列指示,县委认真纠正偏差,在农村召开党员干部和群众谈心会,开展自我批评,互相谅解、互相尊重,把搬掉的"石头"又请回来,错踢的老组织又建起来,对被侵犯的中农进行经济补偿。总的来看,整党对进一步发动群众、整训组织,为农村党组织的进一步健康发展创造了条件。

1947年7月1日,在纪念中国共产党诞生26周年之际,中共太行区党委公开发表《中共太行区党委为全区党的公开给各级党组织和党员的通告》,指出我们党的组织过去"一般的是采取了秘密形式",随着形势的变化,"从今以后,我们党在全区六百万人民的眼睛前公开了……"②宣布了全区党组织公开。然而由于当时寿阳属于斗争激烈

---

① 张宗源主编:《中国共产党寿阳县历史》,中央文献出版社2011年版,第147页。
② 太行革命根据地史总编委会编:《太行革命根据地史料丛书之二·党的建设》,山西人民出版社1989年版,第482—483页。

的地区之一,党组织的活动仍处于不完全公开的状况,尤其是边沿区和阎占区只能更为隐蔽地活动。中共寿阳(路南)县曾公开名称,为"中共太行区寿阳县委员会"。1948 年 5 月 10 日寿阳解放后,7 月 1 日,在庆祝中国共产党建立 27 周年举行纪念活动的大会上,根据上级指示精神,全县党组织与党员身份由秘密转为公开,县委以公开执政党身份领导全县军民开展工作。县委要求公开党组织要谨慎、分步进行,从公开县委领导机关、区委机关开始,渐次在农村老解放区、恢复区、新区①进行,同时要求农村公开党组织必须经过土地改革及支部整顿,并要召开党员会、群众会隆重宣布公开后的每个党组织,每个党员的一言一行都必须接受人民群众监督和批评。② 1949 年 7 月统计,10 个区 201 个农村支部,公开了 82 个。③

寿阳全县解放后,县委非常重视党组织建设工作,因老区、恢复区、新区工作基础不同,开展组织建设的条件亦有别,因而对不同区域的组织建设作了结合实际情况的具体规划和部署。1948 年 11 月 12 日,寿阳县委组织部发出了《关于今后半年来组织工作计划与意见》,强调要重视党的建设工作,应"拿出百分之八十的力量与时间"进行党的建设工作。同时对建党工作进行了规划,指出"我们组织工作远赶不上形势的需要","新区开始不发展党员是对的,今天再不发展是错误的",认为在新区开展建党工作是一切工作的关键;可结合土地改革等发现积极分子,尤其是贫雇积极分子,随时培养,个别进行教育,逐渐提高,达到符合入党条件,以便吸收入党;发展党应在进一步的巩固与发展中,逐渐建立与扩大党的基层组织,消灭白点村。为此,根据各

---

① 新区是阎锡山政权实行"兵农合一"的统治区域,集中在县城、宗艾、平头西部和铁路沿线,有 85 个行政村,人口近 5 万;恢复区是指 1947 年正大战役后,进行反奸清算和土改不彻底的边缘接敌区,有 71 个行政村,56352 人;老区是原寿阳(路南)四个区,51 个行政村,约 3.6 万人。参见中共寿阳县委党史研究室编《中国共产党山西省寿阳县历史纪事(1936—2004)》,中共党史出版社 2005 年版,第 120 页。
② 张宗源主编:《中国共产党寿阳县历史》,中央文献出版社 2011 年版,第 152 页。
③《寿阳县公开支部统计表》(1949 年 7 月 1 日),寿档:1-1-152-3。

区不同情况,寿阳县委提出了在半年内不同的党员发展的具体要求。例如,在老区的一、二、三、四区,其时党员人数占到人口总数的2.8%,计划再发展已有党员数一倍以上,占比达到5.6%,并消灭白点行政村、自然村。恢复区五、七、九、十二区已有党员人数占人口总数的2.3%,计划再发展到已有党员数的50%,从而消灭白点行政村。新区的六、八、十、十一、十三区在加强已有党员整顿教育的基础上,计划个别发展,在土地改革后要建立起行政村的党组织,由小组发展到支部。

其时发展党员必须注意的事项,主要包括发展党员必须认真慎重考察,以防坏分子混入党内;另外,破除"新区没好人,群众都坏了"的错误说法,认为这是"没有群众观念"。此外,吸收入党不准以集体形式,而应个别谈话,进行教育,然后再介绍入党,举行仪式,并且入党手续必须遵照党章执行等。① 其时非常注重发展女党员,组织工作计划中特别提及"新老区均必须注意发展女党员"。1948年10月25日,晋中区党委就发出《关于培养妇女干部与发展妇女党员的指示》,指出"培养妇女干部与发展妇女党员,成为目前妇女工作中几个紧紧相连的环节"②。因老区大批青壮年拥入前线,新区由于阎锡山政权实行编组抓丁,青壮年空前减少,妇女须担负更多任务,因此提出要特别注意发展女党员,当然亦强调"必须慎重"③。截至1949年4月,寿阳县在土地改革以前已有女党员336人,土地改革中又新发展了262人,共有女党员598人,新发展者约占原党员数的80%,其时妇女总人数53308人,妇女党员约占妇女总数的1.1%(见表1.5)。

---

① 《寿阳县委组织部关于今后半年来组织工作计划与意见》(1948年11月12日),寿档:1-1-136-2。
② 《晋中党委关于培养妇女干部与发展妇女党员的指示》(1948年10月25日),山西省革命历史档案:A47-1-114-11,太原:山西省档案馆藏。
③ 《寿阳县委组织部关于今后半年来组织工作计划与意见》(1948年11月12日),寿档:1-1-136-2。

表 1.5 十三个区在土地改革中妇女入党情况统计表

分区	原有妇女党员（人）	发展妇女党员（人）	共计（人）	新妇女党员占旧妇女党员百分比	妇女人口数（人）	女党员占妇女人口百分比
一区	17	13	30	76%	2062	1.5%
二区	27	13	40	48%	2745	1.5%
三区	24	9	33	37.5%	2958	1.1%
四区	1	16	17	1600%	1060	1.6%
五区	61	60	121	98.4%	4287	2.8%
六区	1	13	14	1300%	6309	0.2%
七区	24	10	34	41.7%	4353	0.8%
八区	—	16	16	—	2261	0.7%
九区	67	19	86	28.4%	6961	1.2%
十区	8	41	49	512.5%	3383	1.4%
十一区	8	12	20	150%	5238	0.4%
十二区	89	25	114	28.1%	5140	2.2%
十三区	9	15	24	166.7%	6551	0.4%
合计	336	262	598	78%	53308	1.1%

资料来源：《寿阳县妇委会关于妇女参加土改的总结》(1949年4月16日)，山西省革命历史档案：A47-2-111-2，太原：山西省档案馆藏。[1]

1949年1月，为了结合土地改革工作解决支部问题，发挥支部的领导作用，教育党员干部树立忠于革命事业的精神和革命人生观，增强群众观念，改进工作作风，中共寿阳县委组织开展民主整党。首先集中培训老区51个村和恢复区、新区土地改革实验村的近300名党员干部，为下一步全县系统整党做准备。集训结束后，全县各村根据土地改革进展，适时进行了整党。4月底，老区民主整党基本结束。寿阳县委在整党中始终坚持"团结教育，爱护改造，治病救人"的方针，

---

[1] 此表原合计数据有误，笔者已作校正。

肯定成绩，纠正错误，既整顿了党组织，又加强了党对各项工作的领导。经过民主整党，党员干部服从领导、联系群众、工作积极、劳动自觉，并吸收一批积极分子参加了党组织，充实了党组织力量。在恢复区，整党主要是解决"搬石头"后党组织解体与思想混乱问题，消除疑虑，搞好工作。新区主要是结合土地改革进行公开建党。[1] 在整党和建党中，一般都要讲整党和建党的意义、党纲党章、党员条件、党员的义务与权利、怎样做个好党员等，以激发群众的政治觉悟。在整党中，发现党员入党动机驳杂，如有人参加党组织是为了"当干部比人强""看见人家当干部厉害"；有的认为参加了党能多分东西，比如粮食等；有的认为共产党给大家办事，不支差，不放哨等。还有一些党员工作不积极，怕误工，有的还专门闹不团结等。[2] 在新区公开建党中，有群众讲"现在党公开，咱们也知道共产党主张好，人家讲道德伦理"，有的认为共产党所宣传的主张都有落实，所以要求入党。但有的村不敢多发展党员，怕"统治"不住；有的怕阎锡山军队报复，或者因听闻过去整党"搬石头"而害怕，不愿意入党。[3]

1949年3月的一份工作报告中亦可见其时农村党组织存在的问题。因其时党员干部南调，致自上而下领导力减弱，虽不断纠偏，但未得以根本解决，存在腐化堕落、不服从党纪政令、赌博、贪污讹诈、纪律废弛等问题，有的党员随便回家，有的游离于组织外，转接手续未交清等。农村支部在整个土地改革以来发展很快，大部分地区消灭了白点村，大批新党员入党，但支部亦存在发展不平衡等许多不可回避的问题。全县大体分为五类支部：第一类支部干群关系好，支部作风好，显著改进了各种工作，支部能起核心领导作用，党员有相当觉悟水平，能执行党的制度等；第二类支部有不少好党员，但有些党员作风恶劣，脱

---

[1] 中共寿阳县委党史研究室编：《中国共产党山西省寿阳县历史纪事（1936—2004）》，中共党史出版社2005年版，第122页。
[2] 《老区这次土改整党的情况》，寿档：1-1-132-41。
[3] 《这次土改新区公开建党情况》，寿档：1-1-132-41。

离群众,党的生活不健全,党内也不够团结,党员觉悟平常,不过在工作中一般能完成任务;第三类支部是宗派主义严重,互相争权夺利,只管自己,不管群众,自私自利,搞一团一伙,对群众"一窝蜂",党员拉夫勾结,有未履行入党手续、未填志愿表者;第四类支部是蜕化腐蚀、有流氓地痞分子掌握领导权,独裁独行,横行霸道,为非作歹,党内个别好党员等于普通百姓,支部整体无组织、无纪律、反党纪政令;第五类支部是新建支部,这类支部是群众运动中的积极分子,党员大都是源于报恩思想而入党,许多党员只看到上级,对群众还缺乏情感,在领导工作中缺乏锻炼。①

由此可见,对党员的教育和对支部的整顿非一日之功。因此,教育整训党员成为其时组织工作的主要内容。在新中国成立前夕,1949年8月6日至10日,中共寿阳县委组织部再次组织老区一、二、三区和半老区五区31个支部、新党员74人、候补党员27人进行培训学习,培训的内容主要是学习党章党纲、时事政策、毛泽东相关论著等。②

通过吸纳和整顿,寿阳县农村党员的数量不断增加,党员分布范围更广,党组织规模不断得到延展,组织力量不断得到巩固和加强。据1949年6月对10个区207个行政村的统计,全县党员4449名,其中,农村支部201个,占全县支部总数的94%,党小组数468个,个别关系村68个,空白自然村116个,农村党员总数4047名,占全县党员总数的91%,正式党员2632名,候补党员1415名,其中541名为1949年4月以来新发展的。25岁以下910人,26—35岁1157人,36—45岁1054人,46岁以上926人。党员的家庭成分中,贫农比例最多,占54.4%,其次是中农,占38.5%,雇农占3.3%,富农占0.2%,地主占0.02%。党员本人的出身,贫农最多,中农次之,此外还有雇

---

① 《寿阳县委二三月综合工作报告》(1949年3月31日),寿档:1-1-67-7。
② 张宗源主编:《中国共产党寿阳县历史》,中央文献出版社2011年版,第162页。

农、富农、工人、士兵、学生、手工业者、自由职业者等。就党龄看,抗日战争时期入党者占 20.2%,抗日战争结束后入党者占 78.1%,还有少部分是抗日战争以前加入者。党员的文化程度普遍不高,文盲占 59.8%,稍识字者占 19.7%,初小占 18.2%,高小占 2%,初中占 0.3%。此外,其时亦非常注重对女性党员和青年党员的吸纳,妇女党员 768 名,青年党员 1037 名。①

全县所辖 10 个区的 201 个村支部,有支委 687 人,男性 659 人,约占 96%,女性仅 28 人,年龄 25 岁以下 95 人,26—35 岁者 251 人,36—45 岁 248 人,46 岁以上 93 人。支委本人成分有工人 15 人、手工业者 5 人、雇农 104 人、贫农 377 人、中农 185 人、富农 1 人。就党龄来看,1937 年 6 月以前入党者 4 人,1937 年 7 月至 1939 年入党者 31 人,1940—1942 年入党者 41 人,1943 至 1945 年 8 月入党者 161 人,1945 年 9 月至 1947 年入党者 245 人,1948 年以后入党者 205 人,抗日战争胜利后入党的比例占到 64.8%。就支委的任职时间看,三年以上 97 人,两年至三年 105 人,一年至两年 130 人,半年至一年 220 人,三个月至半年 135 人。就其文化程度看,文盲 322 人,占 46.9%,稍识字者 190 人,初小 170 人,高小 4 人,高中 1 人。兼任工作者 543 人,占 79%,不兼工作者 144 人,占 21%,主要负责政权、群众团体、武装、学校等。②

据寿阳县 1949 年 7、8、9 月的党员分布统计,当时 10 个区共 207 个行政村,有支部的行政村 193 个,有小组的行政村 9 个,白点行政村 5 个;789 个自然村,个别关系村 47 个,有小组自然村 399 个,白点自然村 155 个,全县户口数 39779 户,全县总人口 137767 人,男 76459 人,女 61308 人;全县党员 5016 人,占总人口数的 3.64%,其中男党员 4111 人,女党员 905 人;全县 215 个支部,其中农村支部 193 个,农村

---

① 《寿阳县行政区划人口及党的组织综合统计表》(1949 年 6 月),寿档:1-1-124-23;《寿阳县农村党员增减四五六月份报表》(1949 年 6 月),寿档:1-1-124-24。
② 《寿阳县农村支部支委四五六月份统计表》(1949 年 6 月),寿档:1-1-124-25。

党员 4569 人,占党员总数的 91%,占人口总数的 3.31%;新发展党员 557 人,占农村党员的 12.2%。洗刷死亡 19 人,其中候补党员 15 人,正式党员 4 人。从党员的家庭出身和个人成分构成中可见贫农仍然最多,其次为中农、雇农等。本人成分为贫农者 2616 人,占农村党员的 57.2%,中农 1430 人,占 31.3%,雇农 179 人,占 3.9%,其次则为工人、贫民、自由职业者、手工业者、士兵、学生等。党员文化程度的构成比例与前亦无大的变化,文盲居最,次为稍识字者、初小、高小,无一初中以上者。

另据寿阳县 7、8、9 月农村支部支委统计数据可见,193 个农村支部有支委 737 人,其中男支委 707 人,女支委 30 人,25 岁以下 92 人,26—35 岁 238 人,36—45 岁 300 人,46 岁以上 107 人。支委的个人成分贫农与中农居多,贫农有 443 人,中农 247 人,雇农 27 人,工人 17 人,富农 2 人,手工业者 1 人。就这些支委的党龄看,1937 年 6 月以前入党者 1 人,1937 年 7 月至 1939 年为 24 人,1940 年至 1942 年 44 人,1943 年至 1945 年 8 月 182 人,1945 年 9 月至 1947 年 247 人,1948 年以后入党者 239 人。担任支委的时间三年以上者 42 人,两年以上者 121 人,一年以上者 196 人,半年以上者 265 人,三月以上者 113 人。这些支委的文化程度最高者为高小,有 5 人;最多的是文盲,有 348 人;初小 198 人;稍识字者 184 人。支委兼任行政职务者 283 人、群众团体 180 人、武装 93 人、学校 5 人,不兼者 176 人。[1]

综上所述,新中国成立前寿阳县的社会生态异常复杂,因而中国共产党在该区域的组织发展亦经历了许多的艰难和曲折。寿阳县党组织的早期建设得益于在外求学的返乡青年之思想宣传和个别动员,因此早期组织构成以知识分子为主要骨干。在抗日战争前,寿阳党组织一直处于地下状态,采取秘密形式领导斗争。到抗

---

[1]《寿阳县七八九月份的党员分布统计表》(1949 年 9 月),寿档:2-3.1.1-1-3;《寿阳县七八九月份行政区划人口及党的组织综合统计表》(1949 年 9 月)寿档:1-1-148-12;《寿阳县农村党员增减七八九月份报表》(1949 年 9 月),寿档:1-1-148-19。

日战争期间和解放战争初期,党组织亦未公开。新中国成立前夕逐步开始实行公开整党、公开建党,农村党组织渐次公开。就党组织的发展规模而言,寿阳县农村党组织在全面抗战爆发后开始大量吸纳、发展党员;抗日战争胜利后有了较大发展,其时党员数量在不断增长。因复杂的社会生态,在大发展的同时党员的质量提升有限,存在思想、组织、成分不纯等问题。就党员群体来看,其时农村党员的性别比例呈现出极不平衡的状态,女性党员数远远少于男性党员数。经过土地改革中的党员大发展阶段,自上而下要求妇女党员要占一定的比例,女性党员的数量不断增长,女性党员亦不断参与到组织工作中,由原来支委中无一女性,逐步发展到女性支委占有一定比例。就党员的年龄而言,各年龄段的党员比例亦不均衡,25岁以下者和46岁以上者相对较少,绝大多数集中在26—45岁。农村文化教育水平普遍低下,农民党员的整体文化水平较低。从前述可见,文盲占大多数,稍通文字者次之,普通党员中初中以上文化水平者寥寥无几。个别具有初中文化水平的大都担任了党内支委等职务。这表明农村党组织在中华人民共和国成立前的整体素质较低。为使党组织更深入地接近底层农民,使组织在乡村社会的影响力日渐增强,共产党组织吸纳新党员的过程中更加看重发展对象的出身与身份,因而,党员队伍中贫农、中农、雇农始终是占比最大的群体,其阶级构成表明共产党在乡村社会"扎根"的阶级基础,可以说,共产党实现对乡村社会的局部掌控与其关注下层普通民众并解决其现实需求密切相关。党员数量不断增加,即在人口总数中所占比例不断提高,亦表明共产党在其实际控制区域覆盖程度不断扩大,控制力度在不断增强。这为中华人民共和国成立后的农村党组织建设积淀了基础,积蓄了力量,提供了参照。

当然,因处于战争状态下,各种政权的相互争夺与斗争,使党员发展面临极其复杂的社会生态和组织生态,因而发展党员的程序和方式不尽完善,党员的入党动机也相当复杂,吸收党员手续不严格。对党员的教育提高与党员规模的扩大速度远远不相匹配,很大程度上造成组织松懈、党员意志薄弱、信仰不坚定、对党认识不足、工作不积极等弊端。虽然共产党在农村群众中已有一定根基,但仍不够坚实,与其所期望的理想的组织形态仍有极大距离,亟须不断完善组织工作,以达到理想状态。显然,这必将是一个艰巨的长期建设工程。

第二章 新中国成立初期寿阳县农村党组织建设的社会生态

1949年10月1日,中华人民共和国宣告成立。中华人民共和国的诞生是中华民族历史上一个划时代的历史巨变,中国已然结束了一个"旧世界",即将建设一个"新世界"。然而,新中国成立之初国内外形势极为严峻,中国共产党由过去的局部执政转变为执掌全国政权,其历史地位、社会角色、所处环境均有转变,面临着诸多前所未见的新情况、新问题和新挑战。作为执政党,中国共产党不仅要承担政治、经济、组织等各项社会建设的领导任务,而且亟须建立一套全新的社会组织制度,以不断巩固和夯实党组织自身的社会根基。为了积极主动地应对新形势,中国共产党处变不惊,统筹规划:一是积极调整工作的重心,由农村逐步转向城市;二是结合社会建设实际,推动地方区划空间有序变动,逐步完善基层政权体系;三是把发展经济和社会建设作为其时的中心任务;四是通过各项运动推动社会建设和组织发展;五是针对其时组织建设的困境,对包括农村在内的基层组织建设进行了细密的设计规划。当时的农村党组织建设处于纷繁复杂的社会生态和组织生态之下,这些规划措施对其组织建设实践产生了程度不一的直接或间接之影响。

一、农村基层政权体系的建立

新中国成立初期,随着新民主主义革命的胜利,中国共产党所处的环境由极端艰苦的战争环境转变为有利于各项社会建设的和平环境。其时,为了使组织力量延伸到基层、政令顺利传达社会底层,中共逐步建立了自上而下的行政体系和组织体系——在中央人民政府之下设立大行政区,大行政区下设立省、市、县、乡等各级人民政府。到1951年,全国共建立29个省、1个自治区、8个省级行政行署、13个直辖市人民政府、140个市人民政府、2283个县级(包括县、旗、宗、自治区等)人民政府。① 寿阳县委、县政府属于其时基层政权组织体系中的一级。中共山西省委成立初期,上属中共中央华北局领导,下有7个地(市)委、92个县(市、区)委。1954年8月,中共中央华北局撤销后,中共山西省委上属中共中央直接领导。早在1949年3月,晋中区党委、晋中行署新组建中共寿阳县委、县政府领导班子。其后,寿阳县委书记更换较为频繁,先后有任渔波(1949.10—1951.10)、赵玉玺(1951.10—1952.3,代理)、王力行(1952.4.22—1952.8)、杨丕夫(1952.7.30—1955.5)、姜桂才(1955.5.25—1956.8)、王尚士(1955.10—1956.7,代理),第一书记姜桂才(1956.8—1958.8)。② 1949年10月后,寿阳县委由中共山西省委所属的榆次地委直接领导,成为连接中央、省委及地委上级党组织与基层组织的中间环节,也是寿阳县各基层组织的领导核心。中共寿阳县委成立后,担负着贯彻执行党和中央政府的政策方针,规划、组织和领导县域各项方针、政策及各项建设事业之重任。其对全县各项工作的领导是通过党的基层组织、党员和党的干部在各

---

① 中共中央党史研究室著:《中国共产党历史》第2卷(1949—1978)上册,中共党史出版社2011年版,第38页。
② 中共山西省委组织部、山西省档案局编:《中国共产党山西省组织史资料(1949.10—1987.10)》,山西人民出版社1994年版,第204页。

区村、各部门、社会生活的各个领域和不同岗位发挥作用来完成的。因此，逐步形成了以县委为核心，纵横辐射全县的党的政权组织网络，县委下辖组织随着基层行政组织的变化也在不断调整。

乡村的行政区划与基层组织制度关联密切。新中国成立初期，山西农村基层行政建制为行政村，基层政权为行政村人民代表会议和村人民政府。虽然县级行政区划具有一定的历史延续性，是中国历史上行政区划体系较为稳定的一级，但为了适应社会建设的需要，根据中央指示，山西所属各县结合实际对行政区划进行了多次调整，县级所属区域的区划变动较为频繁，这与国家的社会治理与区域社会发展等关联极大。县级区划的空间变动状况对基层党组织的发展亦产生了一定的影响。

1950 年 7 月 17 日，中共寿阳县委根据七届三中全会要大量精简国家机构所需经费的精神①，开展精简整编工作，将原来的十个区缩编为七个。区委驻地分别为：一区城关镇，二区羊头崖村，三区松塔镇，四区北河镇，五区芹泉镇，六区平头镇，七区宗艾镇。各区均设置了书记和副书记。全县区委编制 42 人，辖 198 个农村党支部。② 通过精简部分区级机构，大大减轻了全县财政负担，有利于经济建设，为培养基层党员干部、提高工作效率、克服官僚主义、密切联系群众等创造了有利条件。

为了进一步规范农村基层组织建设，1950 年 12 月，政务院颁发了《区各界人民代表会议组织通则》《区人民政府及区公所组织通则》《乡（行政村）人民代表会议组织通则》《乡（行政村）人民政府组织通则》；1951 年 4 月，政务院又发布了《关于人民民主政权建设工作的指

---

① 1950 年 6 月 6 日，毛泽东在中共七届三中全会上作了《为争取国家财政经济状况的基本好转而斗争》的书面报告，其中特别强调要让财政经济情况从根本上好转需要三个条件，其中之一即为大量精简国家机构所需经费。参见中共中央文献研究室编《毛泽东文集》第六卷，人民出版社 1999 年版，第 70 页。
② 中共寿阳县委党史研究室编：《中国共产党山西省寿阳县历史纪事（1936—2004）》，中共党史出版社 2005 年版，第 140 页。

示》。依据这些法律与法令,农村普遍建立了区、乡(行政村)人民政府,起到了巩固政权的作用。其时在北方主要实行区、村两级体制,寿阳县也实行这一体制(见表2.1)。

表2.1　1950年7月至1953年8月寿阳县的行政区划

分区	行政村
一区(城关)	中曲、峪口、阎家坪、龙门河、周家垴、泥河、峰李庄、杨家沟、孙家庄、南头、高家坡、石杨村、南黄门、董家窊、白家庄、白藩岭、北燕竹、草沟、西金庄、蔚家庄、上湖峪、马首、南河、郭村、上曲、盘湾底、张村、张家庄、城关、南燕竹、姜家寨、河南、杨林头
二区(羊头崖)	西刘义、南坪、长岭、云烟、刘家庄、道坪、篡木村、上垴、盐土窊、张庄、山郊、前河、河家窊、红窊、峰头、北王昌、鸦鸣、南库韩、贾豹、景尚、雷家寨、普埕、张韩河、河底、靳家坪、三圣、下庄、羊头崖
三区(松塔)	五台垴、圪狸窝、贾家庄、长安、里思、上龙泉、西唐、郭村、南下州、顺化、瑶会、重桃、西山头、华泉、紫坪、十字埕、曹家庄、昌村、下龙泉、裴村、堡底、曲旺、苗家庄、广阳、昌光、松塔、北榆、落摩寺、白云
四区(北河)	富华、韩庄、赵巷头、大王强、清平、赵庄、太安驿、阎家坪、北河、南东、任家庄、莲花池、于家庄、陶上、常村、西洛、逯村、王强铺、芦家庄、段照、弓村、李坡、段廷、上湖
五区(芹泉)	芹泉、西峰头、张净、南下庄、闫家庄、库仓、大垴、冀家村、楼子村、赵家垴、太平、梁家庄、辛庄、翟家垴、尹家庄、七里河、西坪、北下庄、西庄、石泉、牛黄口、碧石、天恩
六区(平头)	连岭、北张芹、石河、北雷公、百僧庄、青草坡、黑水、马家寨、西韩、山底、刘南沟、南张芹、胡家埕、段王、郭家沟、郭家庄、董家庄、沟北、郑家庄、小北河、平头、南安多、曲尺庄、蔡庄、潘沟、阎庄、南庄、西郭义、西安公
七区(宗艾)	宗艾、太安、平舒、上峪、宋家坪、古城、黄岭、西崮、小东崮、沟西、羊头寨、下洲、范村、解愁、寨底、三角山、武家村、郝家庄、井埕、冯家庄、东光、安胜、陈家河、独壁、种子坡、武家寨、上程子窊、郑家庄、温家庄、大东庄、尖山、索马沟、王子台

资料来源:寿阳县志编纂委员会编《寿阳县志》,山西人民出版社1989年版,第8—9页。

1953年以后,小规模的行政村体制已无法适应社会经济建设的需要。为适应国民经济恢复和发展的需要,1953年5月15日,山西省人民政府发布《划乡工作实施方案》《关于划乡工作中几项具体问题的规定》,决定将原设在村一级的基层政权,改为由几个行政村合并在一起的乡政权,由乡政权行使基层政权的职能。① 接到上级指示后,寿阳县人民政府将原来的行政村调整合并为83个小乡,于同年8月10日完成划分工作。根据中共中央华北局对划乡工作的要求,凡有50名以上党员的乡,设立党总支,乡所辖自然村设党支部;而党员数不足50名的乡,一律设党支部,所辖自然村设党小组。小乡划定后,全县建立了51个乡党总支,32个党支部,全县共辖党支部215个,党员5533人。②

表2.2 1953年8月—1956年2月寿阳县的行政区划

分区	乡数(个)	乡名
一区(城关)	10	城关、泥河、上曲、草沟、张村、石板沟、上湖峪、马首、白矾岭、盘湾底
二区(羊头崖)	10	羊头崖、草庄、韩赠、贾豹、张韩河、昌村、河涧寔、新南寔、白云、库韩
三区(松塔)	11	松塔、里思、顺化、紫坪、横岭、长安、广阳、上龙泉、贾家庄、落摩寺、西唐
四区(北河)	12	段廷、万联、芦家庄、西洛、纂木、张庄、云烟、道坪、北河、常村、逯村、上湖
五区(芹泉)	10	芹泉、张净、库仓、七里河、太平、李家沟、界石、牛黄口、碧石、路家河
六区(平头)	11	平头、董家庄、段王、南张芹、沟北、曲尺庄、颉家河、南沟、郭家庄、胡家埂、石河

---

① 中共山西省委党史办公室著:《中国共产党山西历史》第二卷(1949—1978)上册,中共党史出版社2012年版,第204页。
② 中共寿阳县委党史研究室编:《中国共产党山西省寿阳县历史纪事(1936—2004)》,中共党史出版社2005年版,第162页。

续　表

分区	乡数（个）	乡名
七区（宗艾）	10	宗艾、尖山、下洲、独壁、沟西、解愁、西峁、苌榆河、赛头、程子寂
八区（南燕竹）	9	南燕竹、韩庄、于家庄、中庄、郭义、平舒、王强铺、太安驿、大照

资料来源：寿阳县志编纂委员会编《寿阳县志》，山西人民出版社1989年版，第9页。

为了适应农业合作化大生产发展的需要，加强乡镇一级的领导作用，1955年12月29日，国务院发布《关于进一步做好国家机关精简工作的指示》，指出："小区小乡制已经不能适应农业合作化运动迅速发展后的形势，区乡行政区域应当适当调整。"①据此，1956年3月9日，山西省委制订《关于扩大乡的行政区划和撤销县的区级建制的实施方案》，决定扩大乡的区划，增加乡干部编制，提高乡镇干部待遇，并全部撤销县保留的区级建制。按照省委通知精神，寿阳县将已有的83个乡镇合并为39个（其中包括11个集镇）乡镇，分别为：城关、马首、南燕竹、赵巷头、石板沟、草沟、平头、段王、沟北、石河、胡家埋、太安驿、宗艾、平舒、温家庄、西峁、苌榆河、解愁、段廷、逯村、常村、道坪、云烟、芦家庄、芹泉、七里河、太平、落摩寺、松塔、紫坪、广阳、上龙泉、横岭、白云、羊头崖、库韩、昌村、景尚、大照，行政干部由1954年底的752人增加到978人。39个乡中，中共寿阳县委确立有8个基点乡：城关、宗艾、平头、段廷、羊头崖、松塔、芹泉、上湖。县委、县政府以基点乡指导一般乡的工作。② 划乡工作的完成为统一基层行政组织和推进基层党组织工作提供了有利条件。

---

① 国务院法制办公室编：《中华人民共和国法规汇编》（1953—1955）第2卷（2版），中国法制出版社2014年版，第485页。
② 中共寿阳县委党史研究室编：《中国共产党山西省寿阳县历史纪事（1936—2004）》，中共党史出版社2005年版，第186页。

二、农村社会经济建设的发展

新中国成立初期,中国共产党不仅需要不断建构和完善基层政权体系,还亟须为政权巩固和体制顺畅运转构建安定的社会环境和物质基础。其时不同地域的社会情势不尽相同,但社会经济建设均面临诸多困难。全县解放后,尽管县委、县政府采取了各项有效措施,使为数不多的几个工矿企业恢复生产和营业,但因受创太深,到1949年底,寿阳全县工业生产总值仅53万元。在农村,由于劳力不足,水利设施破坏严重,土地大量荒芜,加之因之前国民党政府长期滥发纸币,造成物价飞涨,广大农民生活得异常艰辛。面对困难,寿阳县委提出的工作方针是团结全县党员、干部、工人、农民、知识分子,巩固工农联盟,严厉镇压反革命分子和破坏分子,全力恢复和发展工业、农业、手工业生产,支援全国的解放战争和各项建设事业。作为一个以农业为主的县域,新中国成立初期,恢复发展农业经济,改善民生,是寿阳县在这一时期的中心任务。

从1949年10月到1952年底,寿阳县各级党组织带领人民开启了恢复发展经济的一个重要阶段。1952年底,全县工农业产值达到了历史最高水平,为大规模的社会主义改造和有计划地进行经济建设奠定了基础。为了领导全国人民进行大规模的经济建设,1952年底毛泽东提出了过渡时期总路线;之后经过不断酝酿,1953年底中共中央正式公布了这一总路线,即"要在一个相当长的时期内,逐步实现国家的社会主义工业化,并逐步实现国家对农业、对手工业和对资本主义工商业的社会主义改造"[1],由此启动了大规模的社会主义改造。1953年6月,中共中央政治局讨论通过,同时向全国人民提出了新中国发展国民经济的第一个五年计划。依据党的路线方针,从1953

---

[1] 中共中央文献研究室编:《建国以来重要文献选编》第4册,中央文献出版社1993年版,第701页。

年开始,寿阳县各级党组织坚持"积极领导,稳步发展"的方针,采取了"自愿互利,等价交换"的原则,运用了说服、示范和国家帮助的办法,对全县农业、手工业和资本主义工商业进行了改造,从而促进了全县人民走社会主义道路的信心。经过不断建设,全县经济状况在这一时期有了极大好转。以农业生产来看,寿阳县 1950 年农业产值为 1253 万,1951 年农业产值为 1506 万元,1952 年农业产值为 1507 万元,1953 年农业产值为 1638 万元,1954 年农业产值为 1571 万元,1955 年农业产值为 1723 万元,1956 年农业产值为 1504 万元。① 其时,农村经济的恢复与发展和农村党组织的巩固及其在基层政权中的地位与作用密切相关。毋庸置疑,农村党组织是农村各项工作能顺利践行和取得成效的推动力量和重要保障,而社会经济建设的不断推进亦为基层党组织建设和政权巩固提供了日渐坚实的物质基础。

新中国成立初期,社会经济的发展始终伴随着接连不断的各种运动,运动式治理是其时社会有效运行的主要特征。按时间顺序排列,1949—1956 年发动了大大小小十多次运动,大的运动有土地改革运动、整党整风运动、抗美援朝运动、镇压反革命运动、爱国增产运动、"三反"运动、"五反"运动、"新三反"运动等。正是这些自上而下的运动不断凝聚了推动社会经济发展的各方力量,对农村社会的各项建设和党组织发展产生了深远影响。每次运动总要经历发现、培养入党积极分子,整顿党的组织和宣传党的政策主张等过程。每次运动既为党组织发展与巩固提供了契机,同时也是对基层组织效能的一次检视,造成了一定声势,从而产生了较大的社会影响,扩大了党组织的影响力。如,新中国成立初期,新解放区农村党的组织基础薄弱,多数区、乡没有建立党支部。经过自 1950 年冬开始的新区土地改革,基层党

---

① 中共寿阳县委党史研究室编:《中国共产党山西省寿阳县历史纪事(1936—2004)》,中共党史出版社 2005 年版,第 144、151、159、168、175、194 页。

组织逐渐在农村地区划分阶级成分和发现培养入党积极分子,使一些行政村成为堡垒村,为党组织的发展壮大积蓄了力量。如整顿组织中对党员的登记、审查、处理等可看作其时农村党组织对基层党情的一次大摸底,通过整顿便于巩固和纯洁党组织,同时可根据实际情况探寻有效的党组织建设途径。

三、农村党组织自身建设的困境

新中国成立初期基层政权的建设和巩固、社会经济的发展、基层社会的有效治理等无不需要强有力的组织领导和支撑,加强基层党组织建设之紧迫和必需显而易见。农村党的各级组织经过民族民主革命的历练,已然积累了多方面的执政经验,为新中国成立初期的政权建设和巩固准备了条件。但是随着形势的变化,农村各级党组织必然面对更多前所未见的挑战。特别是中共七届二中全会上毛泽东明确提出:"从一九二七年到现在,我们的工作重点是在乡村,在乡村集聚力量,用乡村包围城市,然后取得城市。采取这样一种工作方式的时期现在已经完结。从现在起,开始了由城市到乡村并由城市领导乡村的时期,党的工作重心由乡村转移到了城市。"[①]中共工作重心发生转移,对过去党组织长期在农村积聚力量且以农业为主的县级政权而言挑战更大,既要"组织进城",又要"组织下乡",后者已有一定经验,而前者则需要县级政权在新的探索中寻求规律、摸索经验,组织工作更为庞杂。

就寿阳县农村党组织工作而言,如前所述,新中国成立前已有党组织基础,特别是解放战争时期,党员数量不断增加,因而在党组织建设方面积累了一定的经验。在实践中,相较于同一行政区域内的其他县而言,寿阳的党组织工作是做得比较好的,并得到了上级部门的肯

[①]《毛泽东选集》第四卷,人民出版社1991年版,第1426—1427页。

定。如,晋中一地委关于农村支部工作总结曾言:"对建党工作的领导上,除寿阳比较重视外,各县委(地委在内)只是做了布置。"①但是,由于寿阳县本身是一个以农业为主的县域,因而党员大部分是农民,在紧张的战争环境中农村基层党组织大多处于秘密状态,缺乏足够的系统教育。特别是解放战争后期,胜利来得很快,对党员的教育更是无暇顾及。经过土地改革运动,新区部分地区的党组织进行了公开建党,而老区已有支部在新中国成立前结合土地改革进行了整党,其中的党员一般都有较高的觉悟,且经受过锻炼,基本上为群众所拥护,但新中国成立初期仍有 39 个支部未进行整党。因而,寿阳党组织的发展与整理巩固工作存在诸多缺陷,农村党组织呈现出非常复杂的面相,组织建设面临着各种不可避免的困境。

就党员的思想状况看,相当一部分党员中存在着满足现状、不求进步的消极思想。随着土地改革完成,农村经济逐渐恢复,一些党员误认为革命任务已经完成,满足于"土地、老婆、大犍牛"和翻身后的生活;一些党员觉得共产党的事一辈子也干不完,工作是无底洞,怕耽误自己生产,不愿再干……上述这些思想倾向,反映了小生产者的思想特点,也反映了当时某些党员觉悟水平的低下,对革命前途和方向不了解。一部分党员的消极思想是由于领导方式的官僚主义,缺乏教育和具体帮助而加深的。如"完成不了任务受上级的气,完成了任务受群众的气,误了生产受老婆的气",四面为困难包围,缺乏克服困难的办法,日积月累,加深了消沉与蜕化思想。此外还存在着严重的自私自利的个人主义思想,教育无效,走向蜕化堕落,对这种党员,组织上又缺乏严肃的处理,仍然将其保留在党内,削弱了党的战斗力,腐蚀着党的组织。② 在思想上最突出的问题是对社会主义发展前途的认识

---

① 《太原区一地委组织部关于半年来组织工作的总结报告》(1949 年 8 月 10 日),寿档:2-1-139-38。
② 《中共山西省委关于今冬明春农村整党工作的指示》(1950 年 10 月 5 日),李茂盛等主编:《当代山西重要文献选编》第 1 册,中央文献出版社 2004 年版,第 233 页。

模糊,有的认为社会主义就是一切归公,不能有个人财产;有的认为社会主义就是大锅饭,劳动者和不劳动者均可得食;还有的认为社会主义在两三年之内即能实现,甚至有的认为只要共产党一下命令就可办到……因而,不主张自己和自己的家庭以及亲戚朋友发展生产,而是坐等社会主义的到来。①

就组织工作方法来看,大部分党员干部不懂或不熟悉群众路线的工作方法。不懂得党的工作方法,不是通过启发群众的觉悟,依靠群众的经验与自觉来贯彻党的政策,完成党的任务;相反地是用强迫式的命令办法,结果把好事变坏,引起群众不满。这种倾向之所以在党内长期顽固地存在,除了历史的社会的原因外,党内民主生活不健全与"一揽子"的工作方法是最根本的原因。少数干部包办一切,得不到党员及群众的监督与批评,无法彻底克服命令主义作风。如在寿阳县的建党工作中,大部分干部对建党工作生疏,没有经验,接受公开建党思想不明确,未掌握正确的公开建党方针,不能掌握政策原则,从单纯完成任务的想法出发,导致党的政策宣传不深入,民众怕提入党;工作中与土地改革结合度不够,培养积极分子不够;群众有变天思想,而干部的思想亦不坚定;存在不看质量单看数量,盲目地发展党员的情况。②

就组织纪律和构成而言,组织纪律松懈,组织不纯现象严重。在党内长期存在着一部分落后党员,一贯不参加党的会议,不做党的工作,不缴党费,站在组织之外但仍保留着党员的身份,导致党的组织臃肿无力,降低了党的水平。一部分党员有特权思想,在负担、土地问题、生产互助等方面都有所表现,引起了群众的不满和反对。由于盲目追求数量,审查不细,把关不严,少数违法乱纪分子、投机分子、异己分子、叛变分子,甚至一贯吸大烟、贩料面的顽固会道门分子都混进了

---

① 中共山西省委党史办公室著:《中国共产党山西历史》第二卷(1949—1978)上册,中共党史出版社 2012 年版,第 131 页。
②《关于整党与建党问题》(1949 年 10 月 20 日),寿档:1-1-150-6。

党内,造成党组织不纯的状况——有的支部松懈涣散,党不管党,凝聚力、战斗力下降;①有的支部内新老党员不团结,闹宗派等。②

在工作作风方面,官僚主义和命令主义盛行,严重损害了党群关系。如寿阳在整党运动中,工作准备不够,没有把支部的较好分子与积极分子动员起来"自己整自己",而是由领导"整他们",造成党员和群众、领导的对立。而贫雇农和党员之间存在对立问题,主要是因为"过去踢开老组织贫雇上台,老组织归位贫雇下台",党员或群众受到报复和讽刺,存在埋怨领导的不满情绪,导致工作中人们盲目地乱斗,扩大斗争面,甚至打死党员、打死贫雇农。部分党员贪污腐化、偷窃或多占果实,自私自利,报复群众。还有些党员以为自己有功,摆老资格。同时,在整党中缺乏明确的政策与方法——过去"一脚踢开"党委,后又一律"扶起",既伤害了党员元气,又伤害了贫雇农;党员被"扶起"后,一面讲价钱,一面错误地认识民主,造成农村无组织、无政府的状态的长期未转变过来。党内没有开展批评与自我批评,领导上未掌握这个环节,不论为公为私把事情都推在党员身上,党员感觉"盲目",领导不作检讨,这样就无法解决党员的思想问题。领导上还存在整党一松一紧,贯彻党的政策不够等问题,普遍存在不管"整好整坏"的单纯任务观点。③

综上所述,中华人民共和国成立之初,以上情形各地均客观存在,具体表现不一,但所暴露的问题,尤其是和平环境下党员所产生的一定惰性,一些投机分子想方设法通过混入党的队伍以获得所谓的保障、荣誉和地位,以及一些党员以功臣自居、违法乱纪、贪污腐化、自私自利等行为,已然很大程度上损害了党在群众中的威信,引起了民众的不满。由战火纷飞的战争年代走向和平建设新的历史时期,党所处

---

① 《中共山西省委关于今冬明春农村整党工作的指示》(1950年10月5日),李茂盛等主编:《当代山西重要文献选编》第1册,中央文献出版社2004年版,第234页。中共山西省委党史办公室著:《中国共产党山西历史》第二卷(1949—1978)上册,中共党史出版社2012年版,第132页。
② 《关于整党与建党问题》(1949年10月20日),寿档:1-1-150-6。
③ 《关于整党与建党问题》(1949年10月20日),寿档:1-1-150-6。

的社会生态和党的组织生态也随之发生了根本变化。能不能继续保持党的优良传统和艰苦奋斗的作风,能不能有效地抵制各种权力和钱财的诱惑,继续保持同人民群众的血肉关系和无产阶级政党的纯洁性,这不但对于党的各级组织和党员而言是一个新的严峻考验,而且直接关系到党的执政地位和新生的人民政权的巩固。不言而喻,巩固和健全党的组织是使党的队伍能够适应新形势,担当起执政重任的重要组织保障。然而,党员的发展和党组织的巩固很难一蹴而就,需要有一个不断规范和完善的过程。因此,其时农村党组织的建设工作之复杂与艰巨可以想见。

四、农村党组织建设的顶层规划

新中国成立初期,寿阳县农村党组织建设面临的困境并非特例。新中国成立之前,中国共产党主要阵地在农村,因而非常重视农村党组织的发展。据1949年下半年统计数据所示,在326.5337万名基层党员中,农民出身的党员约占83%,工人出身的仅占5.87%。在全国20万个左右的支部中,农村支部占79.8%。[①] 但农村党组织整体存在发展极不均衡,农村党员的党性觉悟仍有待提升等问题。故新中国成立后,中共中央根据执政角色、社会环境、党组织发展实况等对农村党组织工作进行了精心统筹规划,为新中国成立初期农村组织工作的推进指明了新的方向,提供了基本遵循。

(一)农村党员接收与农村党组织发展的规划

在1949年的中共七届二中全会上,毛泽东明确提出全党工作重心转向城市,这一转向亦影响到组织建设的政策规划。1950年3月

---

① 朱汉国、谢春涛、樊天顺主编:《中国共产党建设史》,四川人民出版社1991年版,第260页。

10日,时任中共中央组织部副部长的安子文就一年来党的发展工作给毛泽东并刘少奇提交了一个报告,直截了当地指出了党组织虽有很大发展,但亦存在诸多缺点。如,"当条件不成熟或不完全成熟时,即开始了实际上是大量发展的行动,因而过早了过快了,没有保证一定的质量。有的地方提出反对'关门主义',结果是四门大开,把一些不够党员条件的人拉到党内来;有的地方不考虑建党条件是否成熟,急于求成,企图一下子把党壮大起来;有的不适当地实行'自报公议党批准'的建党方法"。同时,安子文就之后的组织发展工作提出意见,"今后发展党的重点,应放在工人阶级上。……为了保证无产阶级成分在党内有一定的比例,对于农民党员的发展,不得不加以限制。今后三五年内,农民党员数量以不超过人口的百分之一为标准"。关于建党方法,安子文认为"自报公议党批准"有严重缺点,应以"公开建党"的口号来代替它。毛泽东在安子文的这一报告上批示:"请即据此写一个指示。"周恩来在该报告上批示:"将公开建党问题作一些解释,并须指出各种倾向。"刘少奇在《对安子文一年来党的发展工作报告的批语》中亦肯定了这些意见,并提出"可即发一个指示"。① 据此,中共中央于1950年5月21日下发《中共中央关于发展和巩固党的组织的指示》,明确指出其时党组织发展的方针政策:"今后发展的重点,应放在城市中,首先是工人阶级上,在三到五年内要从产业工人中接收三分之一的人入党。""为了保证无产阶级成分在党内有一定的比例,今后对农民党员的发展,应加以限制。"在不同区域,党组织建设的规划亦不同。例如,在老区"今后的任务不是继续发展,而是如何加强党的教育和调整党的组织问题"。新区农村则"暂不发展党的组织",而是要"集中力量在各种斗争中组织和教育广大的农民,发现与培养真正的积极分子,俟土改完成后,再来进行发展党的工作"。对于党员占人口的比例规定为"在今

---

① 中共中央文献研究室、中央档案馆编:《建国以来刘少奇文稿》第2册,中央文献出版社2005年版,第128—129页。

后三五年之内,农村党员已超过人口的百分之一为标准"。① 在同年6月6日的中共七届三中全会上,毛泽东再次重申:"在老解放区,一般地应停止在农村中吸收党员。在新解放区,在土地改革完成以前,一般地不应在农村中发展党的组织,以免投机分子趁机混入党内。"②

公开建党是为了使党与群众的联系更密切,把党放在群众的切实帮助与监督之下,建设一个有战斗力的、纯洁的党。早在1948年,随着革命形势发展的需要,中共中央就发出由周恩来起草的《老区半老区的土地改革与整党工作》的指示,号召各级党组织公开建党,要求"除尚未巩固的新区以外,一切党的支部,均应公开"③。《中共中央关于发展和巩固党的组织的指示》对公开建党的原则作了明确解释——党在劳动人民中间应公开地进行关于党纲和党章的宣传教育,普遍提高党员的觉悟;在考察一切要求入党的人时,不仅要听取介绍人的报告、本人的意见及党内的反映,而且还要采取各种方式,征求群众的意见,使党的领导与群众的意见相结合。只有这样,才能对被考察者有较全面的认识。④ 这一原则为之后吸纳党员的方法作了明确导引。

1951年2月中旬,中共中央召开有各中央局负责人参加的政治局会议,讨论了各项重要问题;2月18日,毛泽东起草了向党内通报的《中共中央政治局扩大会议决议要点》,就建党的态度和方针作出指示。中共中央政治局扩大会议决议明确指出,"新区建党必须采取慎重的方针",而"乡村须在土改完毕始能吸收经过教育合于党员条件者建立党的支部,在头两年内乡村支部一般不要超过十个党员"。"无论在城市和乡村,均应对于愿意接受党的教育的积极分子,进行关于怎

---

① 中央档案馆、中共中央文献研究室编:《中共中央文件选集(1949年10月—1966年5月)》第3册,人民出版社2013年版,第59—60页。
② 中共中央文献研究室编:《建国以来毛泽东文稿》第1册,中央文献出版社1987年版,第395—396页。
③ 《周恩来选集》上卷,人民出版社1980年版,第295页。
④ 中央档案馆、中共中央文献研究室编:《中共中央文件选集(1949年10月—1966年5月)》第3册,人民出版社2013年版,第60页。

样做一个共产党员的教育,经过这种教育然后将其中确实合于党员条件者吸收入党。"①

1951年3月28日至4月9日,中国共产党第一次全国组织工作会议在北京召开。大会最后一天,刘少奇在会上作了题为《为更高的共产党员的条件而斗争》的总结报告,强调"必须把党员的条件提到尽可能的适当的高度"。并提出了日后接收的党员的条件,即"必须成分好,历史清楚,对党忠诚,有实际的阶级觉悟并表现积极,又懂得共产主义与共产党的事业,愿意遵守党纲党章的人,才能被接收为党员"②。该会议亦同意刘少奇在报告中提出的关于发展新党员的提议,并通过了《关于发展新党员的决议》。针对党组织和党员分布不平衡的问题,决议指出,因"党的组织和党员的分布是很不平衡的","老区党的组织已经发展得很大,新区党的组织却还很小;农村党员数量很大,产业工人党员数量很小",因此,"老区和某些新区党的基层组织,必须暂时停止发展,加以整顿",但亦未完全硬性禁绝吸收党员,指出在已经完成土地改革的新区等地区,可以从斗争中涌现出来的很多要求入党的积极分子中接收党员,但必须防止各种坏分子混入党内;党组织必须"有领导有计划地采取慎重的方针来发展党员"③;此外,特别强调"严格地管理党的发展工作,是保持与提高党的纯洁性和战斗力的重要保证之一",因而对党员的管理、教育乃至农村党员的接收时间等均做出了具体要求,如农村接收新党员每年可以有一次至两次。④

为了在接收新党员时做到严格地遵守入党手续,保证新党员的质

---

① 中共中央文献研究室编:《建国以来毛泽东文稿》第2册,中央文献出版社1988年版,第129页。
② 《刘少奇选集》下卷,人民出版社1985年版,第70页。
③ 中央档案馆、中共中央文献研究室编:《中共中央文件选集(1949年10月—1966年5月)》第6册,人民出版社2013年版,第65页。
④ 中央档案馆、中共中央文献研究室编:《中共中央文件选集(1949年10月—1966年5月)》第6册,人民出版社2013年版,第67页。

量,1951年10月4日,中共中央又依据中国共产党党章规定的原则和第一次全国组织工作会议的决议精神出台了《关于接收新党员手续的规定》,将发展党员和建立党的组织视为"党的一个严重的政治任务和组织任务"。决议指出"为了加强党与劳动人民群众的密切联系及党对于人民群众的领导作用,在没有党的组织的地方和党员很少的地方,发展党员和建立党的组织,已经成为我们党的一个严重的政治任务和组织任务",并规定了接收新党员的具体手续。①

由此可见,农村党组织的发展由限制、暂停到逐步有所松动,渐渐把土地改革完成的新区列入可以发展党员的区域,日益注重党员发展的质量和党员接收的规范。

1952年以后,随着土地改革、民主建政的逐步推进和完成,农村社会已然发生了极大改变,出现了许多新情况,特别是随着农业合作化运动的大规模开展,亟须建立适应新形势的新的乡村治理模式以保障农村工作的有序有效开展,其中最为可行的模式就是在农村大量吸纳新党员,广泛建立党组织,夯实中共在农村的政权根基。为此,中共中央调整了农村党组织发展的政策方针。1952年5月30日,中共中央发出了《关于在"三反"运动的基础上进行整党建党工作指示》,指出在老区乡村中"因为不少乡村党的组织在调出若干优秀党员后,它的积极性大为减弱,必须吸收一些新的积极的成分,方能振作起来",为此"应在那些必要而有条件的乡村中接收一些新党员"。此外,在老区已有党组织的乡村中还应接收一些党员;在新区农村中,"完成土改复查及民主建政后,应在积极分子中进行党员八项标准教育,并接收那些愿为党员八项标准而努力上进的优秀分子入党";在一般新区农村中,"应有5个党员以上(一般不超过10人)的支部"。"全国有十二万个新区乡、二万个老区乡没有党组织,应争取在今后一年内建立党的

---

① 中央档案馆、中共中央文献研究室编:《中共中央文件选集(1949年10月—1966年5月)》第7册,人民出版社2013年版,第98—102页。

组织。……如此,在农村要接受将近一百万党员。"①由此可见,中国共产党农村的建党政策在这一时段发生了较大的调整和转变,彻底改变了过去停止发展的政策,并以明确的数字作出规划,显示出积极发展壮大党组织已成为其时中国共产党农村组织工作的重点。据中组部的统计,截至1953年6月,全国共有农村党员337.2万余人,与1950年底的310万余人相比增加了8.7%。②

1953年冬及1954年春互助合作运动有了较大的发展,农村面临的突出问题就是如何发展党组织并加强党对农村工作的领导。为了进一步有序有效地推进农村党组织工作,1954年3月,中共中央组织部下发《关于加强党的基层组织工作调查研究的通知》,要求就农村中党的基层组织如何在贯彻过渡时期总路线、总任务中,实施领导、建设组织、提高工作水平等问题进行深入细致的调研。③ 正值其时,第二次全国农村工作会议于1954年4月2日至18日召开,会后,中共中央批转了中央农村工作部《关于第二次全国农村工作会议的报告》。该报告强调,"新区约有百分之四十到百分之六十的乡村没有党的支部",要按中共中央组织部所提要求"制订发展计划,发展一批党员","没有支部的乡及党员过少的乡,均应在当前的社会主义改造运动中积极发展党员,建立支部。第一步发展到每乡十个党员左右,已满十人者应适当地再加发展,但总数以不超过该乡人口百分之一为宜"。老区农村支部亦应"吸收一批新的年轻的积极分子入党"。④ 到1954年11月,在全国农村22万个乡中,已有17万个乡建立了党的基层组

---

① 中央档案馆、中共中央文献研究室编:《中共中央文件选集(1949年10月—1966年5月)》第8册,人民出版社2013年版,第377—378页。
② 中央档案馆、中共中央文献研究室编:《中共中央文件选集(1949年10月—1966年5月)》第15册,人民出版社2013年版,第113页。
③ 中共中央组织部、中共中央党史研究室、中央档案馆编:《中国共产党组织史资料》第9卷,中共党史出版社2000年版,第231—234页。
④ 中央档案馆、中共中央文献研究室编:《中共中央文件选集(1949年10月—1966年5月)》第16册,人民出版社2013年版,第243页。

织;农村党员数快速攀升,发展到近400万人,占农村人口的0.8%。①据此可见,1954年后接收吸纳农村党员的增速很快,亦反映了中共中央对农村组织发展重要性的认识与实践。

为了进一步规范和加强农村党组织对各项工作的领导,中共中央组织部于1954年11月8日至12月6日在北京召开了第一次全国农村党的基层组织工作会议,更凸显了中共中央对农村党组织工作的重视。在这次会议上,时任中共中央组织部副部长马明方作了题为《发展和巩固党在农村的基层组织,为实现国家对农业的社会主义改造而斗争》的报告。之后,中共中央认为这个报告所提出的在农村中发展党员的计划和加强党的基层组织的建设工作的各项意见都是正确的,并于1955年2月21日批转了这一报告,要求各级党委要制订出农村支部工作的具体办法和之后三年内的农村党员发展计划。该报告认为,农村基层党组织和党员的发展与农村工作特别是农业合作化的需要不相适应,提出农村各级党组织必须依据中共中央积极慎重的建党方针,在第一个五年计划后三年内,即1955年至1957年,发展200万名至300万名党员,使农村党员总数达到600万名至700万名。报告对农村支部形式作了新的规定:在乡支部统一领导下,在农业生产合作社和手工业合作社中,可建立党小组,党员多的可建立党的分支部;凡有党员和候补党员超过50人的乡村,需成立党的总支部;有些乡存在在合作社中设立党的分支部的必要性时,即使全乡党员和候补党员不足50人,亦可成立党的总支部;等等。②

1955年8月1日,中央组织部给中央的工作报告指出,其时还有3.1万个乡没有建立党的组织,再次强调农村党员数量无法满足过渡时期总路线的实践需要,重申农村要在三年内接受200万至300万新

---

① 中共中央组织部、中共中央党史研究室、中央档案馆编:《中国共产党组织史资料》第5卷,中共党史出版社2000年版,第11页。
② 中央档案馆、中共中央文献研究室编:《中共中央文件选集(1949年10月—1966年5月)》第18册,人民出版社2013年版,第176—190页。

党员的计划。① 随着 1955 年下半年的农业合作化提速,实践中的农村党组织发展速度也相应加快。从中可见,中国共产党关于农村党组织建设和党员发展方针政策发生了重大调整和转变,要求快速发展农村党员,乡一级要普遍建立基层党组织;此外,还要求行政村、合作社一级也要建立党支部或党小组。

1956 年 9 月,中共八大党章进一步明确规定,"每一个乡和民族乡,每一个镇,每一个农业生产合作社","凡是有正式党员三人以上的,都应当成立党的基层组织"。② 到 1956 年底,农村党员发展到 670 万人,与 1953 年相比增长了近 100%,农村党员数量占全国党员总数的百分比由 50.77% 提高到了 53.59%;98.1% 的乡镇建立了党委或党总支、党支部,绝大部分行政村(高级社)建立了党支部或党小组。③ 1956 年 12 月,中组部副部长安子文《在各省、市、自治区党委组织部长会议上的总结》中指出,截至 1956 年 9 月底已接收 230 多万党员,估计到年底可能接收 300 万左右;到年底全国党员将达 1200 万人,其中预备党员 300 万人左右,故原定 1956 年到 1957 年发展新党员的计划"应该停止执行"。1957 年应该"基本上停止接收党员","只有在有必要、有可能的地区和部门,在确实能够保证党员质量的条件下,才可以接收一些党员"。同时提出,根据当时党的组织状况和多年接收党员工作的经验,"今后不应该再采取像今年这样大量接收党员的办法",而要"随着非党积极分子的涌现和成长,随着我党的消化程度,仔细地挑选党员,不断地调整党员的成分,补充新的血液"④。1956 年底的农村党组织建设实现了"一乡一支部"的标准,"多数在乡的党委或

---

① 中央档案馆、中共中央文献研究室编:《中共中央文件选集(1949 年 10 月—1966 年 5 月)》第 20 册,人民出版社 2013 年版,第 511 页。
② 中央档案馆、中共中央文献研究室编:《中共中央文件选集(1949 年 10 月—1966 年 5 月)》第 24 册,人民出版社 2013 年版,第 242 页。
③ 中共中央组织部编:《中国共产党党内统计资料汇编》(内部发行),党建读物出版社 2011 版,第 331 页。
④ 韩劲草主编:《安子文组织工作文选》,中共中央党校出版社 1988 年版,第 129—130 页。

总支下都已按照农业社建立了党的组织"①。在此形势下,农村党组织发展规模开始收缩。

1957年2月,中共中央发出的年度党员接收通知明确提出:"1957年基本上停止接收党员。"②12月10日,中共中央发出的第二个五年计划时期接收党员工作通知中,将此后的党组织建设重点从数量增加转为质量提高,农村更要保证把"党的根子扎正"③。

由上可见,新中国成立初期,中共中央对于农民党员的吸纳、乡村党组织的发展进行了规划,其政策方针经历了从限制、暂停发展到大发展的调整转变过程。到1953年,乡村党组织大发展政策的实施使农村党员和基层党组织数量迅速增加,党的基层组织不仅基本实现了在乡镇一级的全覆盖,而且一直延伸到行政村及生产单位合作社,从而使党的农村组织体系日趋完善,为中共乡村治理提供了组织保障。

(二)农村党组织的整训规划

1949年中国革命取得决定性胜利,老解放区的农村基层党组织和党员得到快速发展,到1950年上半年,"在老区,党的发展一般地已达到了人口的百分之三至百分之五,还有若干县份甚至到百分之七至百分之十"④。党员的数量虽有增长,但质量参差不齐。对于其时党组织的发展状况,刘少奇曾指出,在和平条件下,党员不像战争年代那样面临艰险,"客观的自然的限制没有了,如果我们又不在主观上加强限制",那么不合格分子就会"混入到党内来","这对于我们党则是一

---

① 韩劲草主编:《安子文组织工作文选》,中共中央党校出版社1988年版,第137页。
② 中央档案馆、中共中央文献研究室编:《中共中央文件选集(1949年10月—1966年5月)》第25册,人民出版社2013年版,第61页。
③ 中央档案馆、中共中央文献研究室编:《中共中央文件选集(1949年10月—1966年5月)》第26册,人民出版社2013年版,第405页。
④ 中央档案馆、中共中央文献研究室编:《中共中央文件选集(1949年10月—1966年5月)》第3册,人民出版社2013年版,第59页。

种严重的危险"。① 针对党内存在的问题及时进行整训是中国共产党自延安整风以来加强自身建设的有效方法。由此,1950年5月1日,中共中央发布《关于在全党全军开展整风运动的指示》,要求各级党组织在当年的夏秋冬三季内完成。为了避免再犯过去在整党时所犯的错误,中共中央要求各级党委根据自己的具体情况做出计划,并电告中央审查批准后执行。② 同年5月21日,中共中央下发的《关于发展和巩固党的组织的指示》提出,老区农村党建"今后的任务不是继续发展,而是如何加强党的教育和调整党的组织问题",即是说,"在长期的教育工作中逐渐地把目前觉悟程度不够的党员提高到共产党员的水平,而对于那些毛病很大、经过教育又不愿改正的党员,应逐渐地采取一种适当的方法,劝告其退党或开除其党籍"③。由此可知,中共中央其时的组织建设的政策是先对基层党组织进行清理整顿,然后再考虑进一步的发展;其后,各级党组织根据实际情况结合中心工作积极统筹规划,制订了组织整顿计划。

以山西省为例,1950年10月5日,中共山西省委发出了《关于今冬明春农村整党工作的指示》。该指示根据其时农村党员实际情况,结合中共中央关于巩固党的组织的指示精神,对整党工作作了统筹规划。规划指出,整党的目的是"继续提高党员觉悟程度,克服命令主义、特权思想及其他不良倾向,严密党的组织,严肃党的纪律,加强全党的团结,进一步团结群众,正确地贯彻党的政策,提高党在农村中的领导作用"。就整党的具体步骤作了如下规划:

(1) 整党要与冬季生产结合。在整党之前,首先应将生产工作布置下去。

---

① 《刘少奇选集》下卷,人民出版社1985年版,第68页。
② 中央档案馆、中共中央文献研究室编:《中共中央文件选集(1949年10月—1966年5月)》第3册,人民出版社2013年版,第1—2页。
③ 中央档案馆、中共中央文献研究室编:《中共中央文件选集(1949年10月—1966年5月)》第3册,人民出版社2013年版,第59页。

（2）必须做好整党的准备工作。开始整党前必须在干部中进行充分教育，让干部群体将方针原则领会清楚，根据实际情况制订执行方案，规定请示报告等制度，然后再动手去做。

（3）冬训党员与整党相结合。训一批，整一批。老区各县，着重一、二类支部骨干党员的训练，同时，也要调训三、四类支部的较好党员。晋中、晋南新区，各县党员数量不大，可分批普训。计划当年冬季调训党员81958名，第二年春4万名（内有太原市1000人），可分为三至四批训完。训练中着重新民主主义的生产方向与生产政策的教育，以及党章教育。党章教育应着重党员权利义务、党的纪律、支部任务等问题。在教育方法上，则要注意联系支部的实际材料，进行分析批判，培养党员批评与自我批评的精神和言行相一致的品质。训练工作统一由各县委主持，教育能力较弱的县委，地委应派人帮助。

（4）在整党中可吸收青年团支部委员和某些积极分子列席参加。

（5）时间是从当年10月初开始，次年3月初结束，时间共5个月，之后即转入对春耕生产的领导。

就整党实践，提出了自上而下的几点要求：第一，开展批评与自我批评，检查工作，鉴定党员。可通过灵活地召开党内党外的会议——支部大会、人代会或吸收人民代表参加的党的会议等解决相关问题。

第二，思想教育与组织整顿结合。既要防止不教而诛，同时也要防止教育万能。防止少数坏分子继续混迹在党内，侵犯群众利益，破坏党与群众的关系。在党内斗争中，要严防过火斗争和党外的、原始的、野蛮的斗争方式的沿用。在处分党员时，必须把党内处分与行政处分分清，不得党政不分。应给予被处分者到会申诉的机会，被处分者不服时，有权上诉直至中央。对向党正式提出退党要求的落后党员，予以批准，并宣布开除党籍；十分落后而未要求退党者，应劝其退党或开除出党；对尚有改造前途而本人亦愿努力提高者，暂留党内再加以教育。新区尤应注意此点。对在党内不任职务的党员，开除时经支部大会通过区委批准，县委备案；任支委以上职务的党员，支部大会通过,区委审查,县委批准。

第三,表扬优点与批评缺点应同时并重。既要防止"整风会上没好人"的偏向,同时也要防止整风会上尽好人的现象。成绩应肯定与表扬,缺点应指出并帮助克服。

第四,进行整党时必须详细调查,分析研究,防止陷入宗派的圈子中。必须依靠正派的党员,提高党员觉悟,从党的原则出发解决无原则纠纷。

第五,注意建立必要的与可能实现的党的各种制度,巩固整党成果,如党的选举、会议、党费等制度。

第六,整党中和整党后,要注意健全群众的民主生活,特别是健全人代会,把党放在人民的监督之下。①

由上述可见,其时各地农村的整党计划周详,整党工作有章可循。

保障各项工作的有序推进对党组织的效能是个极大考验。然而,其时的党组织实际状况却不容乐观。一方面,原有的老党员中有一小部分人思想逐渐堕落;另一方面,因为在发展党员的工作上疏于管理,以致有许多觉悟不高甚至思想落后的人,也被接收为党员;并有一些坏分子混进了党内。为了克服这种现象,中国共产党认为"党必须认真地、谨慎地"对基层党组织进行一次"有计划、有准备、有领导"的普遍的整理②。为此,1951年2月18日,中央政治局扩大会议决议提出了整顿党的基层组织的任务,对整党工作的必要性及大致步骤进行了初步规划,指出"整党,应以三年时间实现之。其步骤,应是以一年时间(1951年)普遍进行关于怎样做一个共产党员的教育,使所有党员明白做一个共产党员的标准,并训练组织工作人员。同时,进行典型试验。然后,根据经验进行整党"。其间特别强调"不要重复1948年

---

① 《中共山西省委关于今冬明春农村整党工作的指示》(1950年10月5日),李茂盛等,主编:《当代山西重要文献选编》第1册,中央文献出版社2004年版,第233—238页。
② 中央档案馆、中共中央文献研究室编:《中共中央文件选集(1949年10月—1966年5月)》第6册,人民出版社2013年版,第60页。

'搬石头'的经验"。①

1951年3月,中国共产党第一次全国组织工作会议召开。此次会议除研究建党问题外,亦研究了整党的相关工作。4月9日,会议通过了《关于整顿党的基层组织的决议》,开始了中国共产党执政后首次大规模的基层整党。决议提出了以三年为期的整顿党的基层组织的计划:第一年(1951年)主要是集中力量认真做好有关整党的各项准备工作,第二年(1952年)、第三年(1953年)是逐步完成党的基层组织的整理工作。决议指出,整党前要进行准备工作,首先是挑选一批经过考验、对党完全忠实、作风正派,又有整党与建党知识和工作能力的干部,并加以训练,使他们完全懂得中央关于整党的方针和精神以及整党的具体方法和步骤,然后再将他们派到党的基层组织去进行整党。其次是要对党员普遍进行一次关于怎样做一个共产党员的教育,使所有的党员都明确了解一名合格的共产党员的标准,即党员应具备的"八项条件",主要包括:(1)中国共产党是中国工人阶级的党,是工人阶级的先进的有组织的部队;(2)中国共产党的最终目的,是要在中国实现共产主义制度,一切党员必须具有为彻底实现党的目的而坚持奋斗的决心;(3)每一个共产党员,必须下定决心,终身英勇地坚持革命斗争;(4)一切共产党员的斗争和工作,必须在党的统一领导下进行;(5)一切党员必须把人民群众的公共利益,即党的利益,摆在自己私人的利益之上,党员的私人利益必须服从人民的即党的公共利益;(6)每一个共产党员,应该经常地用批评与自我批评的方法,检讨自己工作中的错误和缺点,并及时地加以纠正;(7)党员是人民的勤务员,一切党员必须全心全意地为人民群众服务;(8)一切党员,必须

---

① 中共中央文献研究室编:《建国以来毛泽东文稿》第2册,中央文献出版社1988年版,第128—129页。所谓"搬石头"是指1948年整党运动中曾发生的"左"的偏向——抛开原有的党支部,将原基层干部一律撤职,有的地区甚至大批开除地主、富农家庭出身的党员的党籍。中共中央及时总结这方面的教训,明确规定整党的主要内容为"三查三整",即查阶级、查思想、查作风以及整顿组织、整顿思想、整顿作风,使整党工作克服"左"的偏向,健康地向前发展。

努力学习,使自己懂得更多的马克思列宁主义、毛泽东思想,提高思想觉悟。① 党员"八项条件"是每个党员应该和必须具有的条件。此外,决议还指出在整党实践中,对于不同的地区和不同的支部,应有不同的要求并采取不同步骤;特别指出对老区农村支部的整理,一般需要三年时间来完成。②

中共中央《关于整顿党的基层组织的决议》发出后,各地积极传达落实,相继开始布置因地制宜的整党工作。为了了解和掌握各地整党工作的开展情况,也为了各地的整党工作能够有领导有计划地进行,中央要求各级党委都要制订开展整党运动的详细计划并逐级上报,不经批准,不得自由行动。③"这是党内大事,必须使各负责同志了解各地各时期的工作进程。"④根据中央要求,各地党委在调查研究的基础上,制订了整党的详细计划。

以山西省为例,1951 年 6 月 6 日,中共山西省委作出了《关于整党准备工作的计划》(以下简称《计划》)并上报中央。因华北区是其时整党工作的重点地区之一,中共中央对华北各级党委传达的整党决议亦十分关注,逐一对华北各地整党准备工作计划作出批示。1951 年 7 月 9 日,中共中央就山西省委关于整党准备工作的计划作出批示,指明"中央同意山西省委关于整党准备工作的计划,该计划较为明确与

---

① 中央档案馆、中共中央文献研究室编:《中共中央文件选集(1949 年 10 月—1966 年 5 月)》第 6 册,人民出版社 2013 年版,第 60—62 页。关于党员标准的表述,1953 年 12 月 11 日在第二次全国组织工作会议审议后,印发了《中共中央关于修改第一次全国组织工作会议两项决议的通知》,对第一次全国组织工作会议所通过的《关于整顿党的基层组织的决议》和《关于发展新党员的决议》两个文件做了修改和补充。对共产党员标准的第一个和第二个表述做了修改。参见《中国共产党组织史资料》第九卷 文献选编(下)(1949.10—1966.5),中共党史出版社 2000 年版,第 199—201 页。
② 中央档案馆、中共中央文献研究室编:《中共中央文件选集(1949 年 10 月—1966 年 5 月)》第 6 册,人民出版社 2013 年版,第 60—64 页。
③ 中央档案馆、中共中央文献研究室编:《中共中央文件选集(1949 年 10 月—1966 年 5 月)》第 6 册,人民出版社 2013 年版,第 64 页。
④ 中共中央文献研究室编:《建国以来刘少奇文稿》第 3 册,中央文献出版社 2005 年版,第 696 页。

实际,可作各省、市制订自己的整党计划时的参考"①。可见其时山西省委的整党计划有一定的示范作用。该计划指示所属各级党委应立即根据中央整党的指示与省委关于整党准备工作的计划着手准备,并须于1951年11月底以前集中力量完成各项工作。

具体工作大致包括如下几方面:(1)传达整党决议。各级党委应召开一定的会议,系统深入地传达中央关于整党决议的精神和方针及整党的基本方法和步骤。省委拟于当年7月间召开全省县以上组、宣联系会议,进行传达与讨论。到同年9月1日全省第一届党代表大会上,再传达一次,并通过全省整党计划和决议。各县则应于同年10月至11月中旬召开县党代表会议,讨论1951年整党计划,并制订具体执行的计划与决议。《计划》强调:要经过上述会议,务使区委以上党的委员会完全领会中央关于整党的精神与方针,从而正确地执行自己的计划和指导整党工作。(2)训练整党干部。在统一计划下,省委党校负责训练领导骨干,地委党校负责训练一般干部。首先要认真地选择整党干部,条件为:经过考验、对党完全忠实、作风正派、有整党与建党知识和工作能力的干部。《计划》强调:地委必须对每一名整党干部进行审查,并将每人审查结果报告省委备查。其次,对整党干部的训练工作分两期完成,每期正式授课时间不得少于2个月。第一期应于当年7月中旬开始,到9月中旬结束,11月底开始到村里进行整党工作;第二期应于当年10月初开始,到12月初结束,12月底或1952年1月上旬到村里工作。最后,训练整党干部数目应参照如下设置:长治地委整党骨干300人,一般干部600人;榆次地委整党骨干370人,一般干部750人;忻县地委整党骨干150人,一般干部300人;运城地委整党骨干140人,一般干部240人;临汾地委整党骨干150人,一般干部150人;兴县地委整党骨干120人,一般干部240人;太原市委整

---

① 中央档案馆、中共中央文献研究室编:《中共中央文件选集(1949年10月—1966年5月)》第6册,人民出版社2013年版,第293页。

党干部的训练,则由太原市委全部自训。(3)进行整党的典型试验。每一县或支部党员众多的县,选择一个支部进行试验,地委要结合县委亲自掌握的两三个支部进一步开展整党的典型试验。每一个支部配备3名整党试验干部为宜,以使试验得到的经验与将来配备的整党干部力量相匹配。一般的典型试验工作,应争取在当年7月开始,9月底结束。地委亲自掌握的典型试验支部,则应于8月底结束。在整党试验中,要求取得以下几个方面的经验:其一,怎样对党员进行共产主义教育和共产党员条件的教育;其二,如何进行组织整顿和进行登记、审查和做结论;其三,是否需要建立同情小组,如需建立,应如何建立。(4)集训党员。以县为单位集训一批则整顿一批。集训时间为20天左右,从当年11月初开始。新区或党员较少的老区做到普训,其他地区则酌情集训三分之一到二分之一,其余在支部训练。县委训练班训练的重点是党内的积极分子和较好分子,同时每期有计划地抽调已整过支部中的两三个党员或小组长参加学习,使共产主义教育和中央整党的方针和精神逐步传达到将来准备整党的支部中,以提高党员的政治觉悟。(5)做好整党计划。各级党委要根据整党决议的精神拟出切实的整党计划,并按规定审查批准。地市委于当年9月底拟订并交送省委审查。县委整党计划于当年10月底,最迟于11月初旬送省委。① 山西省委整党准备工作的计划可为各地整党规划的一个典型示例,呈现了其时整党工作细密规划的实态。

中共中央非常重视整党实践进程和成效,因此专门派人收集各地经验以便推广。1951年7月31日,中共中央组织部派人去天津调查后,安子文即就天津地委的整党经验向刘少奇和毛泽东作了汇报。中央在1951年8月14日向全国各地转发了这一报告供各地研究参考。该报告就天津整党工作从计划到实践中的经验作了描述。第一步工

---

① 《山西省委关于整党准备工作的计划》(1951年6月),中央档案馆、中共中央文献研究室编:《中共中央文件选集(1949年10月—1966年5月)》第6册,人民出版社2013年版,第293—296页。

作是如何组织整党的力量,也就是训练整党组织员的问题,指出整党学习的过程,就是改造与提高每一个党员的过程;在学习党员的"八项条件"时,最费时、最吃力的是第一、第二条,使每个人思想斗争最激烈、成效较显著的则是第三条与第五条。整党组织员经过训练后,分别到基层进行整党典型试验,试验的步骤大体上分为学习与登记、审查与鉴定、处理问题与改选支部。此外,该报告认为每个党员都须在党的组织分配下担负一种工作。有了这一条,每个农村党员都要"整一整",大家都满意了,党在群众中的工作也能得到加强。① 这些经验使各地的整党实践有了一定的参照。

在整党进行过程中,东北局、华北局报告了贪污、浪费现象和官僚主义问题,引起中央高度重视。由此,在全国开展了反贪污、反浪费、反官僚主义的"三反"运动。1952年2月3日,中共中央发出《关于"三反"运动和整党工作结合进行的指示》,指出:"'三反'运动是一个更加现实与深刻有力的整党运动。"要求整党工作必须与"三反"运动相结合,在"三反"运动的基础上,进行党员八项标准的教育,进行登记、审查和处理。5月30日,中共中央发出了《关于在"三反"运动的基础上进行整党建党工作的指示》,结合农村生产实际部署"三反"和整党工作,指出,老区乡村中的"三反"应在整党中进行,即由整党工作队领导在党内以批评自我批评的方式进行(可吸收群众中少数积极分子参加),而不在群众中进行;新区乡村中的"三反",则在土地改革或土改复查及民主建政中采用整风、审查鉴定干部、改善干群关系的方式进行,不单独提出"三反"的口号。在老区乡村中,还应根据全国组织工作会议的方针和政策完成整党,清除坏分子并令那些不够条件的党员退党,在那些必要而有条件的乡村中接收一些新党员②。

---

① 中央档案馆、中共中央文献研究室编:《中共中央文件选集(1949年10月—1966年5月)》第6册,人民出版社2013年版,第418—424页。
② 中央档案馆、中共中央文献研究室编:《中共中央文件选集(1949年10月—1966年5月)》第8册,人民出版社2013年版,第377页。

综上可见,新中国成立初期,中共中央非常重视农村党组织的整顿,并为此自上而下制订了周密的计划以指导整党实践。正因有章可循、有规可依,其时全国范围内的整党工作取得了很大成效。在1951年至1953年的三年整党期间,共有32.8万不符合标准的党员被劝退或被清除出党,①其中多数是农村党员。

---

① 中共中央党史研究室:《中国共产党历史》第二卷(1949—1978)上册,中共党史出版社2011版,第172页。

第三章　新中国成立初期寿阳县农村党组织的吸纳实践

中国共产党作为一个组织严密的政党,不同历史时期各层级党组织在吸纳新党员时均有明确的规定,并要求严格遵循一定的程序和标准。然而,由于各时段各地区面对的社会情境不尽相同,实践中遭遇的具体问题各自有别,因而在吸纳党员的实践过程中自然呈现出复杂的多重面相。

追溯历史可见,早在1928年7月,中国共产党第六次全国代表大会通过的《中国共产党党章》就对入党手续的条文有了详细具体的规定,之后随着时势变迁不断补充修订。新中国成立初期,因党的执政地位的变化,所以当时既要发展一定数量的新党员,又要保证这些新党员都合乎党员的标准,因而对党员的吸纳更为严格、规范。新中国成立之初的入党手续主要沿袭解放战争时期的相关规定,主要依据是1945年6月11日中国共产党第七次全国代表大会通过的《中国共产党党章》,后又依据中国共产党第一次全国组织工作会议通过的相关决议,在实践中不断规范相关程序和细则,党组织吸纳党员的程序和方式逐步走上正轨,并不断趋向完善。就党组织发展的实践而言,新中国成立初期,农村社会生态和中共组织生态均发生了极大改变,相对战争年代有了更为稳定且利于党组织发展的社会环境。尤其是农村基层政权逐步建立并正常运转,使农村党员和群众对党组织的了解程度日渐加深,直接影响着党员的入党动机,进而对党组织的巩固和发展产生了长远影响。以寿阳县为例,其时依据中共中央和华北局关于建党工作的指示,寿阳县委积极慎重地遵循建党方针,在农村逐步吸纳了一批批新党员,使中国共产党的组织权力探及乡村的各个角落,党在农村的领导力、组织力日渐增强。其间的党组织吸纳,有成绩亦有缺陷。因而,对寿阳县农村党员吸纳实践的考察,可以让我们对其时农村党员的吸纳状况有一概观。

一、农村党员吸纳的地方规划

新中国成立之初,按照上级指示,寿阳县的农村党组织由秘密转向公开,农村党组织工作以整顿战争年代以来建立的党组织为主,在新区则结合土地改革发现和吸收积极分子,在无党组织的行政村则是推进公开建党。寿阳县是一个农业为主的县,党员吸纳的范围自然以农民为主,因而在1949年至1951年初中共中央明确限制农村党员发展的背景下,寿阳县农村党员的数量仍在不断增长。但其时党员的发展并没有一个统一的规划。直到1951年3月,中国共产党第一次全国组织工作会议通过了《关于发展新党员的决议》,对发展党员的重点、注意事项以及党组织管理工作作了具体部署。按照此项决议,中国共产党制定了接收新党员的手续,以严格规范党员接收的组织程序和纪律,保证新党员的质量。1951年10月4日,《中共中央关于接收新党员手续的规定》(以下简称《规定》)正式出台。《规定》共有12个条目,非常细致、具体地规定了接收党员的各项手续,其中特别强调了各级党组织必须有计划、有准备、有领导地进行接收党员工作,要求凡需要发展党员的地方,当地的市委和县委,必须根据当地的实际准备工作情况,事先作出计划,送上级党委审核批准。市委、县委应根据具体情况规定发展党员的时间,在农村接收党员每年可有一次到两次。① 中央的《规定》出台后层层下发,各地按照指示逐步推进。据资料所示,寿阳县从1952年起到1956年每年都制订了吸纳党员的计划并上报请示上级党组织。

1952年,中华人民共和国成立已三年,抗美援朝运动、镇压反革命运动、"三反"运动、"五反"运动、农村爱国增产竞赛等各种群众运动,空前地提高了党在群众中的影响力,涌现出了大批积极分子,给其后建党工作创造了甚为有利的条件。其时党员发展的对象是具备入党条件的积极分子和青年团员。1952年分布在全县范围内的青年团员已有3189人,此外还有许多积极分子,这些积极分子和共青团员经过实际斗争的教育和考验,大大地提高了政治觉悟,在实践中起了很大作用,不少人积极要求入党,其中有许多人已经具备了入党条件。所以根据华北局关于建党工作的指示,结合全县实际,寿阳县计划在一年内(当年9月到次年10月1日)从机关非党干部、工人店员、教职员和农村中发展846名新党员。其中,在农村的三个个别关系行政村,平均每村发展新党员7人,共计划接收21人入党,并争取当年年底在三个村均建立党支部;197个农村支部平均每个支部发展4人,计划接收788人入党。对于接收党员的步骤具体规定如下:农村当年冬至次年春结合整党运动有领导、有准备、慎重地发展一大批,1953年通过"五一""七一"再发展两批,10月1日前完成计划。②

1953年,为了适应国家经济建设的需要,加强党对农村的政治领导与思想引导,寿阳县依据中共中央建党方针计划积极地、慎重地、稳步地又发展了一批新党员。其时,全县建党工作具备一定的有利条件,即经过了各个政治运动与各个时期的工作,涌现出大批积极分子,共3800余人,他们在实际斗争工作中受到了教育,政治觉悟水平已有提高,在工作中能起到很大作用,有不少还是模范人物。有不少人迫

---

① 中共中央组织部、中共中央党史研究室、中央档案馆编:《中国共产党组织史资料》第九卷 文献选编(下)(1949.10—1966.5),中共党史出版社2000年版,第106页。
②《寿阳县委关于建党工作的具体计划》(1952年9月20日),寿档:2-2.1.1-84-1。

切要求入党,其中大都是工作积极的青年团员和村干部,这为建党工作奠定了良好基础。因此,寿阳县计划在1953年6月至12月底,在农村、机关非党干部、工人店员、教职员、中等学校中发展158名新党员,其中要求农村接收120人入党。计划制订后,机关首先召开支书会议,通过这一计划,具体接收计划分为两批,分别是在当年"七一"节与10月国庆节。农村地区的党员发展情况则需依据实际情况——二区、三区、五区及七区的一些支部的基础较好,党员数量较多,着重巩固整党成果,提高党的战斗力,不发展新党员;一、八、六、四区党的基础较弱,质量低,不少村的党员数量少,则必须发展一批新党员。具体做法是一方面巩固整党成果,另一方面结合生产、划乡各项工作指派专人进行了解情况,利用生产空隙,在不影响农忙生产之下以个别谈话形式对积极分子进行教育,提高觉悟,做好准备,创造条件,在"七一""八一"前发展50人,10月国庆节前后发展70名。①

1954年,经过过渡时期总路线的宣传贯彻,在购粮运动、基层政权选举运动、互助合作运动中,农村再次涌现出不少积极分子。据统计,全县涌现出积极分子共2248人,其中具备党员条件的共计446人,他们大部分在普选及互助合作运动中被选为代表和干部,如担任了互助组长,其他人亦积极参加农业生产合作社,在互助合作运动等实践工作中发挥了很大的作用。这为壮大党的组织、扩大党的队伍创造了条件。其时认为如果不接收他们入党,他们的热忱就会冷淡下来,犯了"关门主义"错误。为此,寿阳县结合实际制订了当年建党计划。计划强调仍需遵循和贯彻中央所提出的"积极慎重,稳步前进"的方针,有领导、有计划、有目的地稳步发展,真正达成壮大党的组织、扩大党的队伍,不以单纯数量而以质量为先的目标。没有党组织的空白村和党组织薄弱的村为建党重点之一。农村的发展对象主要是农业

---

① 《寿阳县委关于1953年6—12月底建党工作计划》(1953年6月15日),寿档:2-3.1.1-76-1。

社社员、互助组组员、青年团员,在组织民兵、妇联会员等各种运动中涌现出来的积极分子,特别是青年劳动模范。具体计划是在1954年内接收400人入党,在34个党员数量不多且有空白自然村的乡,平均每乡发展6名,共发展204名;① 其他51个乡不是发展的重点,可个别吸收具备党员条件者,共吸收133名。整体而言,农民党员的发展计划数占全县计划的84.3%,计划在当年6、7、8三个月完成任务的60%。②

1955年,因社会建设的推进,特别是社会主义工业化建设的发展和党对农业实行社会主义改造,日益显露出党组织发展的不平衡以及与建设需要不相适应的状况,但经过各地开展的运动,特别是互助合作运动,涌现出了一批社会主义觉悟较高的积极分子和先进人物,为组织发展奠定了基础。其时,强调党支部首先必须结合农业生产合作运动,积极地在农业合作社、互助组中发展党员,吸收社员、组员中的优秀分子到党内来,做到农业合作社中"社社有党员"。基层供销合作社、信用合作社、手工业合作社、农村教职员中都要培养发展党员。为此,根据国家工业化建设和互助合作发展的需要,为了保证党对农业社会主义改造的领导,寿阳县根据各区乡党组织发展的情况和实际条件,自上而下和自下而上地制订了确实可行的发展党员计划。依据各乡统计,寿阳县各个运动中涌现出来的积极分子和先进人物2400余名,其中绝大多数是农业合作社社员、互助组组员和有组织的青年团员。县委根据实际情况制订计划,全县在1955年内发展新党员563名,其中农村支部发展519名,约占计划总数的93%。计划要求各区制订出具体计划后,要确定专人包干负责,县委计划在下乡干部中选出40名力能胜任、有建党基本知识、政策水平较高的党员干部和义务组织员,加上21名整党组织员共61名(并下发证明),深入基层机关

---

① 原资料计算为200名,笔者根据资料进行了校正。
②《寿阳县委关于1954年内建党的计划》(1954年6月15日),寿档:2-2.1.1-174-5。

负责开展这一工作。每次基点接头会除检查中心工作,还要检查建党工作,各基点工作组组长负责按时按质完成此项任务。计划还强调,必须把建党工作和中心工作结合进行。为此,县委、区委在布置中心工作时需及时布置建党工作。县委确定一区郭家庄、城关基点村为建党重点乡,配备强有力的干部担负此项工作,创造通过中心工作带动建党工作的经验,以便指导全县。县委为了顺利完成这一工作,确定县委一人负责领导和管理,定期向县委报告,县委再进行研究。可见,县委非常重视建党工作,将其作为组织工作的一项重要任务。此外,计划特别强调要做好建党工作的提高巩固,指出培养教育过程是提高建党对象的过程,同时也是提高每个党员的过程;加强党支部学习,健全对已发展的新党员和培养发展对象的管理教育制度,要求在支部统一领导下,支委定期研究(每月召开支部会议,将建党工作列为会议内容之一),确定为支委组织专门管理建党工作,考察党员,确定党员培养提拔干部,以此健全党的制度。①

1956年,随着社会主义改造事业大踏步迈进,农业社会主义改造亦取得了极大成效。为了适应这一新形势的发展,加强党对合作化运动的领导,各地农村基层党组织需制订计划,本着中央"积极慎重"的建党方针发展一批新党员,使每个农业社都能逐步地建立起党的组织,以消除党组织的不平衡状态。以寿阳县为例,其时寿阳县有些乡的党组织内有相当一部分不具备党员资格或者失去了党员资格的人,造成党组织庞大臃肿,支部发挥不了应有的堡垒作用。计划认为应将这些失去党员资格的人清理、劝退、开除出党,同时接收发展一批在社会主义革命运动中表现出高度的社会主义热情、思想进步、觉悟高、成分好、相信共产主义社会的先进优秀分子,以便调整党的成分,增加党的新生力量。其时的寿阳县农村亦具备了党员发展的条件。据1956

---

① 《关于我县1954年建党工作总结及1955年建党工作计划》(1955年4月24日),寿档:2-3.1.1-129-61。

年1月份统计数据所示,在合作化运动中,寿阳县涌现出青年积极分子956人,其中有青年团员积极分子558人,为发展新党员提供了有利条件。根据全县党组织分布情况和实际条件,按照榆次地委建党指示,靠近城镇、交通线的乡村和解放较晚的地区成为建党工作重点所在。老区支部主要是调整党的成分,提高党的质量。总的计划是从1956年到1957年12月底全县总共发展新党员850人,争取在1956年内完成50%,1957年底全部完成。全县有农业人口152136人,其中党员5163人,占总人口的3.3%;两年计划发展613名,到1957年党员可达到3.8%(除了被开除、死亡、劝退、自退的人员,保持实有党员占人口的3.36%),具体要求农林水利行政机构发展2名,一地方国营农场接收5人,农村接收606人。其时因划乡工作的进展导致乡的范围大、面积广,村庄分散。为了便于领导,在全县当时39个乡设立党的总支部39个,以农业生产合作社为基础,根据社的大小,党员多少建立党的分支部,以生产队为单位建立党小组,加强党对农业合作化运动的领导力量。同时计划在1957年前按入社的农户,每10户中要有一个党员,到时全县10户以上的59个空白村争取全部发展新党员,达到"村村有党员,社社有支部"①。

寿阳县于1956年9月10日召开了组织工作薄弱地区和单位的建党工作会议。为使建党工作进一步平衡发展,消灭空白,改变落后,加强薄弱单位的建党工作,会上修订了建党计划:除在前一阶段发展了246名新党员外,计划再发展225名,比原计划超额完成5名;农村原计划1956年发展新党员303名,已发展了204名,计划至11月底再发展119名,超过原计划20名,对前半年未完成任务的昌村等六个乡,按原计划发展党员41名,11月底全部完成,特别强调要在妇女和羊工当中发展党员。②

---

① 《中共寿阳县委组织部关于1955年建党工作基本总结及1956年至1957年的建党规划》(1956年5月9日),寿档:2-3.1.1-167-1。
② 《关于建党工作会议的报告》(1956年9月16日),寿档:2-3.1.1-167-1。

新中国成立初期的建党工作是一项既艰巨复杂又须慎重行事的工作,其根本问题不仅是要完成计划规定的数量,而且最重要的是保证质量。因此,为了圆满完成建党任务,县委在每年制订接收党员的计划中还就建党计划实践的步骤及实践中应着重注意的问题等作了特别强调。

据资料记载,1952年、1953年、1954年的计划主要如下:第一,要求各级党组织重视发展党员的任务,明确建党方针,熟悉建党知识,首先做好准备工作,具体工作如下:(1)县、区委必须重视建党工作,训练好党务干部的组织员,学习建党的知识(党务干部和组织员事先要学习好建党知识);(2)深入支部依靠党内忠实且积极工作的党员,了解具体情况,从各个组织中发现并确定对象,随后教育培养,慎重放弃。

第二,必须在群众运动中,利用各种不同场所,加强对已涌现的要求入党的积极分子进行前途教育与共产党员标准的教育,使他们真正了解共产主义的前途以及怎样做一个真正的共产党员,并且愿意使自己为达到党员标准而斗争,以提高自身的觉悟水平。为此,要求工作中要具体做到:(1)在各个节日讲解党的斗争历史,使他们加深对党的认识,随时注意个别教育;(2)密切地结合工作、学习、生产进行教育,尤其是通过各个政治运动进行教育;(3)各区农村党支部在进行党内基本知识的教育时,可吸收个别优秀青年团员旁听。

第三,发展党员必须在党委统一领导之下指派专人与力能胜任的干部进行,必须坚持慎重、稳步、积极发展的方针,严格避免降低党员标准的任务观点和做法,同时亦注意不过高提高党员标准(一般应根据历史清楚、觉悟高、成分好、工作积极、学习努力等条件考量)。

第四,严格执行接收新党员入党的手续,防止草率从事及粗枝大叶的作风,介绍人要慎重负责,详细了解调查新党员的思想觉悟与历史情况,反对私人拉拢和感情用事,切实做到对党的纯洁负责、对党员负责、对新党员负责。党委要亲自与发展对象谈话,进行教育考察,严格执行责任制,凡参加审查的各级党委与党员,均要填写卡片,以便追查责任。

第五,新党员入党前要对他们进行社会前途与共产党的教育,入党后加强党的基本知识教育;党委还应踏实做好候补期①的教育与继续考察工作,克服以往一旦发展完成就万事大吉,再不进行工作的错误做法。②

1955年,寿阳县委就农村建党具体做法与步骤作了更为周密的部署。据资料记载,县委指示各乡支部、机关支部首先要将培养的积极分子做好排队与教育工作。由支委(或较好的正式党员)分工包干负责,通过互助合作运动、统购统销政策,以及以互助合作为中心的春耕生产运动进行教育。这样易于了解积极分子的思想情况和实际工作。此外,以乡为单位,定期对积极分子进行党的基本知识的教育,集中积极分子(包括候补党员)上党课再由派去的谈话员工作组组长进行谈话,吸收发展对象参加支部学习,根据新党员和候补党员思想情况,除组织他们集中学习外,还要组织他们自学(包括党员课本、党章、党员八条),以不断提高他们的思想觉悟,锻炼他们的思想意识和品质。慎重选拔积极分子是做好建党工作的重要措施之一,县委要求必须采取审查与教育相结合的办法选拔积极分子,强调不能把凡要求入党的人都吸收为党员,农村积极分子必须成分好(贫农、新中农),个别吸收中农中觉悟高、愿意接受党章并要求入党者。县委在建党计划中还强调要做好对发展对象入党的审查工作。在发展对象入党前,党支部应教育其如实填写入党申请表,让其说明入党动机和政治经历,再交由支部审查,做好具体工作。

---

① 在中国共产党历史上,党的三大规定,入党视不同对象要经过不同的"候补期",到党的八大后改称为"预备期"。
② 《寿阳县委关于建党工作的具体计划》(1952年9月20日),寿档:2-2.1.1-84-1;《寿阳县委关于1953年6—12月底建党工作计划》(1953年6月15日),寿档:2-3.1.1-76-1。

首先,要做好支委研究和支部大会相结合的审查工作,属于机关干部且家庭社会关系复杂时,需通过党的组织,向其家庭所在地的党组织查清情况后,条件符合者吸收,条件不够者让其努力学习,但不能向党闹情绪。对政治历史复杂的发展对象必须弄清其背景,不得草率吸收,以保持党的纯洁。其次,县委派出的谈话员,要制定谈话卡片,谈话人要审查发展对象填写的申请表,并作出结论提出意见。再次,县委要认真及时做好新党员审批等工作,同时要审查介绍人的资格,支部大会均需详细审查结论,以防投机分子和坏分子混入党内。最后,严格办理入党手续,必须经县委批准方可有效。要做好对候补党员的考察工作,为使候补期真正成为严格审查的过程,支委要指定一人负责对候补期党员的考察工作(介绍人要同时负责),定期向支部报告候补期党员思想情况、工作情况,候补期满、延长或到期转正都必须经过支部大会讨论通过,报县委批准方可生效。就完成任务的时间,县委要求春季完成30%的任务,夏季完成50%的任务,秋季完成20%的任务。

为了加强党支部对党组织薄弱村和空白村、个别关系村、空白社、基层供销社、信用社、小学教员的培养发展工作,实践中要求具体做到如下工作:首先结合中心工作和转变落后村的工作,充分发动群众,在提高群众社会主义觉悟的基础上,在实际工作中发现积极分子并进行个别谈话加以培养、教育和提高。在没有党员但有团员的自然村,培养团员作为建党对象;如果是没有党员也没有团员的空白村,先培养发展团员,在觉悟提高的基础上再发展党员。其次,支部应重视党员干部的下乡工作,并确定一支委负责建党工作,帮助各村的组织,及时培养当时工作中涌现出的积极分子和先进人物,这是发展及巩固党组织和党的建设事业最根本的工作之一,必须"认真做好,不得做坏"。[1]

---

[1]《中共寿阳县委组织部关于1955年建党工作基本总结及1956年至1957年的建党规划》(1956年5月9日),寿档:2-3.1.1-167-1。

每年的建党计划也特别强调实践中应注意的问题,如建党中注意教育老党员,防止他们怕新党员代替了他们而限制发展新党员,以及发展了新党员后老党员看不起新党员的现象;建党中要防止私人拉拢,降低党员条件,或者不注意历史本质,只看一时工作表现发展了再清除;工作中还要防止突击性和任务观点,只在意数量不注重质量,严防"收兵买马、拉夫"等现象。①

由上可见,新中国成立之初,虽然中共中央对农村党员的发展提出了实施整顿限制的政策,但作为不折不扣的农业县份寿阳县无法完全限制农村党员的发展,而是在新区土地改革中发现并吸收积极分子加入党组织以消除空白点,其时对党员的吸纳无统一规划。然而随着中国共产党第一次全国组织工作会议后相关政策文件的出台,寿阳县遵循"积极慎重"的建党方针,从1952年起每年均对党员的吸纳做出计划,从发展的条件、数量、区域、目标、重点、建党工作的具体步骤和方法等大致程序均做出了规划。随着各项工作的推进,特别是农业合作化运动的实践,寿阳县关于农村党员发展的计划日益周密详尽,计划发展的农村党员的数量及比例亦不断提高,以消灭薄弱求得平衡,同时更加注重农村党员的质量,以保证每个新党员都能成为社会主义改造事业中积极模范的中坚力量。

二、农村党员吸纳的具体举措

新中国成立初期为了完成预订的建党计划,各级党组织在实践中不断摸索可行的吸纳措施,以推动建党工作有序进行。建党工作取得的成效均与所采取举措的有效性及可行性密切相关。寿阳县每年在制订新的计划时都会对上一年的建党工作进行总结,在总结经验的同

---

① 《寿阳县委关于1954年内建党的计划》(1954年6月15日),寿档:2-2.1-174-5。

时亦实事求是地指出存在的问题,以期后续工作不再出现类似问题,少走弯路。据现有资料可见,纵观其时的吸纳工作,大致遵循了如下举措或程序:

第一,各级党委重视,全面规划,全党动手,这是保证其时建党工作顺利进行的关键。首先,县委根据各乡村党员分布情况,进行前期建党工作检查,总结建党经验和教训,在此基础上制订出下一阶段的建党计划,提出基本要求、发展数字、发展重点和发展对象。其次,县委从实际出发,制订季度和月份的发展计划,在每次中心工作布置的同时,抽出时间具体安排建党工作,特别是经过审查来确定对党忠诚、有建党能力的干部负责建党工作,以便分配任务能按时完成,克服建党工作中的自流现象。再次,将建党工作和各项中心工作紧密结合起来,使其成为日常任务。例如,1955年的建党实践中,各乡党支部需确定一个脱产的副支书,机关也确定一个副书记或组织委员专门管理此项工作,在此基础上充分发挥全党力量,各支委分工负责,培养教育发展对象,提高其觉悟,从而有领导、有计划地完成了发展新党员的任务。不同区域的组织发展状况不尽相同,采取的办法也有不同。例如,为克服不平衡状况,解放较晚、靠近城镇交通的党的力量薄弱的乡村有重点、有步骤地进行了发展,具体如下:城关、草沟、大照、赵下头、南燕竹、平舒、云烟、七里河、落摩寺、平头、石河、胡家埝、太安驿等13个乡的已有党员占人口的1%—2.5%,这些地方就确定专人负责,做到按年按月按比例地发展党员。对空白村、空白社、个别关系的地方分类排队、重点消灭。对党员占人口2.5%—3.5%的石板沟、马首、宗艾、西峁、温家庄、广阳、上龙泉、段廷、道坪、芹泉、常村、逯村、沟北等14个乡,在控制已有党员数量的原则下,适当地加以发展,消灭党组织不平衡的现象。其他党员占人口3.5%以上的昌村、贾豹、库韩、松塔等12个乡,除在个别空白村和党的力量薄弱的农业社适当地发展外,主要是加强教育,提高党员质量,进行整顿,调剂党内成分,增加新生力量，加强党的战斗力。①

为了进一步加强对建党工作的领导，寿阳县于1956年9月10日召开了组织工作薄弱的地区和单位的建党工作会议。该次会议进一步明确了建党工作的重要性，强调统一思想，认为"全党动手"是做好党的组织工作的关键；会议还强调，之后的建党工作要加强党委集体领导分工负责的责任制，切实加强党委对此项工作的领导。县委决定每月召开两次建党工作会议，专门研究建党工作，以此加强具体领导。会议指出，除党委要加强领导外，还要加强对落后空白地区建党工作的领导，根据工作需要，召开承担这些地区建党工作的党员会议，加强对他们的具体指导和检查，使建党工作正常发展。② 之后的实践中，县委也多次强调要加强对建党工作的领导，做到心中有数，抓重点，突破落后，达到党组织分布平衡。在县委的统一领导下，依据基层实际情况，有重点地进行发展，并抽调力量将曲曲沟、高家坡、胡家堙等空白社作为重点，由县委指派专人负责领导这些地方的建党工作，并由此总结经验向其他地区推广。如胡家堙党员占人口的1.5%，力量薄弱，有2个空白村和1个空白社，全年分配发展任务13名，截至当年10月份仍未完成。经研究，县委及时选派一名组织员深入该乡帮助进行建党工作，结合中心工作，找出落后原因，有针对性地进行了教育，说明了党的建设工作的重要性。组织员有力地批判了"领导不重视，认为是负担"的错误倾向（比如有的支委认为发展党员又不给工分，没有发展的必要），从而打破了各种阻碍，统一了党内思想，后来发展了新党员11名，同时消灭了1个空白村，后续的检查质量是"一般良好"的。③

---

① 《中共寿阳县委组织部关于1955年建党工作基本总结及1956年至1957年的建党规划》（1956年5月9日），寿档：2-3.1.1-167-1。
② 《关于建党工作会议的报告》（1956年9月16日），寿档：2-3.1.1-167-10。
③ 《关于我县1956年全年建党工作总结报告》（1956年12月17日），寿档：2-3.1.1-167-5。

第二，挑选积极分子，确定建党对象，培养教育和实际考察相结合，这是建党工作的重要方法。作为建党对象的积极分子须具备以下条件：成分好，历史清楚，在生产、工作和各种斗争中表现积极，思想进步，作风正派。为了做到心中有数，各地密切结合中心工作发现积极分子，一般是把各个运动中涌现出来的积极分子，以乡按花名册分类站队，把其中最优秀的分子作为建党对象。在此基础上，由支委分工负责，具体培养，进行个别谈话，以便进一步澄清其政治历史情况和本人思想觉悟，一面教育，一面培养，一面考察，为发展新党员而创造条件。在选择对象时，一般从农业生产合作社与青年团员中选择具有共产主义觉悟的、政治历史纯洁的、能够团结群众的、成分为贫农和下中农（包括新中农）的优秀积极分子，特别注意防止反革命分子、阶级异己分子和投机分子混入党内来。如1954年在互助合作发展和粮食统购统销政策实施的过程中，先后涌现出了1348名积极分子和先进人物，其后从中选择了530名作为建党对象。① 又如，四区段廷农业社社员赵某一贯表现积极，带头出售余粮，并积极动员群众完成任务，经过具体培养，在春夏两季生产互助合作运动实际考验中表现更加积极，群众亦赞扬赵某能干；五区田某原来就表现积极，进入具体培养，主动提出了入党申请，经过春季发展农业社后，不论在处理自留地和生产投资方面都表现积极，经得起考验，经过审查后被批准入党。②

正确地选择入党对象可保证建党工作的顺利进展。例如，1956年，城关乡原有自然村21个，有25户的空白村4个，空白生产队4个，该乡原计划发展新党员28名，直至当年8月份前未发展一名党员。其主要原因就是支委不重视，党员也不过问，错误地认为新区没有可发展对象。该乡在8月2日接到县里建党指示后，才组织支委进行认真学习，并通过总结空白村、社的落后情况，找出根源，在此基础

---

① 《关于我县1954年建党工作总结及1955年建党工作计划》（1955年4月24日），寿档：2-3.1.1-129-61。
② 《寿阳县委关于夏季建党工作总结报告》（1954年9月3日），寿档：2-2.1.1-174-6。

上开展了批评与自我批评,意识到自身存在的问题,制订了建党计划,同时把已有的积极分子进行排队,并委任一名支部副书记专门负责建党工作,深入空白村、社内,结合中心工作,培养入党对象,在一月内发展新党员 17 名,其中青年团员 9 名,下中农 2 名,消灭了 20 户以上的空白村 4 个,空白农业社 1 个,在这些农业社中发展新党员 12 名,建立了党小组 3 个。① 总之,依据积极分子条件对建党对象的挑选,努力克服发展对象选择中的错误认识,不仅为发展党员打下了基础,而且对其时各项工作有直接的推动作用。

组织建党对象参加党的各类学习活动和公开会议,既提高了他们的思想觉悟,又锻炼了他们的组织性和纪律性。此外,结合其时各种党员教育活动,例如,在整党中吸收建党对象参加学习,使他们系统地受到一次共产党和共产主义前途的教育。1954 年夏,14 个整党乡共吸收了 35 个建党对象参加了学习,经过教育,他们提高了觉悟,明确了前进方向,懂得了如何当一名合格的共产党员,这 35 个人中有 23 人被接收为共产党员。在实践中,还分配给他们一些具体任务,支委定期进行检查。如盘湾底乡的党员和积极分子,主动在阴雨天检查群众住房,并亲自整修了影响群众住房的水渠,避免了水患塌房造成群众损失情形的出现,赢得赞扬。群众这样说:"共产党的教育高,咱村的党员变样了"。城关两名妇女积极分子,动员群众,买过磷酸钙 20 斤,将其作为肥料撒到庄稼地里,并动员 8 户组员参加了蔬菜合作社。再如,因 1954 年夏农业社实行包工时对老年人任务分配不合理,以致一部分年老社员产生了消极思想,有的召开会议打算秋后退社,四区段廷赵某听到这一反映,立即报告办社干部,促使农业社当即修订了包工计划,召开社员大会,把棉花田、豆田包给了老年人,这样打消了他们原来怕做不下劳动日导致秋后少分粮食,所以打算当年退

---

① 《关于我县前半年建党工作的情况和存在问题及提出今后继续完成建党任务的几点意见》(1956 年 9 月 10 日),寿档:2-3.1.1-167-8。

社的思想。① 如此,通过实际行动使建党对象接受了考验。

第三,依靠群众慎重审查建党对象,这是做好建党工作、保证党员质量的重要保障。在建党工作中多次强调应从阶级觉悟、阶级立场、斗争历史、政治觉悟程度、与群众的联系、工作表现等方面对建党对象进行慎重考察。一般先给负责建党工作的干部和党员进行如何接收新党员的教育,使干部党员能够切实掌握党员标准,切实了解发展党员手续的规定,依据规定进行审查。例如,1953年8月各乡报回发展新党员255人,但经县委审查就有23名有政治问题,不具备入党条件。② 所以要在实践工作中,发动群众审查建党对象。例如,四区用该方法查出了3个假积极分子,其中一下乡干部南畔农业社会计姚某是一个自行脱党妥协回家的区干部,后骗得社长信任并介绍其入党。姚某任职后"积极一阵",等区干部一走"就不干了",还假群众名义骗取国家银行贷款,将社内账目搞得很混乱,群众社员都对他有意见。六区全区共培养了59名建党对象,其中有7人历史问题交代不清。比如,平头乡民兵分队队长辛某当过日伪密探,打骂群众,作风恶劣,乡支委只强调其积极工作的一面,忽视了对他的政治历史的审查,因而没有向区委反映,直到审查才发现。另外还有3人是所谓"好老百姓",根本不够入党条件。这些问题都是依靠群众最后查清,方予纠正。截至1954年8月底,全县各乡共上报建党对象(指已填表者)255人,经过县委具体研究审查,其中有23人政治、历史、家庭情况交代得不清楚,或者当过伪军,长期参加过落后会道门,转变不甚显著;因年老和不够党员条件的有20人,另外还有不足入党年龄的2人,这45人没有被批准入党。③

第四,颁发文件指导逐步规范办理新党员的入党手续,以保证党

---

① 《寿阳县委关于夏季建党工作总结报告》(1954年9月3日),寿档:2-2.1.1-174-6。
② 《关于我县1954年建党工作总结及1955年建党工作计划》(1955年4月24日),寿档:2-3.1.1-129-61。
③ 《寿阳县委关于夏季建党工作总结报告》(1954年9月3日),寿档:2-2.1.1-174-6。

组织的纯洁性。中共中央《关于接收新党员手续的规定》中指出："接收党员的手续,不是单纯的技术工作。严格地按照手续接受党员,是保持与提高党员标准和纯洁党的组织的重要保证之一。"①寿阳县委根据上级规定,对入党手续的实际工作采取了相应的改进措施,如1955年建党时就提出要"将1954年发展的党员进行一次检查,如发现手续不完善的,本人具备条件的应补上手续。如发现历史不清应弄清具体情况,停止党籍(请示县委批准),如是条件不具备则加强教育,争取在候补期间达到标准"②。

以入党志愿书的填写为例,有支部因对业务工作不熟悉,填表时不够严肃慎重,不按项目填写,随意乱填,有的在填写时不填年龄、成分、社会经历,只有一个介绍人,同时也不填意见;有的把候补党员栏内也填写,有的不经总支部审查,分支盖上章就送给了组织部,甚至不填年月日,结果不仅浪费了国家财产,同时也造成了审批的滞后。其时,寿阳县委为了防止这一问题再次发生,于1955年4月18日下发了《关于填写入党志愿书应注意的几个问题》③,后又于1956年8月26日下发了《关于填写入党志愿书几个问题说明》④,对《入党志愿书》填写作了详尽说明,以供参考。在《关于填写入党志愿书几个问题说明》中,对如何填写作了详细说明,指出:中国共产党入党志愿书第一页"入党志愿书"栏应由申请入党的人来亲笔填写(一律用毛笔或钢笔,字迹必须清楚),填写的主要内容是:本人对党的认识、入党动机、今后努力方向、如何做一个共产党员;如本人不能填写,可由支部指定识字的党员按其口述代为填写,代笔人不得任意增减和修改,申请人签名,盖章,填上日期。

---

① 中央档案馆、中共中央文献研究室编:《中共中央文件选集(1949年10月—1966年5月)》第7册,人民出版社2013年版,第101页。
②《关于我县1954年建党工作总结及1955年建党工作计划》(1955年4月24日),寿档:2-3.1.1-129-61。
③《关于填写入党志愿书应注意的几个问题》(1955年4月18日),寿档:2-3.1.1-122-8。
④《关于填写入党志愿书几个问题说明》(1956年8月26日),寿档:2-3.1.1-162-12。

在具体内容上着重提示：1. 第二页"家庭出身"栏，指土改前家庭成分；2. "本人成分"栏，指入党以前所在社会职务成分（1955年档案是指本人现时的成分，如贫农、中农、新中农等）；3. "现在职业"栏，是指本人现在的社会职业，如本人是工人就填工人，如是农民就填农民，或者职员、教员、学生等；4. "现在职务"栏，指在乡里、村里、社内担任的任何干部及职工等职务；5. "学历和现有文化程度"栏，是指本人在几岁入学，几岁出学，现有文化程度是初小、高小、初中等；6. "社会经历"栏，填写时应将本人历年来所做过的事情逐年填写；7. "家庭情况"栏，填写时要说明土改前后家庭人口、房产、土地、牲口，以及其他经济情况；8. "主要亲属的姓名、政治面目"，是指本人父母亲、爱人、兄弟等人及关系密切的亲友舅父、岳父、姑父等人的具体情况。

第三页各栏内，要根据所问的项目，有什么详细填写什么，如无，可在空栏内写一"无"字。第四页，学习过党章没有、对党有何意见，是指本人在党支部培养过程中，学习过几次党章（包括学习党员八项问题），对党有何认识，本人是否能接受党章和遵守党章（此栏必须填写）。第五页，"入党介绍人"，根据党章第四条之规定，新党员入党必须有两名正式党员介绍，其中一人须为有一年以上党龄之党员，必须填写介绍人的党龄、任职、机关及职务，填写注意项如下：1. "与被介绍人的关系"栏，指介绍人与被介绍人之间关系，如亲友关系、同志关系、领导与被领导关系；2. "对被介绍人的意见"栏，指介绍人对被介绍人的认识和对其政治觉悟及主要优缺点的介绍；3. 介绍人必须签名盖章，填写详细日期（年月日）。第六页，"支部大会讨论新党员的决议"栏，指经过支部大会讨论通过的决议的填写，主要填写新党员优缺点，并填写全支部党员数（正式候补分开）、参加会议人数、同意的人数，不论是以分支部和总支部通过（1955年没有这些内容，1956年增加），必须总支部书记盖章，并盖上公章，填上年月日。"上级党委审查意见"栏，支部不得填写。志愿书第七页及第八页之内的各个项目，如

"候补党员的自我检讨及对自己转为正式党员意见"和"支部大会通过候补党员转为正式党员决议"栏,在本人申请填写入党志愿书时暂不填写,但新党员候补期满,本人申请转正,支部大会讨论通过,报上级党委批准,转为正式党员时,此项目则需要进行填写。这个文件下发后,寿阳县委要求各级党组织认真学习,防止以往存在的问题继续出现。

发展新党员入党,是一件严肃慎重细致的工作,不能当成一件单纯的技术工作,更不能降低党员条件或过分提高党员条件。但在发展新党员时,手续不完善现象总有存在。有的基层组织谈谈话、填填表,未经支部大会决定就批准,往往支部有许多意见;另外,在举行入党仪式时也不一致。因此,寿阳县委提出吸收新党员时要严肃慎重,除按党章第一章第一条至第六条举行外,还必须慎重举行新党员入党仪式,特提出下列几点供参考:

举行方法:1. 举行入党仪式时,要召开支部大会而不是召开总支部大会,以乡支部或分支部形式进行,除全体党员参加外,还要吸收团员中优秀的青年积极分子参加,这是为了提高他们的觉悟,扩大党的影响,培养将来的发展对象,进一步了解党的基本知识;党员坐在前排,还要为旁听的青年团员安排正规的席位,让他们坐在旁边与后面旁听。2. 举行入党仪式时,礼堂正面由左到右要挂马克思、恩格斯、列宁、斯大林、毛泽东的领袖像(如果没有马恩列斯像,必须挂毛主席像),并挂党旗,在一旁须张贴新党员举行入党仪式的具体程序。3. 举行入党仪式程序的九项:(1) 开会(宣布此会不举手鼓掌),(2) 唱国际歌(全体肃立),(3) 向党的领袖致敬(行三鞠躬礼),(4) 党支部书记报告开会意义,(5) 介绍人介绍新党员情况,(6) 新党员向党宣誓,(7) 党委作报告(县区委或相当县区委者县区指定专人前去帮助),(8) 自由讲话(凡是参加会的同志有什么感想、对党动议都可以自由讲话),(9) 宣布散会。

举行会议报告时的注意事项:1. 开会前要选择一人(必须是正式

党员)任大会司仪,掌握会议程序,慎重地按顺序进行。2. 根据党章,必须在介绍前向被介绍人说明党章及党的纲领与政策。党委在决定和批准新党员入党前,应指定专人进行谈话;批准后,在举行入党仪式会议上,介绍人要对新党员的思想品质、成分、政治工作情况、对党的认识、优点、缺点做细致的介绍。3. 新党员进行入党宣誓时,应正立在领袖像的前面,将右手举起来,有一正式党员或者司仪兼任领誓人,按中央组织部规定的宣誓内容,一句一句念诵,领誓人念一句,新党员跟上念一句,直至念完全文后,新党员才能将手放下。4. 党委作报告时,事先要有充分准备,详细讲解党章第一条内容、党的性质、党的标准、党的义务权利,并把党在过渡时期总路线总任务联系起来,特别注意总结该支部模范党员入党后领导互助合作等各项工作的模范事迹,以此例教育新党员。5. 自由讲话时,党员亦可上台讲话,表示他会如何当好党员,其他积极分子可以自由讲话,内容主要是对党的感想等,但要事先准备好。6. 宣布散会后,党支部支委要开一次讨论会总结吸取党员团员、新党员的经验教训,并由支委或指定专人对新党员做教育工作,避免过去发展后无人负责对新党员进行教育的工作弊端,帮助新党员提高觉悟,在实际工作中对其培养锻炼,进行考察。候补党员候补期提前或延长,由候补期时负责的同志负责报告支委,按照党章第八条办理之。至于宣誓问题,中共中央关于接收新党员手续的规定中均未规定,故党员入党不一定宣誓。① 但寿阳县把这一富有仪式感的程序列出,还作了专门指导,可见其时县委对党员接收手续工作的重视。

1949年4月,中央组织部明确表示:"入党仪式及入党誓词在党章中没有明文规定,亦不适宜再作明文规定,入党仪式仅是进行教育

---

① 《中共中央组织部关于候补党员候补期计算和党龄计算问题给贵州省委组织部的答复》(1954年4月22日),《中国共产党组织史资料》第九卷 文献选编(下)(1949.10—1966.5),中共党史出版社2000年版,第239页。

的一种方式,并不能含有其他意义。"①因而,新中国成立初期,因入党仪式无硬性规定,入党誓词亦不尽一致。"入党可自拟誓词,是这一时期入党誓词的一个主要特色。"②在现存寿阳县的档案资料里便发现了其时留存的一份新党员宣誓誓词。内容如下:"中国共产党是工人阶级的政党,是工人阶级先进的有组织的部队,它的最终目的是要在中国实现共产主义社会,要为逐步实现国家的社会主义工业化,逐步实现国家对农业,对手工业和对资本主义工商业的社会主义改造,在建成完全的社会主义社会之后,还要为共产主义社会而奋斗。每个党员必须下定终身坚持革命斗争的决心,积极地为党工作,严格地遵守党的纪律,执行党的政策,遵守国家法令,把党和人民利益放在个人利益之上,全心全意为人民服务,奋不顾身地为党和人民事业而奋斗,在党所领导的一切斗争和事业中起模范作用,每个党员必须努力的学习马列主义、毛泽东思想,经常地运用批评与自我批评的方法,提高自己觉悟,提高自己工作能力,改进自己的工作。"③该誓词内容具体细致,面面俱到,不仅强调对党员的纪律约束,还体现了要求党员要把理论学习与实际工作紧密结合等具体要求。

第五,党支部对候补党员进行教育管理,继续考察,是做好建党工作的重要步骤。新党员入党后,党支部必须认真做好候补党员候补期间的教育和考察工作,要将新发展的党员及时编入组织内,根据当时工作分配一定的任务,并要有一支委或相当于支委的党员对候补党员进行考察和教育,使候补党员在候补期内受到党组织的训练。党支部还通过党课对候补党员进行党的基本知识的教育,不断

---

① 《中国共产党组织史资料》第八卷 文献选编(上)(1921.7—1949.9),中共党史出版社2000年版,第722页。
② 参见王为衡《中国共产党入党誓词的沿革》,《党的文献》2011年第4期。
③ 《关于新党员入党仪式举行的方法内容》(1956年9月4日),寿档:2-3.1.1-162-11;《关于新党员举行入党仪式的方法》(1954年2月16日),寿档:2-3.1.1-86-13。

提高候补党员的觉悟程度和政治水平。支部须对候补党员的情况进行定期讨论(对候补党员负责的支委,要在支部大会上报告候补党员在候补期的表现),候补党员转正和延长其候补期都须经过支部大会的讨论,并通过上级党委批准。如,1956年全县共有候补党员564名,其中未到期转正的452名;其中虽已到期,但支部研究,因工作消沉,需要延长候补期的5名;候补期满,因支部不重视形成拖延积压的107人。为了扭转这种偏向,寿阳县委采取了如下措施:首先,县委组织部确定专人负责此项工作,并建立候补党员登记册,督促支部及时办理到期者的转正手续;各支部确定一支委负责,支委每月亲自同候补党员谈话一次以了解情况、听取意见,定期研究候补党员的思想情况和工作表现,以便达到不出偏差,慎重考察,成熟一个转正一个,确使候补期起到应有作用。其次,经常向候补党员进行党的基本知识和政策的教育。通过党的业余夜校等教育党员,一般要求每月组织两次学习。经过向候补党员进行党的基本知识和党的政策的教育,进一步提高他们的思想觉悟,同时介绍人要对候补党员负责到底,克服建党后"万事大吉"的偏向,通过教育使他们进一步懂得怎样做一名合格的共产党员,树立为人民服务的观点。最后,加强党内生活制度,经常开展批评与自我批评,不断改进新党员的工作作风和思想作风,养成严肃的组织观点。如温家庄支部慎重处理上述问题,进一步促进了候补党员的工作积极性和创造性。① 做好候补党员的管理教育、培养和审查工作,克服了实践中只重发展,不重提高,入党后"万事大吉,再不过问,任其自流"的偏向。

第六,通过建党谈话员的工作,审查新党员的质量,以保证党的纯

---

① 《关于我县前半年建党工作的情况和存在问题及提出今后继续完成建党任务的几点意见》(1956年9月10日),寿档:2-3.1.1-167-8;《关于我县1956年全年建党工作总结报告》(1956年12月17日),寿档:2-3.1.1-167-5。

洁性。为了及时了解每个党员的思想情况,按质按量地完成建党任务,根据榆次地委指示,5 名党员要有 1 名谈话员,1955 年春寿阳县共设置了 54 名谈话员。1956 年,县委对 54 名谈话员进行了一次整顿,除因工作调动的 10 人外,又增加了 36 人,共计 80 人。[①] 总体来看,谈话员一般能在不影响本职工作的前提下,胜任此项谈话审查工作。例如,下乡干部张某作为谈话员负责两个乡的新党员的谈话审查工作,在审查中发现历史不清、尚未调查成熟者会建议支部继续考察,以保证党组织的纯洁性。为了提高谈话员的业务水平和谈话能力,组织部还专门印发了一份如何加强谈话工作的意见。

为了适应建党工作发展的需要,县委要求除县里组织召开一定会议外,还要求各小组在每半月至一个月召开一次谈话员小组会,会议主要是交流工作经验,讨论研究谈话工作中存在的问题,并且谈话员在会上汇报自己的工作,以实例进行教育,达到提高谈话员工作技能目的的同时,对一些不进行或者不积极进行谈话的工作者,加以检查督促,开展批评与自我批评,使他们自觉改进自己的工作。谈话员接到谈话任务时,一般要求 7—10 天内完成,争取做到随时通过、随时谈话、及时批准,彻底克服拖延积压现象。谈话员应针对不同对象采取不同办法,并以"兵对兵将对将"的原则进行包干负责制,但在分工时避免平均摊派的办法;对于能力弱的或是工作较繁忙的谈话员应给予适当照顾,避免分工不合适,造成拖延积压的情况。

与入党对象进行谈话审查时,谈话员基本任务是以合格党员的标准具体地衡量、审查入党对象是否具备了条件,并且负责地提出自己的意见,协助县委审查入党对象。这是一项严肃细致的任务。因此,在进行谈话审查时,要求谈话员慎重地从下列几个方面重点进行审

---

① 《关于我县前半年建党工作的情况和存在问题及提出今后继续完成建党任务的几点意见》(1956 年 9 月 10 日),寿档:2 - 3.1.1 - 167 - 8。

查:1.审查入党对象对党员八项问题认识的程度及为人民服务的决心。2.审查入党对象入党的动机是否正确,其在申请入党前后的思想变化过程是否合乎规律。3.审查入党对象的政治、历史是否清楚,亲属与社会关系是否复杂,与他们申请交代的历史和谈话是否有矛盾。但政治历史的查审主要由所在支部和介绍人负责,谈话中发现政治历史上有矛盾时,仍交支部负责考察清楚。4.通过谈话和审查有关材料,审查支部在接收新党员工作中,有无不合乎规定手续和违反党章原则的地方。这些工作要求谈话员必须耐心细致地审查,在发现问题时,应正确地坚持党员标准,以防因工作粗糙,而使一些不具备条件或是历史上有问题者混入党内。县委要求谈话员在谈话前必须做好准备工作,主要从以下几方面着手:一方面,从入党对象的申请书、志愿书和有关材料、小组意见、支部决议的材料中审查其入党动机、政治历史,是否合乎党员条件等;另一方面,主动地深入支部,或找到支部或介绍人及本人周围的群众进行调查,以便谈话员掌握入党者的全部情况和主要问题后,考虑出谈话中心和重点问题,这样在谈话时才会心中有数,不致盲目,确实做到有计划、有准备地考察了解。

谈话过程也是一个深刻的教育过程。因此,其时寿阳县委对于谈话的技巧也提出了建议,即在和入党者进行谈话时,首先肯定对方的优点,给予表扬启发,但对他们的缺点和认识上的错误,也必须诚恳地指出,作为他们日后继续努力提高的方向。这样,不仅考察了入党者,而且提高了他们的思想觉悟。此外,在和入党者进行谈话审查时,态度要和蔼,使他们能不受拘束地畅谈完一个问题,再主动地提出一个问题;每一个问题都有中心,以防乱谈无效。同时在进行谈话审查时,要求必须始终贯彻忠诚老实的教育方针,直到他们谈出内心话,老实交代,达到审查目的。在了解入党者的入党动机和党的基本知识认识程度时,必须注意针对不同的对象采取不同的谈话方法,决不能一概而论。如农民一般是直爽的,但他们的思想较狭隘,文化水平低,有实干精神,在谈话时,既要注重联系实际,通过具体问题,了解其觉悟程度、入党动机和对党员八项问题的认识的程度,又不可在文字语句上过高地要求他们。①

新中国成立初期,农村各级组织在实践中不断摸索农村党员吸纳工作,通过组织程序和有效措施,许多具备入党条件者经过审查被接收为党员,他们充实了党的队伍,壮大了党的组织,为农村社会的建设和发展增添了领导力量;同时,亦不断在吸纳实践中总结经验,并根据出现的新情况新问题积极采取措施加以改进和完善,冀望在后续的工作中做得更好,可以说为以后建党工作的实践提供了借鉴。

三、农村党员吸纳的实践趋向

自1948年寿阳全境解放以后,通过各种群众运动,寿阳县发展了一批新党员,在1948、1949年春冬和1950年春,结合农村土地改革运动,仅在农村中就发展了1772名新党员,同时有88个行政村建立了党的支部。1950年,全县基层党支部发展到215个,其中农业系统198个,机关11个,其他部门6个;共有党员5967人,其中男党员4995人,女党员972人;从行业分布看,农业系统5570人,机关376人,其他21人;就文化程度看,高中3人,初中19人,高小150人,初小1712人,其他4083人。②

随着新中国成立之初的初步整顿和发展,到1951年底,寿阳县党员整体情况如下:全县基层党支部213个,其中工业1个,农业196个,机关11个,其他5个;全县党员总数5865人,其中男党员4922人,女党员943人;从行业分布看,农业系统5494人,机关290人,其他81人;从文化程度看,高中2人,高小137人,初中17人,初小1466

---

① 《我县建党谈话员以来的工作检查及今后几点改进意见》(1956年8月16日),寿档:2-3.1.1-162-13。
② 中共寿阳县委党史研究室编:《中国共产党山西省寿阳县历史纪事(1936—2004)》,中共党史出版社2005年版,第144页。

人,粗通文字1057人,文盲3186人。①

据1952年9月统计,全县共有党员5458人,占全县人口总数(170217人)的3.2%。但大部分党员是在1948年以后新发展的,从党员的成分上看,农民出身的党员占全部党员的92%,其他出身的党员占全部党员的6.9%,工人出身的党员则为数更少,仅占全部党员的0.39%。全县8个行政区,200个行政村,共有党的支部216个,分布在县区机关的支部17个,街道支部1个,国营厂矿的支部1个。这些机关、街道、厂矿单位虽均有了党的组织,但发展不平衡,有一部分单位党的力量还很薄弱。分布在农村的党支部197个,占200个行政村的98.5%,其时还有三个行政村未建立党的支部。然而,即便大部分农村有了党的组织,但其发展也极不平衡,党员数量存在很大差距。据统计,197个农村支部中7人以下的支部10个,占农村全部支部的5.1%;7—15人的支部36个,占18.3%;15—30人的支部69个,占35%;35—50人的支部59个,占29.9%;50人以上的支部24个,占12.2%;特别是城关店员工人和私营煤矿的大小7个单位,有工人199人,根本没有一个党员。② 截至1952年12月,全县基层党支部215个,其中工业1个,农业196个,机关13个,其他5个;党员总数5533人,其中男党员4702人,女党员831人;就行业分布看,工业44人,农业5090人,机关320人,其他79人;就文化程度看,高中2人,高小158人,初中18人,初小1192人,粗通文字1217人,文盲2946人。③

据1953年6月统计,全县农村党员总数已达5081名,占全县总人口(174890人)的2.9%,其中有208名党员是在1952年冬和1953

---

① 《寿阳县党员统计表》(1951年12月14日),寿档:2-3.1.1-22-2。
② 《寿阳县委关于建党工作的具体计划》(1952年9月20日),寿档:2-2.1.1-84-1。
③ 《寿阳县党员统计表》(1952年12月9日),寿档:2-3.1.1-38-29。

年春整党中发展的新党员。① 截至1953年底,全县基层党支部发展到218个,其中农业201个,全县党员总数5226人,有男党员4433人,女党员793人;就文化程度看,初小1331人,高小194人,初中33人,高中1人,粗通文字和文盲3667人。农村党员的分布不平衡,老区党员数量多于新区,新区的农村支部也不平衡,如六区郭家庄党员数占人口的0.47%,八区闫庄村党员数则占全村人口的4.7%。②

据1954年6—8月三个月的建党工作可见,寿阳县原计划在1954年内总共发展400名新党员,并要求在6—8月份完成计划的60%,即6—8月份应总共发展新党员240名。其中,根据工作实际,将农村85个乡中党员数量不多或有空白自然村的34个乡确定为建党重点,计划发展200名,③其余51个乡不作为建党重点,但也可以吸收,计划发展133名,两者共计发展333名。实际上6—8月发展了207名,约占农村党员计划的62.2%,占到全县发展党员计划的51.8%。④到1954年底,发展党员数达433名,达到计划的108.3%。

但其时党员群体存在年龄偏大现象。据1954年9月统计,其时18岁以上40岁以下的党员占党员总数的40%,40岁以上的党员占党员总数的60%。同时党员分布亦不够平衡。党员占人口1%—2.5%的共30个乡。例如,城关人口5675人,党员48人,党员占人口的0.85%;平头人口2306人,党员25人,党员占人口的1.08%;胡家堙人口2028人,党员21人,党员占人口的1.04%。党员占人口2.6%—5%的共46个乡,党员占人口5%以上的共9个乡。在老区,

---

① 《寿阳县委关于1953年6—12月底建党工作计划》(1953年6月15日),寿档:2-3.1.1-76-1。
② 中共寿阳县委党史研究室编:《中国共产党山西省寿阳县历史纪事(1936—2004)》,中共党史出版社2005年版,第168页。
③ 据资料可见,此处因循原计划计算的错误,笔者根据其计划计算,应为共发展204名(原资料为200名),参见《寿阳县委关于1954年内建党的计划》(1954年6月15日),寿档:2-2.1-174-5。虽有计算错误,但不影响对其整体发展趋势的分析判断,故此处以原材料为准。
④ 《寿阳县委关于1954年内建党的计划》(1954年6月15日),寿档:2-2.1-174-5。

二区11个乡党员占人口达5%；党员占人口3%—4%的有西草庄和张韩两个乡；党员占人口4%—5%的6个乡；党员占人口5%—7%有韩赠、河底、南库韩等3个乡。在新区，六区11个乡的党员占总人口1.5%及以上；党员占人口不足1.5%的乡有南沟、石河、平头、胡家堙、郑家庄等6个乡，党员占人口2%—3%的有段王、南张芹、颉家河、董家庄等4个乡。党员占人口3%以上的有沟北1个乡；同时10户以上空白村有61个。整体来看，老区党员数量多，质量也较好，但是年龄较大；新区党员数量少，质量不是很高，老年党员较少。①

据1955年4月统计，全县85个乡，乡总支部54个，乡支部31个，总共有党员5174名，约占总人口的3.33%。党的组织基本上分布到全县农村各个角落，在各种运动中起到领导核心作用，但是党组织中党员分布不够平衡，党员占人口1%—2.5%的有35个乡，党员占人口2.5%—5%的有41个乡，党员占人口5%以上的9个乡；同时党组织的分布也不够平衡，全县933个自然村，10户以上的空白自然村61个，70个自然村有个别关系。从新党员质量来看，绝大部分是成分好、觉悟高、历史清楚，并且是在各种运动考验中涌现出来的积极分子和先进人物。据统计，有贫农81名，新中农173名，老中农179名；在年龄方面，18—25岁的280名，26—40岁的144名，40岁以上的9名；其中有团员266名，农业社员（包括社长）41名，互助组员364名（包括266名团员在内），非党干部28名，有基层供销、信用社干部13名，教员学生6名，这些新党员在各个运动中表现积极，表示要坚决走社会主义道路，壮大了党的组织的建党目标，同时也加强了党对农村互助合作的领导。②

1955年，寿阳县在整社结合整党改造落后村的工作中，紧密结合春夏秋冬合作化大生产运动和各项中心任务，积极地进行了发展新党

---

① 《寿阳县委关于夏季建党工作总结报告》（1954年9月3日），寿档：2-2.1-174-6。
② 《关于我县1954年建党工作总结及1955年建党工作计划》（1955年4月24日），寿档：2-3.1.1-129-61。

员的工作,并且在发展新党员的数量上、质量上,检查结果"基本上是良好的"。全县一年在农业、企业、机关、学校、供销、信用社、合作社总共发展了217名新党员,占全年原定计划212名的102%,超额完成了原定计划。农村原计划发展153名,实际发展了171名,比原计划增加了11.8%。相比其他部门,农村党员的发展工作应是富有成效的。如其时的机关团体原计划发展30名,实际发展了新党员26名,占到原计划的87%;教职员中发展了14名,完成了预定计划;供销、信用、手工业社中发展党员6名,占原计划的45%。从统计数字看,农村总体上超额完成了全年建党计划。由于县委对建党工作的重视,经常督促检查,在建党工作上,强调了在组织薄弱的乡村和单位发展新党员,同时注意在各个运动和各项中心工作中,培养教育推选建党对象。经过一年时间的努力,不仅在两个空白农业社、两个手工业生产合作社、两个空白村发展了党员,同时在原来两个个别关系的农业社和两个个别关系村建立了党的小组,在部分基础薄弱的地方也有了党的组织。但是仍存在发展不平衡现象。全县85个乡(后合并为39个),其中,宗艾、芦家庄等24个乡超额完成了发展计划;贾家庄、草沟12个乡基本上完成了计划;平头、郭家庄、南燕竹等9个乡未完成计划。南燕竹原计划发展5名新党员,实际发展了1名,占原计划的20%。西苛、昌广、太安驿等32个乡一年未发展一名党员。就发展的新党员成分看,新发展的217名党员中,出身于贫农成分的82名,占新党员总数的38%;新中农和中农中的下中农成分的102名,占新党员的47%;旧中农成分的33名,占新党员总数的15%。从年龄来看,18—25岁的青年157名,26—35岁的55名,35岁以上的5名;从成员来看,一般都是劳动人民中的优秀分子,都是在各项运动考察锻炼中涌现出来的积极分子,其中有青年团员155名,86名是团组织的支委干部,31名担任妇联委员,民兵81名,农业生产合作社的干部39名。前述的这些成员大都通过严格的建党手续被接收为党员。如寿阳县张村通过整党发展了3名新党员,消灭了空白村,加强了党对互助合作的领导力。丁家庄原是空白村,1955年春季发展了2名新党员。新党员工作非常积极,如丁某和赵某各自领导的组开展劳动竞赛,做到了提前下种,庄稼长得很好,夏天被评为全乡模范组,得奖两次。该村群众反映说:"自从他俩入了党,咱村换了新气象,生产上起了劲,工作上变了样。"①经过组织吸纳,1955年,全县基层党支部发展到376个,总支57个。全县共有党员5751人,其中男党员4977人,女党员774人,农业系统党员5114人,约占党员总数的89%。②

1956年,全县在1955年工作的基础上,按照榆次地委的建党精神及所分配的建党任务,本着中央提出的"积极慎重"的建党方针,根据实际出发具体制订了建党计划。实践中,寿阳县党委始终注意重点,如农村中某些空白农业社、空白生产队、党员力量薄弱的村社,都给予了特别的关注。老区由于组织庞大,主要是调整领导成分,提高党的质量。无论哪个地方的建党工作,均是结合合作化的高潮及各项中心任务完成的。总体来说,寿阳县委认为"其时已有条件有力量做好该项工作"。全县通过各次大运动,涌现出积极分子共956名,他们已有了长期的教育和锻炼,要求进步,积极申请入党,这给完成当年的建党任务创造了有利条件。但由于基层组织对建党工作认识不足,存在着不重视不负责的保守思想,使党的建设工作处于自流状态。从前半年来看,发展新党员工作进展缓慢,截至8月底,全县仅完成了203名,约占全年计划的44%,紫坪、上龙泉等17个乡,完成全乡任务的50%,消灭空白村4个,空白农业社1个,其余的均未完成;石板沟、胡家垴等13个乡未能完成任务;机关企业等16个支部均未发展新党员。

全县1956年共发展了新党员501名,男397名,女104名,其中

---

① 《中共寿阳县委组织部关于1955年建党工作基本总结及1956年至1957年的建党规划》(1956年5月9日),寿档:2-3.1.1-167-1。
② 中共寿阳县委党史研究室编:《中国共产党山西省寿阳县历史纪事(1936—2004)》,中共党史出版社2005年版,第184页。

团员356名,乡村干部55名,农业社组长以上的79名,其他各种模范人物72名;就文化程度看,501名新党员中,初中57名,高小124名,初小258名,文盲62名;从成分上看,中农134名,新中农78名,贫农143名,职工95名,工人45名,其他6名;从年龄上看,大部分是青年,18—25岁有398名,26—45岁有102名,46岁以上的1名。榆次地委分配给寿阳县发展新党员的任务是413名,计划发展439名,实际完成501名,比原任务超额完成14%。具体而言,农村原计划发展新党员282名,全年完成344名,超额完成22%。同时在某些空白薄弱单位发展了新党员,全县原有25户以上的空白村25个,消灭了20个空白村,消灭率达80%,发展了新党员30名;原有空白农业社4个,消灭了2个空白社,消灭率50%,发展了新党员13名。原有空白生产队26个,消灭了21个,消灭率达81%,发展了新党员45名,同时在党员占人口不到1.5%的农业社内发展了新党员21名。原有空白手工业社5个,消灭了3个,发展新党员5名,同时建立了2个支部。原有公私合营空白门市部41个,消灭了3个,发展新党员3名,并有34所学校内发展的新党员41名。此外,工业系统原计划发展党员36名,全年共完成34名,任务完成率94.4%;中高小学教员中原计划发展新党员39名,全年共完成41名,超额完成5%;公私合营单位原计划发展新党员7名,全年共完成8名,超额完成14%;机关团体原计划发展新党员14名,全年共完成20名,超额完成42.8%;财经企业原计划发展新党员54名,全年共完成49名,完成率90.7%;农林水利原计划发展3名,完成1名,完成率33.3%;交通运输原计划发展3名,完成1名,完成率33.3%。以上入党人员大都是在长期培养和实际工作锻炼中涌现出的优秀分子,一般是成分好、觉悟高、对党忠诚、历史清楚的发展对象,经审查具备入党条件,才被接收为预备党员的。①

---

① 《关于我县1956年全年建党工作总结报告》(1956年12月17日),寿档:2-3.1.1-167-5;《关于我县前半年建党工作的情况和存在问题及提出今后继续完成建党任务的几点意见》(1956年9月10日),寿档:2-3.1.1-167-8。

经过组织吸纳，1956年，全县基层党支部发展到308个，党总支39个，党员6056人，其中男性党员5230人，女性党员826人。在所有党员中，农业人口党员5161人，占党员总数的85.2%。①

新中国成立初期的党员吸纳，一般是在制订了建党计划后，经上级请示批准，有计划、有领导、有目的、慎重地展开吸纳工作的。党组织吸纳新党员时，坚持贯彻中央提出的"积极慎重，稳步前进"的方针，并以"经常化"为建党目标，始终与实际工作结合进行。据其时的工作报告可见，总体来看，农村基本上完成了计划下达的建党数目任务，甚至经常超额完成任务。因而，经过组织吸纳，该时段农村党员的数量始终保持极高的比例。当然，就具体村落而言，党员分布仍存在不平衡的状况，有的村党员比例较高，而有的则较低，其比例从1%—5%不等。不过，直至1956年仍存在未完成发展计划的空白点。相对而言，老区党员数量多，质量亦相对好。其时估量党员质量的重要标准是发展对象是否满足入党条件，因而，在实践中吸纳对象大都是经过长期培养和实际工作锻炼而涌现出的优秀分子——成分好、觉悟高、对党忠诚、历史清楚。

从党员群体来看，一般被认为良好的党组织，均是贫农、中农占比较大。从党员的年龄结构来看，因初始老区党员占多数，且大都是新中国成立前的入党者，年龄相对较大。因而在新中国成立初期的党组织吸纳特别注重吸收青年团员，党员的年龄结构呈现逐步年轻化的态势。就党员性别比例而言，其时的党员结构与女性政治意识密切相关，尽管其时非常重视发展女性党员，女性党员亦有了发展，但始终呈现男性居绝对多数的状况。就文化程度而言，农村党员的文化程度普遍较低，初小、文盲占多数。

综上所述，基本可见新中国成立初期党员群体面相。其时的农村

---

① 中共寿阳县委党史研究室编：《中国共产党山西省寿阳县历史纪事（1936—2004）》，中共党史出版社2005年版，第194页。

党员既联系着农村广大群众,也使党在农村贯彻各项政策和完成各项工作任务有了组织保证。

四、农村党员吸纳的工作缺陷

新中国成立初期的党员吸纳工作在实践中摸索到一些方式方法,并进而固化为一种组织制度,为之后的组织工作提供了借鉴。其时的组织吸纳虽取得了很多成绩,但也存在一些不可忽略的缺陷。大致如下:

第一,建党工作中的不平衡问题始终未能得到较好解决,主要表现为忽视建党重点,党员多且基础好的乡仍然是发展得多,党组织基础较弱、党员不多的单位和乡村重视程度依然不够,发展得较少,有的一年中都没有发展新党员。据1955年统计,全县党员占人口比例是3.4%,总体看来数量是不少的,但是乡与乡之间的不平衡还比较严重。党员数占比高的乡主要分布在老解放区,党员数量最多,但质量不高,且老年党员多,青年党员少,缺乏新生力量。占比例较低的乡绝大部分是离城镇和交通干线较近的乡村,因解放较晚,大部分党员是在土地改革、镇压反革命等运动中发展起来的,他们虽在各个运动中经受过锻炼,但仍或多或少地与组织期望存在一些差距。故而,这些地方党的领导基础还是薄弱的。① 据不完全统计,全县直至1956年8月仍有20户以上的空白村10个,空白农业社2个,空白生产队8个,2个党员以下的薄弱农业社17个,空白手工业社5个。此外,全县39个乡,8个乡完成了全年建党计划,9个乡超额完成,16个乡未完成,根本没完成发展计划的有昌村、石板沟等6个乡。这6个乡原有发展新党员39名的任务,但至9月都未能发展一名新党员,这些单位的落

---

① 《中共寿阳县委组织部关于1955年建党工作基本总结及1956年至1957年的建党规划》(1956年5月9日),寿档:2-3.1.1-167-1。

后状况长期得不到改变。① 这种不平衡既有历史遗留因素的影响,诸如老区与新区原有的发展差距,更是其时有些党的基层组织领导一般化,对建党重点不明确,发展工作不够重视所致。

第二,各级负责建党工作的领导对工作的重要性认识不清,实践中不够积极主动,从而影响了建党工作。县委有时对建党工作是一件经常严肃的政治任务和组织任务之意义认识和重视不足,而县委经常检查督促、发现问题、解决问题,是做好一切工作的保证。然其时的具体指导和定期检查督促有时不够及时,组织部门干部不够主动,导致组织工作中上下级联系不够,对未能及时指导有些部门完成任务;此外,主管领导水平不高,业务不熟,也导致其对基层组织中存在的问题掌握不透,措施不力,看不出建党工作存在的问题,提不出各方面的意见。县委还存在忽视党员批准制度,造成工作上的拖延、积压现象。县委对发展对象谈话做得不够,有些领导借口中心工作忙而忽视对发展对象的培养;再加之组织部门对他们的督促指导不够及时,由此影响了建党计划的完成。② 同时,由于县级组织部门业务水平低,对下级组织部门的具体指导不够,因而在党的组织薄弱部门形成了党不管党的半自流状态。在基层,有的党员干部不积极做组织工作,个别支部书记竟把发展对象入党志愿书等锁起来几个月不向上申报。如落摩寺乡 1956 年的建党任务是吸收 10 名发展对象,但半年都没有发展一个,直至 8 月份,县里出了一份建党指示后,勉强贴了 12 份谈话卡片,党支部书记拿回锁在柜里再不过问,使建党工作长期"住了禁闭"③,致使发展对象得不到及时审批,又不能根据情况教育入党者,这样就极大地影响了建党工作的进展。此外,由于对建党工作认识不

---

① 《关于我县前半年建党工作的情况和存在问题及提出今后继续完成建党任务的几点意见》(1956 年 9 月 10 日),寿档:2 - 3.1.1 - 167 - 8。
② 《中共寿阳县委组织部关于 1955 年建党工作基本总结及 1956 年至 1957 年的建党规划》(1956 年 5 月 9 日),寿档:2 - 3.1.1 - 167 - 1。
③ 《关于我县前半年建党工作的情况和存在问题及提出今后继续完成建党任务的几点意见》(1956 年 9 月 10 日),寿档:2 - 3.1.1 - 167 - 8。

足,往往发生"先松后紧",如领导不检查,形成自流;领导若抓得紧,就为完成任务而忽视了严格审查,造成工作紧张,出现严重的突击现象,因此,在不同程度上出现了凑数字、培养不成功、审查不严、忽视质量的现象。① 县委托的有些谈话员对谈话工作不重视,有些甚至根本未履行自己的义务。全县 1955 年春共设立了 54 名谈话员,其中有 35 名从未和入党者谈过话,有部分谈话员虽谈过几次话,但因业务不熟,没有谈话技能,造成有些地方发展新党员的手续混乱。② 其主要原因是负责建党工作者对党在薄弱单位的组织建设工作的重要性认识不足,因此缺乏足够的重视。

第三,发展新党员的手续不够严肃,审查工作不够严格。不少党员干部不能正确把握新党员标准,在建党工作发展手续上存在着严重的不严肃、不慎重现象,对发展对象的培养教育不够细心认真。因基层组织对建党工作认识不足、业务不熟,在发展新党员过程中,只看积极分子的一时表现,而不加以全面慎重考察,忽视了对其思想觉悟和历史等情况的周密了解,致使一些思想不纯的人混进了党内。如七里河乡苏某入党后自高自大、作风恶劣、思想腐化,在农业生产合作社产生了极为不良的影响,直至开除候补党员的资格。草沟乡新党员傅某入党后,由于思想不纯,和富农勾结,在农业社,处处为富农办事,遭到社员反对。③ 还有个别支部对建党手续掌握不够严格,违背了党章规定,如太平乡支委不亲自填写建党卡片和志愿书,而是让入党者随意写,结果不是不写成分,就是不写年龄,不是介绍人没有意见,就是支部意见栏内也没有填写意见或不盖章。云烟乡在 1956 年填写上交的 6 份志愿书也是如此。有的乡拖延积压,如昌村乡 3 月份填写志愿

---

① 《关于我县 1954 年建党工作总结及 1955 年建党工作计划》(1955 年 4 月 24 日),寿档:2 - 3.1.1 - 129 - 61。
② 《关于我县前半年建党工作的情况和存在问题及提出今后继续完成建党任务的几点意见》(1956 年 9 月 10 日),寿档:2 - 3.1.1 - 167 - 8。
③ 《中共寿阳县委组织部关于 1955 年建党工作基本总结及 1956 年至 1957 年的建党规划》(1956 年 5 月 9 日),寿档:2 - 3.1.1 - 167 - 1。

书,直到10月份才送回县委组织部。有的虽已批准,但不及时举行入党仪式,如城关教员赵某6月份到乡,经督促其所在支部10月份才为其举行入党仪式。有的支部在培养和考察积极分子方面还不够慎重,个别支委干部随意吸收党员,形成"前发展后取消"。如太安驿张某为支部培养入党,县委在8月1日批准通知后,支部却不同意接收入党。又如阎某,其所属(候补党员)支部没有亲自培养,而是委托他兄长(党员)培养,结果是阎某本人不参加学习,支部讨论也未叫其参加,志愿书填写都由其兄包办,入党后本人什么都不知道,给党组织造成了不良影响。① 在一些地方,发展对象未填写志愿书上的土地、牲口和家庭经济情况;或填表后,支部书记不签名盖章,甚至支委在县委审批栏内填上名字或加盖公章;有的只填一个介绍人,但不填介绍人对被介绍人的意见;有的亲属和亲友混淆不清;有的不填写社会关系、家庭成分和个人简历;有的个别支委在发展党员中,不经支部通过,以个人感情论事,私人拉拢;②等等。上述问题直接影响到全县按质按量按时完成发展新党员的计划,致使建党工作受到极大影响。

第四,基层党组织负责人基于自身利益考虑而忽略了建党工作。虽然在党内贯彻了中央的建党方针,但部分党员领会得不够深刻。从乡支部和机关支部来看问题不少,有些支部的党员干部误以为完不成中心工作会被上级批评而建党工作不完成也无人问责,所以只忙于中心工作,致使建党工作无人过问。部分基层组织中的党员干部则是整日被中心工作所纠缠,而忽视了建党任务。如,胡家埍乡党总支书记高某说:"完不成中心工作要受批评,建不下党没什么问题。"专门负责建党工作的副书记郭某,连当年的建党任务也不知道;分支书记张某说,完成建党任务,连一份工也赚不下,搞它干啥……结果全乡建党任

---

① 《关于我县1956年全年建党工作总结报告》(1956年12月17日),寿档:2-3.1.1-167-5。
② 《关于我县前半年建党工作的情况和存在问题及提出今后继续完成建党任务的几点意见》(1956年9月10日),寿档:2-3.1.1-167-8。

务均未完成。① 有的支委在建党工作中束手束足,具体表现在:发展青年怕靠不住;发展老年怕没前途;妇女生下小孩后,发展了也顶不上;怕历史复杂,如要发展还得自己负责任;怕给自己惹麻烦;怕新生力量起来后,自己会吃不开……② 上述种种错误思想,严重地阻碍了党的建设工作。

第五,对预备党员的思想教育不够,影响了党员质量的提高。有的党组织批准申请人入党以后,就不再教育他们,不注意帮助他们解决思想和实际工作中的困难,不注意纠正他们的缺点错误。有的党组织批准申请人入党后,几个月都没有把他们编入党的组织或组织生活,更别说教育考察了。有的预备党员由于无人关怀,感到苦恼,他们反映不如当积极分子时受到的教育多,在预备期未能得到应有的提高,存在着缺点,不能及时改正。因教育不够,新发展的预备党员存在不少问题。一部分预备党员觉悟不高,对党的认识模糊,不懂得怎样履行党员的义务及权利,因而不能发挥应有的作用。还有一部分预备党员入党动机不明确,对党没有认识,认为当党员"吃得开"、能当干部,抱着为个人打算的目的而入党。另外,不做培养,只求数量,大批接收入党,甚至有个别因私人感情加入党组织,因而他们入党后不参加党的会议,不缴纳党费,不做党的工作,甚至要求退党。还有的预备党员入党后没有得到改造,产生了骄傲自满的情绪,脱离群众,甚至有腐化堕落、贪污盗窃等违法乱纪的行为。1956年建党工作任务繁重,短时间内发展了大批党员,难以利用更多的时间去考察预备党员,加之各级组织认为所发展的新党员都是积极分子,在入党前接受了党的教育培养,所以在其入党后产生了"万事大吉"的思想,不再加以过问和教育,任其自流。这些新进党员由于得不到党的经常化教育,工作

---

① 《关于我县1956年全年建党工作总结报告》(1956年12月17日),寿档:2-3.1.1-167-5。
② 《关于我县前半年建党工作的情况和存在问题及提出今后继续完成建党任务的几点意见》(1956年9月10日),寿档:2-3.1.1-167-8。

锻炼不足,以致有些预备党员认为自己入党了不起,产生了严重的骄傲自满的情绪,在工作中脱离了群众。①

如上缺陷,从其时的工作报告中均可见一二。其时,寿阳县级领导对此是比较清楚的,在呈送上级的报告中亦直言不讳,可以看出寿阳县在组织工作中实事求是的态度。但囿于各种局限,问题的解决需假以时日,非一朝一夕之功。因而,寿阳县委在工作报告中一般都会结合存在的问题,提出改进意见,为以后做好相关工作提供借鉴。例如,1956年的报告针对其时存在的问题,提出了各种改进意见。该报告首先强调应加强党委集体领导分工负责的责任制,县委要每月召开两次建党工作会议,专门研究建党工作,以此加强具体领导;组织部除确定部长负责,还需确定一名干事负责,采取发现问题及时指导,有问必答,不积压建党工作,按时按质完成建党任务。其次,强调除党委重视领导外,应更加重视落后空白地区的建党工作,必要时召开承担这些地区工作的党员会议,检查交流、具体指导,使建党工作正常发展,特别到1957年应把空白薄弱农业社,非党员生产队队长以上的社干及其他企业单位作为建党重点,进一步消灭空白和落后情形,达到建党平衡。再次,强调要加强支部党课教育,提高新党员与积极分子的政治觉悟。通过教育和考察新党员和入党积极分子,了解其思想,克服个别支部存在的任务观点,保持建党后组织上和新党员思想上的纯洁性。最后还特别强调要严格审查入党手续,必须是本人申请、小组提名、支委审查研究、支部大会讨论通过,确实掌握申请者的成分、历史、社会关系后,根据党的条件进行发展,既要反对右倾保守,又要防止盲目"拉夫",总之,做到成熟一个发展一个。② 在实践中发现问题,及时筹划,再加改进,这也正是其时建党工作虽存在缺陷,但亦能一步

---

① 《中共寿阳县委组织部关于对预备党员巩固提高的计划(草案)》(1957年5月23日),寿档:2-3.1.1-231-1。
② 《关于我县1956年全年建党工作总结报告》(1956年12月17日),寿档:2-3.1.1-167-5。

步走上正轨的重要因素。

新中国成立初期的组织吸纳工作是在自上而下布置任务与自下而上修订反馈计划的基础上进行的。实践中农村各基层组织按照上级指示和当地组织部门的相关计划,遵循既定的工作程序,积极采取各种措施,推动了建党工作的进展,总体上完成了建党任务。然而整个过程中历经各种繁杂,工作中的缺陷在所难免。当然,寿阳县组织部门对工作中的各种问题亦有清醒认识,能够坦然直面,这从其呈送上级的总结报告就有所体现,对于存在的问题在报告中均直言不讳。不仅如此,寿阳县组织部门往往在摆出存在问题的同时会针对问题提出之后的改进措施。诚然,这些问题中有些是根深蒂固的老问题,有些是前所未见的新问题,均非一日之功可以解决,需要在实践中不断探索,循序渐进,但其面对问题且提出改进措施的坦诚态度的确是一种实事求是的工作态度和作风之体现。其后,鉴于农村党组织发展中存在的重数量而轻质量等问题,1957年,中共中央决定停止执行1956—1957年发展党员的原定计划。1957年基本上停止发展党员,只是在个别有必要条件的地方和部门,在确实保证党员质量的条件下,控制性地发展了一些党员。在发展党员的方法上,中共中央组织部提出"不宜采取自上而下分派任务的做法,而应该由党的领导机关,根据党组织的情况,对各方面接收党员提出控制数字,而后由基层组织根据非党积极分子的成长情况,提出接收党员的计划,报告上级党组织审查批准";强调"今后不应该再像过去那样大量地接收党员,而应该只将经过考察教育,确实具备党员条件的各方面最优秀的分子接收为党员,以不断地调整党员的成分,补充新鲜血液"①。为此,山西省委和榆次地委相继按照指示部署建党工作,寿阳县亦进入了组织建设的新的历史阶段。可以说,从中华人民共和国成立之初到1956年

---

① 中共中央组织部、中共中央党史研究室、中央档案馆编:《中国共产党组织史资料》第九卷文献选编(下)(1949.10—1966.5),中共党史出版社2000年版,第525—526页。

的七年建党实践中所取得的成绩不容忽略,然而所存在的缺陷亦不可回避。无论成绩或缺陷,均为一种客观的历史呈现,有助于对其时组织实态有一更清晰的认识,也更能深刻体味该时段农村党组织建设工作所经历的艰难和曲折。

第四章　新中国成立初期寿阳县农村党员的训练教育

对党员实施教育是中国共产党组织工作中的一项重要任务。为了使党员能够有效地执行党的路线、方针、政策,更好地服务于党领导的各项建设事业,必须使其具备一定的政治和文化素质,使之能够理解并执行党组织的命令和决议、懂得并履行党员自身的责任和义务。然而不同历史时段所面对的问题不一,教育的内容乃至方法亦随时势变化而不断更易、拓展和丰富。新中国成立初期,中国共产党取得了在全国执政的历史地位,党组织获得了很大发展,党员数量急剧增加,然而党员的思想状况异常复杂,有的党员对自身所处的历史方位及所应担负的历史职责认识不清,与其时社会建设的实际需要和远景目标极不适应,这必然对党员的教育工作提出更多新的时代要求。中共中央和各级地方党组织积极探索,采取了一系列措施,通过各种形式对党员尤其是农村党员进行了强化教育,以使他们能够迅速转变观念,胜任新的历史时期所应担负的各项工作。其时,寿阳县在落实上级党组织关于农村党员训练教育的部署中,细致规划,统筹布局,从内容到形式均随时势演进而不断丰富和完善,为整顿和巩固农村党组织做了必要的准备,乃是其时农村党员训练教育的一个缩影,其间的实践经验或缺陷可为鉴戒。

一、农村党员思想行为的总体境况

在新中国成立初期的农村党员中,一部分是战争年代吸纳的,还有一部分是中华人民共和国成立后逐步吸纳的。许多经过长期战争与土地改革运动的党员,经受了各种考验和锻炼,具有一定的觉悟,但整体上呈现出"使用多,教育少"的情势。因对党员教育不够充分,小生产者的自私自利思想与组织上的散漫性没有得到较为彻底的改造与克服,农村党员的思想状况非常复杂。随着各项实践工作的开展,面对新形势、新情况、新政策的思想准备明显不足,农村一部分党员对自身的组织身份及其应承担的责任认识亦呈现明显差异。具体情形如下:

满足现状、不求进步的消极蜕化思想。相当一部分老区党员存在着革命成功思想:一些党员误认为"革命任务已经完成,土地已分到,粮食也打下了,房子有住处,朝鲜战争离得远,打不到咱头上,纵然有了事,五百万大军能顶住"。一些党员觉得"共产党的事一辈子也干不完,工作是无底洞,怕误自己生产,不愿再干"。上述这些思想倾向,反映了农民小生产者的思想特点,反映了农村党员觉悟水平低下与对革命前途不甚了解的情况。其中,部分党员的消极思想因官僚主义、缺乏教育和具体帮助而加深。如"完成不了任务受上级的气,完成了任务受群众的气,误了生产受老婆的气",这部分党员为困难包围,缺乏克服困难的办法,日积月累,加深了思想上的消沉与蜕化。还有部分党员存在着严重的自私自利的个人主义思想,教育无效,走向蜕化堕落,对这种党员,组织上缺乏严肃处理,他们留在党内,削弱了党的战斗力,腐蚀着党的组织。总之,其时相当一部分党员存在着满足现状、不求进步的消极蜕化思想。随着土地改革的完成、农村经济逐渐恢复,一些党员还存在着"革命成功""换换班""歇一歇"的思想情绪,满足于"土地、老婆、大犍牛"和翻身后的生活。有的说"发家虽好,如再发展成富农又成了剥削阶级,怕再斗争",因而直接影响了生产的积极性。①

部分老区党员有居功自傲思想。部分老区党员认为自己在过去一切斗争中"出过力,流过汗",因而"说起历史满腹经验,狂言欢语,谈起领导生产来愁面锁眉,满肚牢骚",认为"群众会生产,无需领导就能干,自己工作了很长时间,年年来,会会到,把那不工作的党员也叫他来干上两天试一试,来替换替换我们"。有些老区党员斗志松懈堕落,对革命前途认识不足,"只说打下太原过两天好日子,没想到工作才到了加劲时,我看共产党的事永远也没个完,干来干去,没下场"。有些老区党员则缺乏党员意识,怕误工或得罪人,认为"完成任务是咱,惹人误工也是咱,受气批评更该咱","看人家群众,误的工少,打的粮多,咱当干部的误工多,打的粮少",因而产生了"退坡换班、工作消极、政治麻痹、目无敌人,对阶级消灭的彻底性认识不足,自己睡了太平觉,别人偷盗也不管"的思想认识。老区个别村的地富公开向农民要其在土地改革中分到的物品,例如,二区前河村富农赵某就向农民要回了几件农具,党员干部置之不理,也未向区里报告。②

部分新区党员有小生产者的自私思想。有党员认为"误了工对自己生产不利,惹下人又怕将来受害",对工作态度是"报恩思想",也要准备退换班。新党员对党的政策不摸底,如执行婚姻政策时思想抵触,对革命前途感到模糊。他们虽然在组织上入了党,在思想上却距离党的要求太远,从实际工作中可见新区党员的战斗力太低,阶级性也不够坚定,党内"好人主义"和"自由主义"较为普遍。党委对党务工作也不十分重视。③另有部分党员只知操心个人生产,而不知为党为人民工作,因而工作"推一推动一动,不推不动,开会不到,到会

---

① 《寿阳县 1950 年第一期农村党员训练总结报告》(1950 年 3 月 27 日),寿档:2-3.1.1-16-3。
② 《寿阳县关于农村党员集训情况综合报告》(1951 年 2 月 1 日),寿档:2-3.1.1-83-10。
③ 《寿阳县关于农村党员集训情况综合报告》(1951 年 2 月 1 日),寿档:2-3.1.1-83-10。

不发言,党员不交党费还得督促",这部分党员被称为"老百姓"党员,估计占到40%,在工作中实际上发挥作用不大或不发挥作用。①

特权自私思想。老区党员的表现是摆老资格、讲大道理,觉得自己是功勋人物,党员干部即便认为一些行为不妥亦自行其是。例如,三区白云村20个党员中有15个赌钱;紫坪村党员集体隐藏公粮300斤。新区则是党员干部对工作布置多,检查少,光喊别人干,自己却不以身作则响应党的号召,觉得一切工作自己都懂,村里不论婚丧嫁娶总得请党员干部吃饭。党员干部到区县开会一律得顶工,如一区上曲村村长张某全年赚工92个,有的村干部不派勤务,激起群众极端不满。六区曲尺庄7个干部集体贪污免征粮220斤;潘沟结束土改时,有党员隐瞒黑地1800亩,支书潘某烧私酒。有的党员腐化、讲迷信,如南沟高某请神婆治病。还有一部分党员的特权思想严重,在负担上、土地问题上、生产互助上都有所表现,引起群众的不满和反对。②

大部分党员干部不懂或不熟悉群众路线的工作方法。新老区党员干部,对工作是单纯的任务观点,缺乏群众观念。工作一般只停留在口头号召上,普遍以行政命令为主。在完成任务和解决纠纷问题上,捆打罚骂的情况依然存在。例如,"一区白帆村村长起公粮,谁家不够则把村长给谁家搁下,变相地多开会,不实干。把原来的一套搬回村里,一切工作空喊布置,实际上也不检查推动"③。许多党员干部不懂得党的工作方法之一是启发群众的觉悟,依靠群众的经验与自觉来贯彻党的政策,完成党的任务。实践中,这些人相反地用强迫命令的办法办事,结果适得其反,引起群众不满。这种倾向之所以在党内长期顽固地存在,除了历史的社会的原因外,也因某些党员干部缺乏群众观点,只知打算个人利益,过好自己的小

---

① 《寿阳县委农村整党计划》(1950年11月20日),寿档:2-2.1.1-84。
② 《寿阳县关于农村党员集训情况综合报告》(1951年2月1日),寿档:2-3.1.1-83-10。
③ 《寿阳县关于农村党员集训情况综合报告》(1951年2月1日),寿档:2-3.1.1-83-10。

农生活,而不顾群众疾苦,嫌麻烦怕误工,未能领导生产活动,或者有的为完成任务不择手段,采取强迫命令作风,结果脱离了群众,造成群众对党不满。①

组织不严,纪律松懈。据资料可见,对少数违法乱纪分子、投机分子、异己分子、叛变分子、一贯吸大烟、贩料面的分子以及顽固的会道门分子,未加认真处理,仍保留在党内。或则片面地强调教育,或则以社会政策来代替党的组织原则。此外,在党内长期存在着一部分落后党员,一贯不参加党的会议,不做党的工作,不缴党费,实际上站在组织之外,却仍保留着党员的称号,造成党的组织臃肿无力,影响党的执政能力和执政水平。在其时的山西省,有的支部党员数量占人口20%,有的区党员数量占人口12%,三个县党员数量占人口5%以上,一个县党员数量占人口6%以上。②

对社会发展的前途认识模糊。寿阳农村党员干部对社会发展前途的一些错误认识,归结起来,有以下三种:一是认为社会主义社会就是"拖拉机"社会。他们普遍反映:社会主义好是好,就是山地实行不了,山坡多、地块小,拖拉机怎能使用上?他们还认为,山地要实行社会主义社会,就得都搬到平川,要不然就无法使用拖拉机。抱着这种思想的人,对建设山区缺乏信心,他们打算往平川搬家,而不积极领导当地群众因地制宜发展生产。二是农业社会主义思想仍在作怪,有些人错误地认为社会主义社会一切都是平均的,一切都是大伙的。上湖峪徐某就曾说:"社会主义社会是集体种地,集体生活,要劳动都劳动,要吃啥都吃啥。"甚至有些党员干部还说:"社会主义要吃大锅饭。"由于他们对社会主义常识缺乏起码的理解,摸不清其时农村生产的发展方向,也不懂得将来社会发展的趋向,因此他们有"将来一切都要归公"的顾虑,生产上不敢大胆地发展,只怕将来吃了

---

① 《寿阳县委关于训练农村党员干部的计划》(1950年11月4日),寿档:2-3.1.1-19-1。
② 《中共山西省委关于今冬明春农村整党工作的指示》(1950年10月5日),李茂盛等主编:《当代山西重要文献选编》第1册,中央文献出版社2004年版,第233—238页。

亏。三是认为"社会主义好是好,就是远水解不了近渴"。有这种思想的人,因为看不到社会发展的远景,而丧失了革命的积极性和斗争性。① 也有的说,不摸共产党底,不了解革命前途。有些村的党员对革命前途有错误认识,便说"天下农民是一家,吃了一家吃一家"。有的认为社会主义在二三年之内即能实现,甚至有的认为,只要共产党一下命令就可办到。因而,有些人不主张自己和自己的家庭以及亲戚朋友发展生产,以等待社会主义的到来。②

农村党员如上思想的存在缘于其文化水平低下,长期浸润于乡土社会,政治意识淡薄,接受党组织的系统教育不够,对党的政策理解不深等多种因素。这些不正确思想严重削弱了农村党组织的战斗力和凝聚力,进而严重制约了农村的政权巩固和社会改造。因此,结合农村党员思想上存在的缺陷,加大思想教育的力度,提高他们的思想政治觉悟,对于其时党在农村工作的有效展开和落地落实迫在眉睫。

二、农村党员训练教育的地方规划

早在1949年6月30日,毛泽东在《论人民民主专政》中就曾指出:"严重的问题是教育农民。"因为"农民的经济是分散的,根据苏联的经验,需要很长的时间和细心的工作,才能做到农业社会化。没有农业社会化,就没有全部的巩固的社会主义"③。1951年6月30日,时任华北局书记的薄一波在《人民日报》发文《加强党在农村中的政治工作》中指出,"严重的问题是教育农民、教育农民出身的党员和干部"④。由此可见,中国共产党对农村党员的思想局限早有深刻预见和实践谋划。因而,新中国成立初期农村党员思想上的驳杂很快引起

---

① 《寿阳县进行整党工作的经验》,《山西日报》1953年1月17日,第3版。
② 中共山西省委党史办公室:《中国共产党山西历史》第二卷(1949—1978)上册,中共党史出版社2012年版,第131页。
③ 《毛泽东选集》第四卷,人民出版社1991年版,第1477页。
④ 《薄一波文选》(1937—1992),人民出版社1992年版,第138页。

了各级党组织的高度重视,从新中国成立初始,对农村党员的训练教育就不曾间断过,一般均会根据实际情况,由县委作出规划,或单纯安排教育训练党员,或结合建党和整党工作教育训练党员,通过规划以便有序进行。

1950年初,为了提高农村党员干部政治思想水平,改善领导作风,加强农村支部对生产运动的领导,寿阳县委研究计划开办农村党员训练班。3月9日,县委发出《关于开办农村党员训练班的通知》,要求参加训练的党员于3月12日到县城报到,培训时间为10天,除当时正在结束土地改革的村子不参加外,在其余村中计划先集训领导力量差与工作基础薄弱及党在农村中尚未形成核心堡垒的村的党员。通知要求每村参训人数为3人至5人,训练对象主要是村级主要干部及较好党员。学员自带被褥。区委必须认真负责地选择村庄及确定人员,并进行必要的审查,克服"凑数字""顶个""捉大头"等偏向发生。训练前要作充分思想动员,说明训练目的,前往参训时指定专人带领。要求各区接到通知后立即选派人员,准时报到。此次分配各区受训人数如下:4区为20人、5区为20人、6区为20人、7区为30人、9区为30人、10区为30人。①

为了贯彻执行上级各级党委关于训练农村党员的指示,结合实际工作情况,寿阳县制订了1950年冬至次年春农村党员的训练计划。其时,全县有60个未结束土地改革的村子,当年冬要彻底完成。为此,必须指示一部分有较强能力的领导干部亲自领导土改。为了既能训练好,又不影响次年春耕,计划1950年冬集训4期,1951年春集训2期,共训练6期,每期不超过15天,每期训练300人左右,共集训党员1800人,约占全县党员28%。按照地委分配给全县2500人的训练名额,少训了700人。第一批首先训练结束土地改革与正在整党的党员干部,于11月2号开始,因结束后要召开一类支部支委联席会议,

---

① 《关于开办农村党员训练班的通知》(1950年3月9日),寿档:2-3.1.1-16-2。

因此11月仅能训练一期。根据党员实际思想与作风情况,按照榆次地委指示,训练内容计划包括生产方向政策、群众观点、群众路线、党员标准、权利和义务、支部任务、党的基本知识等。在训练方法上,考虑到大多数农村党员无自主阅读能力,计划采取讲解为主,讨论为辅,必要时大会讨论,联系实际开展批评与自我批评,总结工作,澄清土地改革及支部情况中存在的问题,并提高受训党员的思想觉悟,改进作风。为了提高领导自觉,所有训练党员由县委指派一领导专门负责,并从县组织部、宣传部、秘书部共抽出三人为辅助领导。①

1951年中国共产党第一次全国组织工作会议召开后,各级党组织为贯彻会议精神,更加重视对农村党员的训练和教育。为了增强党的战斗力,提高党员的政治思想水平和工作能力,克服党内的各种不良倾向,培养提拔大量领导干部,以备新的经济建设高潮的到来,1951年10月30日,根据山西省榆次地委指示和寿阳县实际情况,寿阳县委制订了《关于三年普训党员干部的具体计划》,计划利用春冬农闲空隙时间,从1951年11月始,截至1953年12月,所有的党员都要普训一次,每期训练时间不少于21天。

由于党员是分布在各个领域的,所处的位置又不相同,政治思想水平不一,所以党员训练不仅在方法与方式上有所差异,而且在时间上也不尽一致。寿阳县委在制订计划时充分考虑到农村的实际情况,计划农村党员训练以不影响生产、照顾实际情况考量,安排在农闲时进行,计划分三批训毕。第一批(1951年11月到1952年2月)三个月时间,每期21天,举办三期,每期人数500人,共计划训练1500人,占党员总数的24.9%。第二批(1952年11月至1953年2月),基于前期摸索到的经验,领导力量增多,党员普遍经过动员,思想上有所准备,时间又将近四个月,所以计划训练四期,每期仍是21天,人数按500人计,计划训练2000人。1952年8月(阴历七月),在寿阳来说是

---

① 《寿阳县委关于训练农村党员干部的计划》(1950年11月4日),寿档:2-3.1.1-19-1。

个农闲月,考虑到其时的整党骨干助手因不去省地委学习,因而能抽出大批力量,在这种条件下,可以再训练一期。计划选择相对中心的地区分三片开办,在县委统一领导与掌握下,依靠各区整党干部的力量,又可训练 1000 人,第一、二批合起来共训练 4500 人,占党员人数的 74.7%。第三批,1953 年 8 月再训练一批,人数 500 人,其余留下的 500 人放在同年 11 月训毕,两期共 1000 人,占党员人数的 16.6%。每期训练党员是根据各区党员人数的多少以及整党工作适应情况而定。机关党员共计 397 人,根据省委规定,不同的训练对象参加不同的党校培训,全县大约有 150 名县区干部分别参加省、地委党校学习。这样余 200 多人未训。由于人数不多,条件较好,便于组织,因此,县委从当年 12 月开始利用党员业余时间,抽出每周四和周日的两晚上时间,采取集中的形式、定期的大会报告和分组讨论酝酿结合的办法进行共产主义和共产党的教育,从而为 1952 年 4 月机关党支部整顿打下良好基础。关于训练的内容及方法与步骤等问题,完全按照地委指示执行。为保证计划能够完满地实现,结合以往经验,要求事先做好思想动员工作,使参加学习的党员干部要有思想自觉性,这是做好训练工作的关键。同时,领导上必须总结以往训练经验,接受过去的教训,逐步改进与提高教学方法与领导方法,在可能的条件下尽力地调剂生活及更新学校的一切设备,以使大家情绪安定,思想愉快,收获显著。此外,计划从县级核心干部中有目标、有计划地再培养两三个教员,以备在党内进行共产主义和共产党的教育。①

截至 1952 年 8 月,按照计划,整训使农村的党支部质量有所提高,工作开展和其他方面也有新的表现,但短期训练效果有限,仍有一部分落后支部质量不高、战斗力弱。有的支部新建不久,既缺乏系统教育,又缺乏具体工作指导;部分党员不仅缺乏工作办法,而且在思想

---

① 《寿阳县委关于三年普训党员干部的具体计划》(1951 年 10 月 30 日),寿档:2-2.1.1-64-3。

上极为不纯。因而党的政策不能正确往下贯彻,实践中如互助合作运动抓得不够好,爱国生产运动也搞得不起劲,党组织在农村中实际上发挥作用不大。为了逐步提高落后支部作用,以便日后使此类支部所在村的工作有新起色,全县工作能够平衡发展,1952年8月6日,寿阳县委再次拟订了《寿阳县委关于集训农村党员的训练计划》,计划于9月初开办一次党校学习,集中训练一批农村党员干部。具体来看,先集中力量专门整训落后(三类)支部,因为这类支部在爱国增产竞赛运动中领导得不好。其时,抽调党员参加学习,村中工作则由非党员干部负责,训练人数预计300人,时间不超过20天。为了能够办好这次训练班,达到训练目的与要求,使参加学习的党员有收获,一方面县委抽调一人亲自领导训练,以经常研究学员思想实际、工作实际,力求对症下药,解决实际问题,授课时力求内容简短有力,通俗易懂,并由组织部、宣传部和其他部门抽出5—7个干部作为辅导力量;另一方面,区委亲自深入到支部,做好思想动员,说明训练目的,使大家思想上早有准备,同时设法妥善解决党员实际困难,并抽调有经验的干部专管学员生活事务。①

1954年,为了认真做好党员教育工作,提高党的政治觉悟和战斗能力,充分发挥党在农村中的领导作用,以保证各项工作的顺利完成与推动农业社会主义改造有序进行,12月7日,寿阳县委发出《关于加强党员教育工作的指示》。指示要求:首先,做好党员教育工作,支委必须首先重视,加强对此项工作的具体领导,切实坚持学习制度,由党员教员根据有关教材,联系当地实际,以生动的典型事例,向党员讲课,以党的生活小组或分支,组织开展自由的思想讨论。必须紧密结合党的组织生活,"发扬党内民主,开展党内批评与自我批评,以克服党内的资本主义倾向,加强党内团结,提高党员的模范作用",使党员教育工作收到良好效果。加强支部对党员的具体领导,帮助其首先学

---

① 《寿阳县委关于集训农村党员训练计划》(1952年8月6日),寿档:2-2.1.1-84-6。

习好,做好备课工作,扩大教育效果。其次,为了系统地向党员进行教育,必须按照设置党员教员之规定(一般是每乡设党员教员 1 人,但因乡居住分散,党员又多者,也可分支部设党员教员 1 人),健全党员教员制度。如原来没有党员教员的支部,则应重新选配齐全,或者原有的教员因文化不高不能胜任讲课时,应重新选配,可让其充任辅导员。但不论是新选和重新选配教员,指示提出均应依据党员教员的条件选择,即所选教员必须有一定社会主义觉悟的党员,工作积极,有文化水平,能够胜任讲课工作,以防顶名凑数。再次,党员教员必须明确自己的责任:按时给党员授课,经党组织了解党员思想与讲课效果,随时和支部研究党员思想和学习情况,并定期向县委宣传部作有关方面的报告。为了更好地促进党员教育工作开展,县委初步计划在 12 月下旬前后召开一次党员教育会议,以便交流党员教育工作经验,解决教育工作中存在的问题。为使这次会议开好,达到预期目的,县委要求各乡必须把一年来党员教育方面所取得的收获、经验,以及工作中存在的问题,进行一次全面、系统的总结,于 12 月中旬前上报给县委宣传部。①

由上可知,从新中国成立初始,寿阳县就遵从上级指示围绕训练教育农村党员进行了细致规划,其间根据形势和政策变动不断丰富和调整计划,在计划中就训练的时间、训练的内容、训练的方式、训练的制度等进行了详细的规划,从而使党员训练工作有章可循、有规可依,为有效推进党员训练工作奠定了基础。

三、农村党员训练教育的基本内容

新中国成立初期的农村社会生态和组织生态均发生了极大变动,其时的农村党员作为农村社会建设的领导力量,其思想素质、理想信念与行为习惯均难以适应新形势,难以与时代合拍。因而,该时段农

---

① 《关于加强党员教育工作的指示》(1954 年 12 月 7 日),寿档:2-2.1.1-174。

村党员的训练教育内容始终与其时党员的思想实际和行为规范、农村社会变动的现实和趋向等密切结合,具有鲜明的时代特征和现实针对性,以便及时改变他们思想上的模糊认识,提升党性觉悟,重塑党员形象。

(一)关于党的基本知识和社会发展前途教育

许多农村党员的不正确思想源于其对中国共产党的性质、奋斗目标及党员的权利与义务等均不甚了解。因而对农村党员进行党的基本知识教育是其时的首要任务,这包括共产党和共产主义的教育,党员的权利与义务、民主集中制、批评与自我批评教育等。党员通过教育逐步认清自己的身份和其时的奋斗目标,从而在农业劳动生产中起带头作用,特别是担负起领导责任以更有利于党在农村各项政策的贯彻落实。以1951年榆次地委实验共产主义教育为例,初期教材依据中央编的《党员读本》上册(未定稿)。据资料可见,具体讲述内容如下。

第一个单元是讲社会主义、共产主义是什么样子。教学目的:清除农业社会主义思想及其他对共产主义的误解,树立正确的共产主义社会的美满远景。着重明确如下三个主要问题:1. 社会制度问题。说明社会主义共产主义是废除生产资料私有制,实行生产资料公有制,从而将阶级、剥削、压迫等不合理的社会现象完全予以消灭。只是生产资料的归公,不是一切归公,不是生活资料也归公,比如实行社会主义时,对资本家与新富农的生产资料要归公,但对不能用以剥削他人的生活资料部分还可以留给他们私有。作为剥削阶级来看,资本家富农这个阶级一定要被消灭;但作为个人来看,要给他们以工作和劳动的出路,他们的所有劳动能力或经营生产事业的本事必须拿出来给社会服务,不然便是不劳动不得食。至于对劳动人民而言,更不是一切归公,比如土地国有问题,只是土地的所有权归国家所有,土地的使用权则还是归农民所有。土地不准随便买卖了,这就使农民永远不会失掉土地。2. 生产方式问题。说明社会主义共产主义的劳动生产方式是集体的。只是劳动是集体,不是一切皆集体。比如消费还是个体的。劳动收入应当归个人自由支配,可以随意换取各种生活资料由自己调剂。和现在人们的消费方式一样,是自由的,不是吃大锅饭。劳动者的家庭生活是非常自由愉快与富裕的,因为这种生产才能生产出更多财富。所以到社会主义的时候,农村实行集体农场,并且采取自愿的原则,和组织互助组一样。国家实行奖励、优待、帮助组织集体农场的政策,一定要使集体农场的收入比单干收入多得多,使人们看见有利才自愿来参加。所谓集体农场是一种大农业,是采用科学技术与机器耕作的。如此,耕作本身即要求必须采取集体劳动方式,所以劳动是集体的,但是不愿意参加集体农场的人们,还可以自由地经营国家允许自己经营的土地。3. 劳动果实问题。在社会主义共产主义社会中,劳动果实是归劳动者享用和支配的,但没有什么剥削阶级可以不劳而获。所谓不劳动不得食,就是指懒人、二流子,和过去的剥削者,他们如不劳动便不得食,而劳动人民中的老弱病残,不劳动也得食。社会主义、共产主义社会是最合理最美满的社会,在社会主义,因为生产的财富还较少,所以采取按劳取酬,即像互助组计分一样,谁能干谁干得好谁多得;到共产主义社会因为都能干,生产的东西又多,所以采取各尽所能各取所需的原则。这两个社会是富裕幸福的社会,一不怕失业挨饿,二不怕失地破产,三不怕天灾人祸,四不怕老弱病残伤(因为有社会保险);是工农劳动人民最安全最富裕最保险的社会,当前的小农经济是经不起这些灾难的考验的。

　　第二个单元是讲社会主义共产主义能不能实现。教学目的:树立革命必然成功的信心,但又得明确必须经过阶级斗争,必须经过无产阶级领导才能实现。着重明确如下三个主要问题:1. 现代的阶级社会中,一切不平是因为生产资料不归劳动者公有。说明劳动创造世界,社会中(不是说自然界)一切衣食住行用的东西,没有一件不是劳动者生产出来的。社会主义、共产主义社会也是经过劳动者的劳动与斗争才能建立起来的。劳动最光荣,劳动果实应归劳动者享用与所有。但在阶级社会中，劳动是耻辱，劳动果实归剥削者所有。剥削者是社会的主人。剥削者剥削劳动者的根本原因，就在于剥削阶级占有生产资料。如果社会上的生产资料不能全部归劳动人民所共有，那么即使旧的剥削阶级被打倒，新的剥削阶级又会生长出来，劳动者还是要处于被剥削的地位，还是得不到彻底解放。2. 阶级斗争。旧社会因为有阶级就有阶级斗争。革命阶级取得阶级斗争的胜利，才能打倒旧社会建立新社会。为什么旧社会常是耕者无其田，有苦无处受，受苦不赚钱，粮价是秋贱春贵，丰收谷贱，而现在新社会就变了样，处处为劳动人民打算呢？这是中国劳动人民取得了阶级斗争胜利的结果。但是现在革命还没完结，社会上还有不同阶级，因此还不完全美满，什么时候才能打倒阶级变成没有阶级的社会呢？只有在无产阶级通过共产党领导进行社会革命并取得最终胜利之后。为什么是无产阶级领导呢？因为无产阶级有特殊的优点：（1）无财产没顾虑，革命最彻底；（2）是掌握机器生产、有高水平技术的劳动阶级，有创造性有远见；（3）组织性纪律性最强；（4）有自己的政党（共产党）和马列主义的革命武器。3. 现在的世界是条条道路通向共产主义的时代。一百多年前有了马克思主义，30多年前社会主义在苏联变成了事实，第一次世界大战后垮了一个帝国主义，第二次世界大战后垮了三个帝国主义，资本主义在走下坡路，社会主义开始走上坡路了。现在的世界潮流是条条道路走向共产主义，资本主义的崩溃是必然的，所以经过斗争，我们的革命必然取得胜利。

第三个单元讲中国如何走向社会主义与共产主义。教学目的：一是认识到中国共产党的任务是在中国实现共产主义，"革命成功"思想是错误的，必须克服掉。二是懂得中国革命必须分两步走。三是懂得当前任务是巩固与发展新民主主义制度。四是树立必须由坚强的共产党来领导才能达到这些目的的信念。着重说明如下四点：1. 中国共产党的奋斗目标。2. 为什么分两步走？这是由中国的近代社会性质及革命任务决定的。共产党的领导以及工业弱小的现状，让中国既不会成为资本主义社会,也不能马上实行社会主义。3. 目前任务。一为巩固人民民主专政(讲清三敌四友,包括加强国防与反对帝国主义的斗争)。二为发展工农业生产,目标是工业化。没有大工业,建立不起社会主义来;有了大工业,才能发展大农业。现在我们的农业要支援工业的发展,农村要加强互助合作、组织起来才能较好地发挥生产力,党在农村的任务中,这是最重要的工作。4. 要完成这些任务,必须由坚强的共产党来领导,现在整党就是为了提高党员水平,加强党的战斗力。①

(二) 关于共产党员标准的教育

1951年4月9日,在中国共产党第一次全国组织工作会议上,刘少奇作了《为更高的共产党员的条件而斗争》的总结报告,强调执政后应该更加提高党员应具备的条件。其后会议通过《关于整顿党的基层组织的决议》(1953年12月11日修正),明确提出其时中共党员应具备的条件,这成为党员教育和学习的指导性文件。其中规定了党员应具备的"八项条件"或称"八项标准",大致包括:

1. 中国共产党是中国工人阶级的党,是工人阶级的先进的有组织的部队。中国人民革命是由中国工人阶级领导的,也只有工人阶级能够领导中国革命由新民主主义的胜利进到社会主义和共产主义的胜利。工人阶级是最有远大前途的阶级。它领导劳动人民不断地改造世界,也改造它自己。中国共产党正是代表这个阶级的党,并是这个阶级的先锋队。一切党员必须这样来了解中国共产党。2. 中国共产党的最终目的,是要在中国实现共产主义社会。从中华人民共和国成立以后,我们的国家就开始进入新的历史时期,即为逐步过渡到社会主义社会而斗争的时期。党在这个新的历史时期的任务,就是要在

---

① 《榆次地委关于在农村支部实验共产主义教育的通报》(1951年9月5日),寿档:2-2.1. 1-58-26。

一个相当长的时期内,逐步实现国家的社会主义工业化,逐步实现国家对农业、手工业和资本主义工商业的社会主义改造。在建成完全的社会主义社会以后,还要为实现共产主义社会而斗争。一切党员必须具有为彻底实现党的这些目的而坚持奋斗的决心。3. 每一个共产党员,必须下定决心,终身英勇地坚持革命斗争。在任何环境下,不退缩,不叛变党,不投降敌人。如果在中途不能坚持革命斗争,就不能再做共产党员。4. 一切共产党员的斗争和工作,必须在党的统一领导下去进行。因此,一切党员必须执行党的政策和决议,严格地遵守党的纪律,积极地参加党所领导的革命运动和建设工作,并在人民群众中起模范作用。对于党内党外一切损害党的利益的现象,必须进行坚决的斗争。否则,就不能做一个共产党员。5. 一切党员必须把人民群众的公共利益,即党的利益,摆在自己私人的利益之上,党员的私人利益必须服从人民的即党的公共利益。一切自私自利的人,不肯为人民的公共利益而牺牲自己利益的人,都不能做共产党员。6. 每一个共产党员,应该经常用批评与自我批评的方法,检讨自己工作中的错误和缺点,并及时加以纠正。谁如果是一个有了严重的错误而不能改正,并居功自傲、自高自大、坚持错误的人,谁就不能做共产党员。7. 党员是人民的勤务员,不是人民的"老爷"。一切党员必须全心全意为人民群众服务,虚心听取人民群众的要求和意见,及时向党反映,并把党的政策向人民群众作宣传解释,使党与人民群众保持密切的联系,领导群众前进。为了这个目的,每一个有社会职业的党员,除从事社会职业之外,都必须在党的组织的分配之下担负一种工作。否则,不能作一个共产党员。8. 一切党员,必须努力学习,使自己懂得更多的马克思列宁主义、毛泽东思想,使自己的觉悟更加提高。不努力学习的人,是不能做一个好的共产党员的。① 党员"八项条件"是每个党

---

① 中共中央组织部、中共中央党史研究室、中央档案馆编:《中国共产党组织史资料》第九卷文献选编(下)(1949.10—1966.5),中共党史出版社2000年版,第78—79页,第199—201页。

员都应该和必须具备的条件。该项教育是其时农村党员思想教育的核心内容,在每次教育活动中几乎均有涉及。

(三) 关于时事教育和政策教育

在教育实践中,结合中心工作及其时发生的重要历史事件进行时事教育,以使党员明确自己所处的时代至为重要。如结合抗美援朝运动、合作化运动等,启发党员的政治觉悟,提高党员斗志,克服消极退坡、换班思想。教育党员明确了时代特点后,则结合党的过渡时期总路线知识、党的互助合作政策、人民民主专政的认识、工农联盟及农业进行社会主义改造的教育进行社会主义前途教育。例如,榆次地委根据山西省委对1951年支部教育计划,指示各级党委支部的经常教育内容之一,即为时事政治,主要是关于贯彻反美爱国、加入人民民主专政的教育,在教育时要和世界两个阵营、我强敌弱(和平民主阵营力量超过反动阵营力量)的整个斗争形势联系起来进行。[1] 对农村党员的大部分教育内容是其时中心工作的具体政策等。如因为中华人民共和国成立初始,一些地方正在进行土地改革工作,所以1950年的首批训练专门结合土地改革,主要讲解审划成分及土地改革政策等问题。[2] 次年《中共榆次地委关于执行省委1951年支部教育计划的指示》中指出,农村党员的政策教育主要是以农村生产方向、互助合作、城乡物资交流为重点,并注意将各种政策和总政策联系起来进行教育。1953年3月,训练结合《婚姻法》的宣传贯彻运动,对党员进行了《婚姻法》的教育学习。[3]

1954年,山西省委宣传部拟定《农村整党教育要点(初稿)》,对农

---

[1]《中共榆次地委关于执行省委1951年支部教育计划的指示》(1951年3月15日),寿档:2-2.1.1-58-28。
[2]《寿阳县委关于训练农村党员干部的计划》(1950年11月4日),寿档:2-3.1.1-19-1。
[3]《中共寿阳县委第三期整党训练学习婚姻法的简报》(1953年3月16日),寿档:2-2.1.1-120-60。

村党员的教育问题作了指示,主要包括:1. 支援社会主义工业化和巩固工农联盟。社会主义工业化是全国人民的最高利益;实现社会主义工业化必须巩固工农联盟;支援工业建设是农民光荣的重大任务。2. 对农业实现社会主义改造的道路和步骤。领导农民走合作化的道路是农村支部的中心任务;如何对农业实行社会主义改造;统购统销是对农业实行社会主义改造的重要措施;实现社会主义必须艰苦奋斗和服从国家计划。3. 过渡时期党在农村中的阶级政策。对农业实行社会主义改造是一场尖锐的阶级斗争;党在农村的阶级政策是完整的不可分离的政策。4. 加强党的领导,增强党的团结,是对农业实行社会主义改造的根本保证。农村党支部是党对农业实行社会主义改造的战斗堡垒;反对政治麻痹,提高革命警惕;开展批评与自我批评,为增强党的团结而斗争。① 为此,寿阳县委根据指示精神相继结合实践制订学习计划,丰富学习内容。1954 年 4 月,制订了《中共寿阳县委关于党在过渡时期总路线的学习计划》②,对党员进行过渡时期总路线的教育。1954 年的《关于加强党员教育工作的指示》中明确规定,要根据整个工作任务的要求,结合各项中心工作,经常着重向党员进行国内外阶级斗争形势、服从国家计划、农业社会主义改造和互助合作政策、工农联盟的教育。教育内容应以省、地委宣传部帮印和制发的各种宣传提纲(如国庆节宣传提纲,解放台湾宣传提纲,棉布计划供应与棉花计划收购的宣传要点,以及粮食、油料和统购统销的宣传要点等)、前华北局宣传部编印的《农村支部教材》和省委宣传部编制的《农业生产合作社政治思想工作纲要》等为重点。指示要求党员、教员和支部委员要学习好上述文件,以便领导好党员的学习,并依靠党员向群众宣传,保证各项任务的完成。③ 同时要求广大党员在此问题上

---

① 《农村整党教育要点(初稿)》(1954 年),寿档:2-2.1.1-171-2。
② 《中共寿阳县委关于党在过渡时期总路线的学习计划》(1954 年 4 月 14 日),寿档:2-2.1.1-174-20。
③ 《关于加强党员教育工作的指示》(1954 年 12 月 7 日),寿档:2-2.1.1-174。

不但要进行深入了解,而且在工农业生产战线上要起带头作用。

(四) 典型示范和教育

塑造和传播典型是其时农村党员教育中的一项重要内容。所塑造和传播的典型代表着上级党组织所主导的典型样态和发展趋向。其时强调各地要在组织建设的实践中塑造和挖掘典型。据笔者所梳理的资料,未见寿阳县传播出可供学习的典型样本。如,留存的资料有《东郭义党支部整党情况的典型报告》[1]《张韩河党支部整训情况的典型报告》[2]《南燕竹党支部整训情况的典型报告》[3],但并未被广泛传播和学习,或者说并没有被成功塑造为典型。因而,其时主要的学习对象是广为传播的长治县的璩寨党支部。璩寨[4]党支部在1949年前是一个较为落后的支部。之后,在支部书记苟佩芳的领导下,加强党支部思想工作,经过三年多的艰苦努力,全体党员的思想觉悟水平与组织锻炼的程度大大提高,并在党员自觉的基础上,建立了党内的各种工作制度,巩固了党组织,提高了党的战斗力,密切了党与人民群众的联系。这就为改进与提高农村党支部的领导水平与工作水平提供了极为宝贵的经验。因此,1953年3月20日,山西省发出了《关于推广璩寨党支部工作经验的指示》[5],指出璩寨经验是"比较成熟和完备的,我们特号召全党同志必须认真地学习长治璩寨党支部领导工作的经验"。山西省委下发指示,要求各地委、县委、区委及城市的郊区党委均须在4月内用一个星期的时间认真地领导与组织区级以上的党

---

[1]《东郭义党支部整党情况的典型报告》(1952年12月8日),寿档:2-2.1.1-84-23。
[2]《张韩河党支部整训情况的典型报告》(1952年12月13日),寿档:2-2.1.1-84-24。
[3]《南燕竹党支部整训情况的典型报告》(1953年1月3日),寿档:2-2.1.1-120-109。
[4] 璩寨村是山西省长治县的一个小村庄,20世纪50年代曾被国务院命名为"全国模范村",被教育部命名为"全国无盲村"。璩寨村的事迹及人物曾先后被刊登在《山西日报》《山西农民》《人民日报》《人民画报》上,八一电影制片厂还将璩寨村的事迹拍成纪录片在全国播放。赵树理的短篇小说《锻炼锻炼》即源于璩寨村的合作化运动实践。可见,其时璩寨村的典型形象被广为关注,其党组织建设的经验亦被及时传播以为示范。
[5]《关于推广璩寨党支部工作经验的指示》,《山西日报》1953年3月21日,第1版。

务工作干部对长治璩寨党支部的领导工作经验进行学习。就学习方法而言,首先是传达与阅读璩寨党支部的领导工作经验,联系实际进行讨论,开展批评与自我批评,求得统一的认识,找出自己所属地区党支部工作的关键所在,然后在此基础上拟订推广璩寨党支部领导工作经验的具体计划、步骤和方法。各地委、县委及城市郊区党委应在自己所直接联系的农村党支部中,首先实验璩寨党支部的领导工作经验,认真创造与总结经验,用于教育干部,并逐步推广之。为了普遍地提高农村党支部的领导水平与工作水平,在不影响生产的前提下,可以区或基点为单元,采取短期轮训的方式,训练党支部书记和副书记,学习苟佩芳同志的领导经验和工作经验。应当认识到,培养一个坚强的党支部书记,对支部工作的好坏是有决定意义的。之后,1953年4月19日,寿阳县委制订了《学习和推行璩寨党支部领导工作经验的计划》,把璩寨党支部工作经验作为党员教育的内容之一。①

此外,针对党内的宗派思想等,结合中共七届四中全会精神,还在党内进行了增强团结的教育,使党员认识到不团结的严重危害性。

农村党员较低的文化水平严重制约了党员的学习效果,因而其时也强调注重青年党员文化水平的提高。例如,1951年山西省要求农村、工厂、街道中的党员积极参加民校和文补班,在其后两年内消灭青年党员中的文盲。要求青年党员平均每日增识2个字,到年底增识到600至650个字;壮年党员平均每日增识1个至1个半字,到年底增识到300至350个字;并要做到会读、会写、会讲、会用。要求青壮年党员在有民校、文补班的地方全部入学,并成为其中的骨干;没有民校的村庄应和本村的小学教员取得密切联系进行识字。②

综上所述,新中国成立初期寿阳县农村党员训练教育的内容紧密

---

① 《寿阳县委关于学习和推行璩寨党支部领导工作经验的计划》(1953年4月19日),寿档:2-2.1.1-120-80。
② 《中共榆次地委关于执行省委1951年支部教育计划的指示》(1951年3月15日),寿档:2-2.1.1-58-28。

结合了农村党员的思想认识和行为状况,随着形势的发展变化而不断丰富和扩展,既有作为一个党员应具备条件等教育内容,更涵盖重要时事和党员在实践中应担负工作的方针政策等内容,所有努力旨在教育党员明确自身的组织身份及社会主义前途和农村经济发展方向,提高其社会主义思想觉悟,使其认清社会主义制度的优越性和工业化的美好前途,进一步坚定农村党员对农业进行社会主义改造的决心,促使他们一步步成长为符合时代需求的合格的共产党员。

四、农村党员训练教育的实践模式

新中国成立初期农村党员的训练教育模式是在实践中不断探索并逐渐推广而来的,各级党委特别是县、区委为积极避免和解决"党不管党"的问题,逐渐把对农村党员的训练教育当作党务工作的经常业务,在实践中已然形成了一些可行的教育制度,包括党校集训、普训和支部党课制度等教育模式。

党校集训和普训农村党员通常是在中共中央出台相关政策后,各地有目的、有针对性地进行统筹计划之后实行的。先由中央或大区党委发出通知,各省召开有关会议,制定集训、普训计划,编写教材。这种集训、普训由省、区、县各级党校进行组织。其中,县级党校组织者居多。教育的时间一般选在每年的农闲季节,每期大约10—20天。农村党员中的一部分在县委党校学习,一部分由集训后的党员回村对留村党员进行补课和继续教育。寿阳县的党员训练主要以集训为主。例如,从1950年11月初开始,截至1951年1月底,共训练了五期,后又接着训练了一期,每期均为半个月左右,每次约200人。前五期共训练了1052人,占训练计划50%,计支委492人,一般党员560人,妇女党员61人。就成分看,85%为中农,阶级成分上较纯洁;就个人身份看,95%是农民出身,其中45%是工人阶级;从文化水平上看,文盲占70%以上,其余是初通文字和念过两三年书的人。党龄早者为

1937年、1938年入党,最晚为1950年3月入党,其中1948年至1949年新党员为大部分,约占60%—70%。①

表4.1 寿阳县农村党员集训情况统计表(1950.11—1951.1)

期数	村数(个)	集训人数(人)	男(人)	女(人)	支委(人)	一般党员(人)	何时开始	何时结束	备考
第一期	66	305	286	19	141	164	1950.11.2	1950.11.18	土改村
第二期	33	138	134	4	133	5	1950.11.22	1950.12.2	一类支部
第三期	39	277	270	7	128	149	1950.12.4	1950.12.21	二类
第四期	20	201	179	22	46	155	1950.12.24	1951.1.9	三类
第五期	25	131	122	9	39	92	1951.1.17	1951.1.27	内有8个三类支部
合计	183	1052	991	61	492	560	1950.11	1951.1	—

资料来源:《寿阳县关于农村党员集训情况综合报告》(1951年2月1日),寿档:2-3.1.1-83-10。

在集训中,还根据党员所在支部情况进行分类集训,分别进行一类、二类、三类支部分别训练,以达普训效果。例如,1950年11月就进行了33个第一类农村支部党员集训,历时11天(11月22日至12月2日)结束,参加的党员干部有138名,其中支委133人,一般党员5人。另有区委干部7人。训练内容为社会发展方向和政策、党员的权利与义务、支部如何工作、民主专政等。②

又如,1951年8月25日开始,共142名农村党员干部的训练班(其中妇女24人)历时18天,9月11日结束。此次集训是为了给即将到来的建设高潮培养与准备大批干部,经过集训,澄清历史政治面貌,提高水平,寿阳从中选拔了一批力能胜任的干部以补当时的缺额。其

---

① 《寿阳县关于农村党员集训情况综合报告》(1951年2月1日),寿档:2-3.1.1-83-10。
② 《关于集训一类支部农村党员的报告》(1950年12月12日),寿档:2-3.1.1-16-4。

中还有35个表现较好的青年团员也参加了学习。学习的内容主要是时事教育(赴朝慰问团的报告材料)和共产主义与共产党(党员读本上下册)的教育,并在此基础上进行了审查鉴定,最后结合其时的工作与任务又学习了有关开展爱国主义生产竞赛运动的相关文件。①

1951年冬,全县开始全面整党后,对党员的训练就以整训结合的形式进行。一般均在整党前期进行训练教育。例如,1953年3月前,全县198个农村支部(包括街道支部1个)全部完成整党,其中,1952年11月15日开始到1953年3月15日为止,四个月分三期完成了132个支部2751个党员的整训任务。第一、二两期结合训练了非党干部237人,积极分子285人,青年团员194人,总共整训了3467人。当然,从支部数目看,整训已全部覆盖,但并不是所有的党员全部参加了整训,还有在集中整党期间留村工作或因其他原因未到训的党员976人。另外根据调查了解,已经完成整党的支部中有27个支部405个党员效果不佳,需要重新补课。这样全县农村党员需要进行补课的还有1381人。② 之后,还需要结合整党继续进行党员的教育与训练。

随着党员训练教育工作结合整党工作的推进,在整个过程中还特别针对支部中的落后党员进行训练教育。例如,1955年前后,即从1954年12月25日报到至1955年1月8日,用时15天,专门集训落后支部的党员。全县应参加训练的落后支部12个,实有党员263名(其中包括新批准党员8名,转业回来的军人3名在内),留村工作党员25名,因病或其他事故有32名党员未参加学习,另有7名党员无故拒绝参加。实到训练党员199名,占应到党员的96.6%,占党员总数的75.7%。训练班领导力量的配备较为关键,这是办好训练班的一个重要条件,其时按行政级别计有21级以上的骨干8人,22级以上的助手8人,实际上这16人中,21级以上的或相当于21级的骨干

---

①《农村党员干部训练总结报告》(1951年9月15日),寿档:2-3.1.1-19-5。
②《寿阳县第一、二、三三期农村整党训练工作总结》(1953年3月21日),寿档:2-2.1.1-120-70。

有12人,助手只有4人。①

每年农闲季节,采用集训和普训的方式进行的历次教育对于提高农村党员的政治思想觉悟、推进农村生产及各项工作,均取得一定成绩。然而,集训毕竟时间短暂,仅为一种临时性教育,且不是所有的党员都能参加。可以说,这些教育"带有很大的突击性",由于不能继之以经常的教育,其成果往往不能巩固和持久。而党对农业实行社会主义改造的路线,要求随着国家建设和农村工作的发展,不断地对农村党员进行教育,提高他们的政治觉悟,以带动广大农民群众向党所指引的方向前进。这个任务显然不是"突击性的教育"所能完全担负的。因此,1953年11月16日,中共中央对华北局1953年9月15日《关于加强农村支部工作的指示》作了批示,指出"平时不进行教育,只企图在一次整训中完全解决问题,整训后又不进行经常的教育以求巩固和提高,事实证明也是不行的"②。批示强调要逐步建立和加强农村支部的经常性教育工作,同时将《华北区1953年11月到1954年10月关于农村支部教育工作的计划》发给各级党委。计划要求加强对支部教育工作的领导,保证支部要经常进行教育。为此,农村党组织逐步探索通过组织生活会、支部党课等形式对党员进行经常性教育,在实践中,逐步摸索出了经常性的教育形式,即党课教育制度。党课教员的主要来源有两种:一种是由县委、区委委员或县、区机关中有讲课能力的党员干部兼任,另一种是由支部中政治文化水平较高的支部委员或党员担任。有的地方则由县委、区委指派负责干部在固定的时间和地点,向党员教员传授教育内容,再由他们回去进行讲解。还有地方设有党课传授站,就以基点进行传授,每月给党员上党课一次或两次。另外,在支部的统一领导下,以党小组为单位组成学习小组,采取不定

---

① 《关于我县集训落后支部党员的总结》(1955年2月2日),寿档:2-2.1.1-258-3。
② 《关于加强农村支部工作的指示》(1953年9月15日),中共中央组织部、中共中央党史研究室、中央档案馆编:《中国共产党组织史资料》第九卷 文献选编(下)(1949.10—1966.5),中共党史出版社2000年版,第183页。

期的阅读、讨论、座谈等方式把学习推向经常化。

事实上,在1951年山西省支部教育计划中就强调:"省委支部教育计划能否完成,关键决定于领导的重视与制度的坚持。"因此要求各级党委必须重视领导与坚持建立三种制度:第一,要有计划地设立支部教员。凡具备条件的支部,应在1951年6月底前分批普遍设立起来,条件不具备的支部,可指定识字较高的党员两三人去接受传授,并成为支部教员的储备对象,加以积极培养,争取在当年底普遍设立起来。支部教员在大支部内可多设,支宣及其他支委具备条件的可兼任,否则可由有一定政治水平与文化程度,能讲通农民报,能领导和组织支部党员学习的一般党员担任。是党员的小学教员也可担任支部教员,同去县里受训的党员应成为支部教员的有力助手。第二,要巩固与建立传授站。这是解决支部文化、政治水平不高,不能经常给支部党员上党课等问题的主要方法。为此,要求区委定期给村支部教员进行传授,暂定为一月一次,确定阴历每月十五日为党课传授日。传授内容主要是以党的基本知识为主,其他为时事、政策、文化内容,应与宣传员、义务教员的传授结合进行。各区可以联防或以基点划分小区建立传授站,应以支部教员或指定的党员负责传授。县委给区委进行党课传授的时间,各县可根据具体条件自定,根据党员课本,每次可传授数课。负责党课传授的干部,应经常深入一些支部,以便了解支部党员的实际思想情况,做传授的具体准备。第三,要建立与坚持县区下乡干部上党课的制度。除支部教员、传授站两制度外,县区委应指定一定数量的县委党员干部,承担下乡给村支部上党课的任务。这类上党课的县区干部,也应经常联系与了解一些支部情况,以便能很好地准备党课内容。在每讲一课时,应解决一两个主要问题,做到有目的的教学。为了保证党课的执行与收到应有的效果,地委宣传印发的传授站党课传授证,也可在向支部上党课时使用,由支书或支部教员签字,用后交县委宣传部存查。各个支部的教员,应与区委传授员或县下乡上党课的干部经常取得密切联系。可将传授后的情况及问题与收获作随时反映。区委与其他传授员,应即时解答学员所提出的各种问题,以便帮助下边学习。最后,为了总结与交流经验,解决传授中的问题,区委每月应召开一次传授人员参加的会议。县委在一定时期内也应召开此种会议。此外,要求各县应注重结合整党进行教育。在党课学习方法上,要求各级党委会根据支部的不同情况、不同类型与党员思想上存在的主要问题,选择党员课本上有关课文和各种文件加以教育。学校、机关与厂矿、街道支部到年底学完党员课本,如已学完的可根据党员思想实际,选择课本进行复习,在可能的条件下开办夜间党校或业余党校进行教育。在识字方面应采用写话识字、做甚学甚,结合生产小组做到生产识字两不误。①

1954年7月17日,中共中央下发的《关于加强党在农村中的宣传工作的指示》对农村支部党课制度作了肯定,指出这是"行之有效的经常的党课制度",应逐步加以推广。该指示还对党课制度的一些具体环节作了规定。如党课的内容大体上集中在这样几个方面:一是关于党的总路线的知识;二是关于党的互助合作政策的知识;三是关于共产主义和共产党的知识。为了解决党课教员空缺的问题,一般采取由党的报告员和有授课能力的区干部兼任党课教员的办法,并实行巡回上课或分片负责的制度,党员多的农村支部可视条件设置不脱离生产的党课教员,可按需要增设不脱离生产的支部教育委员,负责组织和辅导党员学习,并在可能的条件下帮助上课。在上党课时,应注意在自愿原则下吸收青年团员和非党非团员积极分子参加。县委应加强对党课内容、教育计划、教员训练和教学工作的领导监督,每月可上党课一次或两次,每次时间不宜过长。随着农村建党工作的开展,必须特别注意对候补党员进行关于党章的教育,使他们在候补期内初步懂得共产主义和共产党的基本知识。指示还特别强调对党员的教育

---

① 《中共榆次地委关于执行省委1951年支部教育计划的指示》(1951年3月15日),寿档:2-2.1.1-58-28。

工作的基础是党的组织生活。因此,应当改善当前农村党组织的党内生活,发扬党内民主,开展党内批评和自我批评,以摈除党内非工人阶级思想,争取党内团结,提高党员的模范作用,密切党与群众的联系,发挥党支部在农村中的堡垒作用。①

此外,结合实际工作进行思想教育亦为一种经常性教育。在各种政治运动中结合中心工作,如土地改革运动、整党整风运动、抗美援朝运动、统购统销运动、普选运动、互助合作运动、生产竞赛运动等,研究党员的思想和工作中存在的问题,通过实际工作,采取边教育、边行动、边学边用的方法,把具体工作与思想教育结合起来。

总之,新中国成立初期农村党员思想教育的各种方式在实践中交互推进,使农村党员的思想教育始终未曾间断,中国共产党对党员思想意识革新的决心和力度可见一斑。

五、农村党员训练教育的实际成效

新中国成立初期对农村党员训练教育的成效很难有一个精确的估量,只可作大致的趋向判断,即应该是在反复的训练教育中使党性不断被塑造,党员的思想意识不断得到改进。正如杰克·贝尔登所言:"中国农民并非总是自动地向封建堡垒发起猛攻的,共产党往往必须手把手地领导他们冲锋陷阵。"②农民党员亦如此,其虽具有组织身份,但要真正在乡村社会担负起上级党组织赋予的各种权责,则需要不断"手把手"地教育与引导,逐步使其明确自己的角色、地位与权利与义务。换言之,农村基层党组织要成为真正意义上的农村社会的战斗堡垒,尚需要不断的锻造。故农村党员训练教育之成效绝非通过几次训练可造就,其每次成效的取得与其教育实践中的讲授技术、农民

---

① 中央宣传部办公厅编:《党的宣传工作会议概况和文献》,中共中央党校出版社1994年版,第88—89页。
② [美]杰克·贝尔登:《中国震撼世界》,邱应觉等译,北京出版社1980年版,第202页。

党员的接受程度、思想状况等密切相关。

以1950年第一期农村党员训练实践为例。在训练开始前,参加辅导学习的县里干部,把训练目的、内容、时间、要求均作了研究,开学时又向学员宣布了学习计划,说明集训的目的、意义。学习进度上,动员一天,社会主义前途教育及新民主主义建设教育七天,建党一天半,总结测验一天半,当年生产计划(每年目标)一天。领导上,除有1个县委领导参加上课外,又抽出县委机关3个干部参加。该训练中的具体方法是先了解党员的思想状况,由县委作动员并通知区委给村支部写信让支部党员帮助参加训练的党员解决家庭困难。为此,绝大部分学员学习情绪高涨。

训练方法上,采取了大会讲授、小组讨论的方法,根据华北局的指示,授理以讲授与解答问题为主,并联系党员思想实际,展开分析批判,对在讨论中没有解决的问题及时地作了解答,特别是注意对照思想实际,明确划清了党员和农民的思想界线。在讲课中,讲课人首先熟悉教材,结合党员思想现状,与实际结合,在讲解中抓主要问题,每次只讲一个问题并举实例说明。如,讲将来的前途时对苏联生产的进步与生活的幸福进行介绍,并就本县两个劳模到天津参观展览时看到的新式科学农具如切草机、刨土机等进行介绍,说明通过生产工具工业化才能加大生产,改善人民生活,这样激发了学员的学习情绪且让他们容易接受新知识。在领导讨论中,讲课人用联系实际的方法并对照自己的思想情况而启发指导他们正确接受报告内容,开展争论以提高认识。如,讨论人是由猿猴进化而来的,四区有个党员说"人由猿进化成,为甚都不姓猿,还姓其他",还有的说"猿是由什么进化而来的",还有的说"鸡从哪里来的,先有鸡还是先有蛋"。发生这样的争论,讲课人解释"人的进化是有根源,不是无头无尾的,由于时间紧促,那些无大作用的问题,没有什么争论必要",及时纠正无边无尽的"乱扯",引导讨论方向,使大家明确劳动创造了人、创造了世界的共产主义道理。

训练解决了不少问题。如十区有2个党员原来要求退党,经学习教育不但不再要求退党反而更努力学习,并说回去要好好领导生产。四区1个党员曾经参加过迷信组织,受迷信影响较深,经过学习"人是从那里来的",他明确了"劳动创造了世界,劳动创造了人",并言"过去敬神烧香叩头不顶事,如今毛主席领导咱翻了身,有吃又有穿,千万不要上了迷信的当"。党员学习了新民主主义经济政策,明确了要想发家致富,必须经过互助合作,逐步富裕起来,国家工业化后能加大生产效率,人民生活才能改善,农业支援工厂,原料和工厂成品交换,这样互相帮助进行生产,渐渐可由落后的分散的经济走向工业化和农业集体化。通过学习,党员知道了建设新民主主义社会,党的领导是很重要的;对照自己思想,发现自己和老百姓差不多,离党员条件还差得很远,改正了老党员"摆老资格"的错误;有的人认识到自己是"1938年党员",从党员标准上不能和老百姓一样衡量自己,认为得努力学习提高自己,不前进就会掉队落伍。

在该次训练总结报告中,主办者指出了所积累的经验:第一是讲课时要特别紧扣中心,简明扼要,一次只讲一个问题,以对照思想实际提出问题,做到有教育目的,讲解要有重点,不要茫无头绪。第二是领导讨论时要联系实际明确问题,端正思想,正确地接受报告,指导学员大胆暴露思想,开展分析批判,把旧的错误认识暴露出来,大胆批判否定,正确接受新的东西,党员只有认清与老百姓的政治区别,才能将思想水平提高一步。第三是要更加注意组织生活,随时发现问题解决问题,讲完一个问题让大家作一番讨论,再把这段连贯起来,使学员感到有收获,进而提高学习情绪,但须防止一些落后学员的支差应付思想。第四是认为这次训练工作之所以能取得成绩,主要是领导对集训党员工作的重视和具体指导,参加的领导对这些训练的目的和意义是较明确的,并重视小组组长的力量,发挥了他们的积极性,因而这次训练较成功。同时亦指出了这次训练中所发现的缺点和偏向,如通知日期晚了一些,致使党员没把家庭安置妥当,结果训练中有的顾虑春耕、种麦,或个别学习不安心,领导才通知各区委予以解决。此外,有些问题接受得不够深刻,原因在于领导干部少,不够分配,有两个小组则无专人领导,因此在讨论时有些问题弄不通,影响了学习进度。①

又如,在1950年集训一类支部农村党员过程中,许多受训党员思想上有怀疑倾向,有的"探问究竟",因过去在老区整党中有右的倾向,不少人"怕整党"。新区由于思想教育工作差,党员觉悟水平较低,对整党不摸底,也"怕整党",听到要整风,个别村出现了"顶替""推托""躲避"等现象。因此,集训之初,利用一天时间进行端正态度的动员与讨论,各种思想顾虑暴露。在社会发展方向和政策学习中,有些人思想上也普遍存在着"换班""怕误工"情绪,工作上消极,认为工作是给上级党委做的,在工作目标方向上不明确。三区党员们认为互助组解决了支前中的畜力困难,如今解放了,后勤任务减少了,互助组应解散了。因此,他们感到群众会生产,不需要组织,群众不愿意干就算了。新区则认为是组织困难多,群众又要讲民主,因此对互助组的领导不够。据贯彻政策方面的检查,表面上看党员干部好像懂得多一些,但从实际中检查总结,也只是"一知半解",普遍对保护私有财产可以发家致富这一点不明确,严重者还有农业社会主义思想。经过讨论,大家感觉对这些问题很生疏,"钻不进去",这时候教员根据大家工作能力情况,采取了引导、解释、讲故事的方法,帮助学员把每一个问题都认识清楚。为了使问题明确,训练班还会集中召开大会进行典型示范,如三区昌村报告互助组经验介绍,二区普遍报告支部怎样领导生产,如何结合自己生产等。经过这种把文件和实际相结合的方法,党员提高了觉悟,初步明确了日后的生产方向。同时还批判了自发说与任务观点,明确反对农业社会主义的均产思想。如松塔村支书李某说,咱过去对方向政策不摸底,结果三四年也未成立二个互助组。这

---

① 《寿阳县1950年第一期农村党员训练总结报告》(1950年3月27日),寿档:2-3.1.1-16-3。

次才清楚了,咱对方向不认识!他还表示次年再看。大部分党员纠正了过去"蛮干""瞎干""组织不组织有什么关系"的错误认识。通过讲解民主专政,党员进一步解决了"革命成功""退坡""换班"等思想情绪,提出:"如果我们不干,把政权刀把子掌握在封建地主手里,我们的政治地位和翻身果实怎能保住?!当前又面临着美帝国主义侵略中国,各地道教的活动破坏,造谣蛊惑等,他们活动下去我们不管将怎样?"如此,党员一致感到如果不领导工作就会又变回旧社会去,大家的思想打通了,克服了麻痹太平观念,一致认为不干不行。例如,羊头崖村王某谈过去有"退坡"情绪,不想干工作,训练教育后表示坚决回去做好工作。有些党员说,早像这次学习,工作就不致做坏。例如,城关村村长张某说,过去开支部会只是轻描淡写地说几句就算完事,结果也闹不下个长短,这次脑筋"清亮"了,特别是思想上也深刻接受体验到了。

在训练中通过讲解抗美援朝的情况,坚定了党员的斗争意志,其间党员回忆历史,对比了新旧社会,通过讨论一致认识了美帝国主义的阴谋,激起了仇恨情绪,大会自愿报名参军42名,大部分为青壮年。例如,党员赵某(荣军)说:"敌人真要敢欺侮我国,我再重上前线和鬼子干一干。"羊头崖村村长说:敌人原子弹厉害不如"咱们的同心弹"厉害,只要大家团结一条心,美国是纸老虎,并不可怕。此外有27名党员也结合实际情况表明自己的态度,要在后方把生产治安等工作做好。其余未表示态度者17名,原因是思想意志不坚定,怕牺牲。

总的来说,这次学习主要是提高党员思想觉悟,总结检查了党员思想作风,初步明确了其后生产方向,端正了政策观点,反对了命令主义,纠正了尾巴主义,进一步转变了工作作风。在提高觉悟上,如二区有些支委党员怕误工,宁愿开除党籍也不来,经过这次学习后,三个支委认为过去那种想法都是为个人打算,根本没有看到党的利益和群众的利益。在这次训练中,党员不但克服了个人主义思想,而且也得到教育提高。大部分党员学习是热情、积极、态度端正的,其中有50%是积极分子,有40%是平常人,落后12人,占10%,自私、宗派思想解决还不彻底。①

从1950年11月初开始截至1951年1月底的五期训练来看,前往集训的党员对训练的认识亦与上级党组织的期望相悖。如,有的自私怕耽误了自己生产。有的认为应该训练别人和不工作的党员,因为自己任干部开会多,受训多,对整党没信心,认为"哪一次整党也变不了样,总是八九不离十,不工作的总是不干工作,工作的也落不下个好"。少部分人怕整党,抱着试探的态度。有的不工作的党员和新党员认为,"咱也没工作,既没有犯错误,又没有惹下人,整不到咱头上,看整他们"。有一部分党员干部,虚心热情地在村里工作,往往是遇到困难,碰钉子没法解决,认为"这次学习不管长短,去学习些本领能力"。面对如此思想情势,在训练一开始,主办者即注重思想动员工作,针对情况予以解决。

从该时段的集训效果看,早前的准备动员工作比较充分,区村干部认真地做了思想动员工作。训练前县委依据省、地委整训方针,结合当地实际情况,研究要解决的中心问题,用文件与实际相结合的方法,内容集中,便于党员学习了解。通过贯彻方向政策,党员明确了之后的努力目标,解决了农村社会主义思想和小农自私心态,认识到组织的优越性,并提出要和单干竞赛。训练中,批判了生产不用领导的自发论,使党员都体会到领导群众生产和自己生产的一致性。曲尺庄村张某说:"咱以前真是坐井观天,把组织互助组也认为是区公所给的任务,不知这是由穷变富的道路。"结合抗美援朝教育,党员回忆了斗争的残酷,联系切身所受实际痛苦,用新旧社会对比,提高了斗志,大家的勇气与爱国主义热情得到激发。其时有1052人自愿报名参军,青壮年有245人。如潘沟村一名党员讲,不但他要到朝鲜参战,且要

---

① 《关于集训一类支部农村党员的报告》(1950年12月12日),寿档:2-3.1.1-16-4。

把20岁儿子也带上,去和美国鬼子干一干。前河村党员程某在讨论中说:"不论他鬼子用什么弹,只要咱们齐心协力努力干,什么弹也吓不住人民。"通过学习,党员排除了"革命成功"与"退坡换班"思想。训练中,首先是让参训者分析研究当时形势,并用生动的事实教育大家,如地主奸特造谣破坏、会道门活动,在于说明这些人急着想夺取我们的政权。接着提出:"咱们党真想换班,换给什么人,如果别人干起来,咱们又是如何痛苦,如何受压迫剥削,过去的罪还没有受够?又想往大石板底下钻了?"然后让大家讨论。最后,384个(主要是干部)有"退坡换班"思想的异口同声表示:"既然这样,不是换班是换命啦!今后回去,不但不换,而且更得把工作做好,提高警惕来认识当下战争的危机存在,最大的敌人还未消减。把毛主席告诉我们的话'万里长征才走了第一步'牢牢记住。"通过对贯彻群众路线和反对命令主义两种方法的好坏对比及典型示范,开展分析批判,联系实际检查工作、检查自己,从而认识了命令作风是脱离群众的根源。有过去经常用命令主义方法者也感到这是严重的错误作风,表示今后不但要改变工作作风,并且要学习群众路线,提升自己的能力。这一阶段的经验是正面讲解文件,小组酝酿讨论,大会开展争论,最后领导明确指导,把每一个问题均详细而耐心地给以解答是提高党员学习的好方法。①

1951年8月25日至9月11日的18天训练中,为达训练之目的,除县委领导直接掌握与亲自授课外,还抽调了县委秘书、组织干事6人,每区还有1个区干,共13人,作为辅助力量,以启发与帮助大家学习。因这次学员大部分是村核心干部,且青年占多数,各级组织事先做了较充分的准备工作。学员参训前,其所在支部都进行了思想动员工作,对学员们的实际困难,支部都做了妥善解决,使大家能情绪饱满参训,积极钻研学习。但有极少数人因家庭观念十分浓厚,个人自私思想严重,也带来了"怕提拔、怕远调,考虑怕种麦、秋收因自己不在家

---

① 《寿阳县关于农村党员集训情况综合报告》(1951年2月1日),寿档:2-3.1.1-83-10。

或回家回得迟了受损失"等一些不良思想。因此,他们表现出不是为了提高自己而自觉地来学习,反而是熬时间被迫地学习。另有少数青年急于提拔成干部,生怕领导不提拔自己,所以他们在学习过程中多考虑"领导上是否提拔咱",从始至终学习态度不够端正,学习收获亦不大。

总的来看,本次集训领导力量强,准备工作做得较好,在学员选择上较慎重。主办者事先除研究与讨论了县委对训练的目的、方法、步骤和要求,参加领导学习干部思想明确、认识一致外,还研究与分析了学员来时可能的思想顾虑,以便在思想动员时能够对症下药,及早清除思想顾虑,端正学习态度。同时,为使大家学习情绪始终饱满,并给学习前途教育打下良好基础,首先让党员学习时事,既纠正了不良思想,端正了态度,提高了学习积极性,又对学习前途教育等起了推动作用。如四区弓村一名党员刚来因怕误工而不愿学习,情绪不高,听了时事报告中讲的中朝人民军队的英勇作为和艰苦作风后,纠正了自己的错觉,鼓舞了学习情绪。其次,不论是授课与讨论都紧紧结合了实际,这次训练中,学员能记笔记的占半数,不记笔记的也都是青年人,本身记忆力强。绝大部分学员在过去学习过党的基本知识,但没接触过共产主义和共产党的系统教育。所以初次进行这样的教育,如果领导上不改进授课方式,仍按旧方式,势必会使学员产生两种错觉:一种因不易理解,不感兴趣;另一种是因为不懂,所以会觉得每年就是这一套,表示满不在乎。尤其是农民思想,直接阻碍着社会主义前途的教育。如终身为共产主义事业奋斗,其实他们是勉强地接受的。有的说:"说上半天社会主义好,眼下拿不来二升小米呀。"有的说:"共产主义社会好是好,可是干了半天,社会也好了,咱也老了。"这些错误说法即是勉强接受的具体表现。其原因是:一部分人对共产主义制度的美满幸福及为什么要实现共产主义制度是认识不足的,另一部分人虽也知道共产主义制度好,相信肯定能实现,但对他们个人说来,总感觉到将来的美满幸福和眼下的个人利益矛盾。又如,对工人阶级领导问题也是如此,因为领导说工人阶级为领导,他们也只好勉强地接受,但实际上心里不服。因此,有的说:"工人阶级不自私?我看他每月赚上100斤就欢喜,赚上99斤恐怕就不高兴。"还有的说:"工人也并不是他爸生下来即是工人,也是从农民阶级里变化成的。"总之,他们实际的思想认识是带有抵触情绪的,因而表现为口头上勉强接受与盲目接受,其实心里不服。为了解决上述问题,提高党员政治思想水平,训练中采取了两种方法。因这些党员处在农村,没有工厂可参观,所以在授课时只能用具体事实——用人们亲身经历过的与亲眼见过和易理解的现实,从多方面比小论大,说明一个问题,使其相信。如说明工人阶级的伟大,以大汽车的运输能力和牲口驮与人担来比较;以军队所用的东西,如飞机、大炮、枪弹等工业生产品和粮食等农业品来对比;以市镇上所出售的工业品来说明工人阶级的伟大;由小到大,说近论远,讲解工人阶级推进社会进步效力与对人民幸福贡献大小。这对解决农民思想问题效果很好,是第一种方法。另一种方法是从领导上有意识地培养一些荣退军人和"出过远门进过大城市的人",在大小讨论会上让他们介绍所闻所见的大机器、大工厂生产力高、产品优良的情况,大家爱听也感兴趣。用这样上下相结合的教育方法,效果良好。在学习中,除了小组讨论领会文件精神外,还集中根本性的问题,并及时组织大会开展自由争论,这样既能够使大家明确问题,认识得更深刻,又能避免学习进展不平衡与认识不一致的现象。最后在训练即将结束时又组织了一次大会,将整个学习过程中的优缺点都讲出来,在此基础上进行了民主总结。这不仅帮助参训者系统地明了自己的收获与存在的缺点,而且使学员体验到领导上的确能发扬民主作风。具体而言,这一阶段的收获大致有如下几方面。

首先,参训者听了赴朝慰问团的时事报告,对抗美援朝与中朝关系在思想上较前有了更深刻的认识,因为报告又具体又生动,大家的政治觉悟启发很大。志愿军的英勇事迹和党团员在朝鲜战场上为祖国的一切模范举动,帮大家鼓舞了斗志,坚定了革命信心,大家在联系检查自己平时实际工作时都感到惭愧。因此,有的党员说自己"和人家比起来差的十万八千里",一致表示今后一定要向在朝鲜的模范党团员学习。美军在朝鲜残害人民的暴行激愤了大家对"美帝"的仇恨,一致表示要抗到底援到底,不少青年报名参军,一致表示随时响应祖国召唤,其中有3个青年报名参加省军事干校。五区芹泉村李某听了朝鲜妇女们的痛苦,回忆了过去自己在旧社会的痛苦,非常痛心地流泪表示说:"回村做好工作,支援前线,为朝鲜姐妹们报仇",并提出和自己的男人(已赴朝鲜抗美)竞赛。一区马首村吴某写血书请求组织批准他志愿赴朝抗美。四区弓村冀某检查说,"咱过去对援朝认识不足,因此捐献工作没有重视,村里个别党员原认捐一万元结果交了三千元",认识了错误并表示日后一定要用人力物力财力抗美援朝。

其次,参训者学习了《党员读本》上册,明确认识了社会发展方向,知道了社会主义制度的优越性。大家还认识到工人阶级的伟大及为什么要以工人阶级为领导。四区北河村支书李某说:"生产力的提高是推动社会发展的,因为工人掌握着进步的生产工具,工人阶级为领导是合理合法的。"结合几年间内外形势的变化,尤其是苏联开始迈进共产主义建设等事实,大家对将来在中国实现社会主义与共产主义充满了信心,一致认为肯定无疑能够实现。有的说:"劳动既能够创造出今天,当然也能够创造出将来美满幸福社会",大家认识了中国由于经济落后生产力不高,要到达社会主义必经新民主主义社会,了解了新民主主义的经济基础,即五种经济成分及性质。由于理论水平有所提高,眼界放大,想通了毛主席说的"万里长征走完了第一步"的远见。大家一致感到此后必须努力奋斗,才能争取社会主义早日到来。

再次,参训者在学习《党员读本》上册的基础上,知道了为什么要提高党员条件,明确了党员奋斗的标准,对照检查自己和党员"八项条件"的差距,经过学习,一致承认并表明自己的态度,决心为达到更高的党员条件而奋斗。在学习"八项条件"时,大家检查出一个问题,由于自私思想严重,个人利益不能服从党的利益。他们老觉得互相间存在矛盾,具体表现在"党校说下能做,回去就不能做了,区里开会承认能办,回去就不能办,说多做少"。究其原因,如四区常村村支书孙某检讨所言:"不论开会还是受训,领导所讲的完全合情合理(如组织起来等),因此咱也承认并表示回去决心做好,可是一进家门见了老婆不满、小孩哭、牛在叫,自然就动摇了自己,失去了原来的决心。"七区范某说:"咱在村里也想积极工作,但是做工作误了工,地里少打粮食,到吃饭时四邻端的稠饭面饭,咱端的稀饭糊糊,人家不讽刺,咱也觉得灰心,因此埋怨领导,工作消极。"最后大家一致认识到"这就是农民思想具体表现",教员就此教育大家,使大家懂得了农民不能领导革命的道理就在于此。

最后,参训者在思想自觉的基础上进行了审查鉴定,澄清了历史与政治面貌,指明了进步的方向,且给将来提拔干部做好首要工作。总体看来,训练虽取得了一些成绩,但亦有不足。如,少数人动机不正,为当干部来学习,因考虑到自己不符合干部条件,当不了干部,学习开始后便逐渐消沉。个别学员因个人家庭包袱始终没有放下,学习不安。这两种人因态度不端正收获不大,回村工作时也难有新的起色。其原因除个人思想落后外,概与领导上只在大会上进行动员而缺乏通过生活会开展批评与自我批评的自我教育有关,其次,个别区在挑选受训者时不够慎重也是个中原因。①

1954年12月25日至1955年1月8日的训练主要是针对落后支部的党员进行的。该次动员工作较深入,帮助党员解决了不少实际问题。如,芦家庄发动了6个农业社、32个互助组和在县城学习的55个党员订了协议,社组包干了党员家庭的担水、烧煤等问题,保证不让参训者感到困难,党员也保证安心好好学习。因而,这些党员到校后,一般都会安心学习,钻研问题,情绪饱满。如党员闫某把保证书和学习计划带去交给领导审查,要求帮助他。新南窊乡党员听了整党动

---

① 《农村党员干部训练总结报告》(1951年9月15日),寿档:2-3.1.1-19-5。

员,连夜完成了统购粮食。支部书记胡某带病参加了学习。但也有个别人因觉悟很低,对整党有不少顾虑和误解。如有人说:"这次整党不是好吃的大红票子。"有些犯错误的党员也抱着被整的态度。有的抱着投机思想,为了逃脱粮食统购任务而参加学习。如上问题经过动员后有所解决。该次训练领导力量配备亦均胜任。经过教育,党员在训练中取得不少收获。

一方面,经过工业化、工农联盟教育和对农业进行社会主义改造的教育,党员进一步明确了社会主义前途和农村经济发展方向以及对农业进行社会主义改造的具体道路、方针、政策,从而提高了社会主义觉悟,初步树立了工业化思想,进一步坚定了对农业进行社会主义改造的决心。具体表现在如下两个方面:

一是认识到国家进行社会主义工业化的重大意义,体会最深刻的是工业化的发展对巩固国家政权的重要意义,认识到过去的旧中国因为工业基础薄弱,经济上落后,国防不巩固,帝国主义国家都敢来欺侮我们。落摩寺乡党员回忆了日寇侵略时期有一次在该村就杀死和烧死了300多人,抢走了很多面粉,人民在生产上和生活上受到了很大摧残,扎了受穷的根子。新中国成立以来,在党和人民政府的领导下,生产和生活都有所提高,但由于被日寇摧残严重,该村达不到全县人民平均生活水平。据统计,落摩寺乡有70户困难户,其中有20户根本没有被子,或者是全家只有一条破烂被子,加上连年遭灾,年年吃政府救济,党员们深刻体会到这是日本帝国主义给中国人民带来的痛苦,也是旧中国工业落后的必然结果。他们一致认为再也不能让任何帝国主义给中国人民带来这种灾难和痛苦,必须努力支援国家工业化建设。崔某、郭某等6个党员和2个团员学习后,感到自己对国家工业化支援得不够,除从思想上作出检讨外,再要求出售余粮1350斤。还有青年团员马某,在学习后要求参军,保卫祖国,同时批判了一些党员对工业化错误的思想认识。

二是正确地认识了工业化的发展对农业化的好处和工业与农业

关系。如落摩寺乡党员于某认识到村里一个梨园过去因为管理不善，多年没有结过梨，1954年农业社使用喷雾剂、六六六等药剂，经杀虫和修理以后，1954年即产出2000斤梨，除卖得现款130万元①，买下一头骡子外，还留下700斤分配给社员，从中各农业社可以体会到要想改造农业，没有工业化的发展和支援是不可能的。将新南宷乡农业社1954年试验新式步犁和旧水犁的效果作对比，一块57亩地，新步犁耕了30亩，实收黑豆2石3斗，旧木犁耕了27亩，只产下1石5斗黑豆。人们还试用了肥田粉的效果。他们体会到这是工业化发展给农业化带来的好处，进一步体会到将来工业化发展了，农业使用拖拉机耕种一定是又快又节省人力，能打更多粮食。他们确信，只有国家工业化发展了，才能实现农业的集体化和机械化，农民生活才能从根本上得到改善，也体会到制造拖拉机非有大的工业不可。如此村党员周某说："工农联盟不是一句话的买卖，必须学好本事，积极带领农民走合作化的道路，如果现在连农业社、互助组还搞不好，就是来了拖拉机也不能使用。"同时，大家体会到只有组织起来才能多打粮食，多卖余粮，用实际行动来支援国家工业建设。当然，对工农联盟的错误认识仍存在，如张某说："工农关系只不过是一个经济上的买卖关系。"也有的单纯和工人比待遇、比享受、比生活，而对支援工业存在不满情绪。

另一方面，训练进一步贯彻了党在农村的阶级路线，并根据党在农村的基本政策，检查了其时党在农村的互助合作运动，纠正了缺点错误，进一步贯彻了互助合作方针政策，明确了发展合作运动、不断提高农业生产才是党在农村的基本任务。讨论中，不少党员都检查到本乡本村和自己所领导的互助组内排斥贫农和看不到地主、富农和反革命等问题，因此组内吸收了地富和反革命家属，这是阶级路线上的错

---

① 此处"130万元"为人民币旧币。按照1955年2月国务院发布的《关于发行新的人民币和回收现行人民币的命令》，自3月1日起，中国人民银行发行新人民币，新币1元可收兑旧币1万元。如无特殊说明，后文货币均指旧币。

误。甚至还有党员不领导互助合作的错误,如张村乡支部书记、乡长还有两个党员所参加的一个互助组,四个党员不当组长,而让一个参加过伪三人小组同志会的李某当了组长,这个互助组一年间不团结、不巩固,而乡长郭某、乡队长周某两个支委还雇着长工剥削。由于党内资本主义严重,党员干部不领导互助合作,全村一直没有办起一个农业社来。已有的互助组多年处于自流或半自流状态。该乡1954年虽然整过党,也提高不大。落摩寺乡党员任某做检查,言及自己曾认为地富、反革命家属服从领导,表现积极,将一户反革命家属王某吸收入组,并让其当了组长,而感到贫农不好领导,便不能依靠,把1户贫农孤立起来,不让参加互助组。芦家庄乡东搭村崔某等两个党员所领导的一个11户的互助组中有地主2户,参加过国民党的1户,伪新民会的1户,被斗争的1户,还有经过取缔未退道的1户。就党员崔某来说,虽已申明参加过一贯道,但没有从组织上、思想上与其断绝联系,1954年7月还念一贯道的经书,这个互助组实质上被封建势力和反革命势力所操纵利用。在1954年统购粮食时,全组11户,除2个党员完成应派的售粮任务外,其余9户都没有完成任务,这不能说敌人没有做破坏。经过讨论批判,党员认识到过渡时期阶级斗争的尖锐性和复杂性,提高了觉悟,划清了敌我界限和两条道路的界限,树立了斗争的观念,一致感到这次学习收获很大,明确了许多新问题,表示回村后一定下决心把互助合作的组织整顿好,并且要领导好。多数党员回村后工作表现积极,落摩寺乡把原有的支部进行了整顿,清理出了不纯分子,并且发展了4个互助组;芦家庄乡过去好几个自然村党员不愿当组长,党员学习后回村积极工作,整顿互助组,争取当选组长;党员王某过去不工作,群众不选他当组长,连开了好几次组员会议,检查了过去不领导的错误,才当选了组长。

据其时留存的总结报告所见,每次训练党员工作结束后,其总结报告中,均必须说明所获得的经验,以为后续工作借鉴。以1955年2月《关于我县集训落后支部党员的总结》为例,其中总结出了如下几点经验,亦为其时取得成效的方法。

第一,正确地组织和使用领导力量,并做了较长期、较充分的组织准备和思想准备,这是保证整顿好落后支部的前提。其一,21个整党组织员经过地委训练,进一步明确了整顿落后支部的方针、政策、目的、意义,以及具体做法和步骤,有了工作的"资本",组织员反映,只要思想目的明确,什么问题也好解决。其二,有计划地把经过训练的组织员,配合粮食工作派到落后的整党乡工作,一方面在实际工作中贯彻了整党教育精神,考察了党员的行动和支部领导,提高了党员的阶级觉悟;另一方面,又通过完成其时的粮食工作,依靠积极分子,基本上了解了每个党员和支部的主要问题,这就能够根据党员实际思想问题进行有针对性的教育,充实了教育内容。党员反映:"参加过二三次整党,不如这次解决问题。"其三,组织员由于事前了解了党员支部存在的问题,在辅导中感到有政策理论,也有实际问题,解决问题方便得力,而且心中有数。

第二,做好党员训练工作的关键在于做好教育工作,而做好教育工作的中心问题则在于做好准备工作。首先,在讲课前由曾到落后乡工作的组织员汇报交流各个支部党员的问题,然后经过分析研究,找出主要而又带有普遍性的问题、好的典型事例、每个单元要讲的内容和要解决的问题,将之结合起来教育,而且每个单元结束时,将小组提出的问题加以总结和解答,这样使党员容易理解和接受,感到能真正解决问题。其次,在方法上严格防止了以往单纯"以上整下"的偏向,采取了摆明情况、分析认识、找出根源、提高认识的方法,这样使党员感到方法对头,实事求是,发挥了自觉性,排除了一些党员误认为"整党会上没好人"的思想顾虑。正如郭家庄村的党员反映:"以往整党是领导一上来,不管三七二十一,扣上顶大帽子,批评下个一塌糊涂,结果也解决问题不大,回村还是'外甥打灯笼——照旧',落后还是个落后;这次一来党校就感觉和以往不一样,领导方法也好,讲课结合实际,辅导员耐心讲解,因而不管有什么问题想说出来让领导上给说个谁是谁非,得个清楚。"新南沄乡红沄自然村党员李某,在 1953 年粮食统购中对于群众超额交给国家的 2300 斤粮食,未经支部研究,个人主张退给群众,这一问题领导上长期没有发现,该乡许多党员、支部也不知道,在这次学习中主动检查出来。总之,在这次训练中,党员对检查问题、开展批评,一般是自觉的。

第三,依靠支委领导和积极分子是做好教育工作的重要保证。为达到真正依靠的目的,必须教育支委首先带头检查自己,争取主动。落摩寺乡党员对支部书记的领导作风意见很大,经过支书崔某主动做了深刻检查并表示决心改正后,党员感到很满意。张村乡支书李某作风不民主,压制批评与自我批评,造成支委互相不团结,党员有什么问题也不敢向支部反映,因此,支部组织涣散无力。党员李某(前任乡队长)普选前因作风不民主,群众反对,领导批准撤职后,一直怀疑是支书李某报复他,因此不工作。经过学习,二人提高认识,互相作了检讨,分清是非,找出根源,开展了批评与自我批评,解决了问题,求得了团结。此外,还有不少问题是依靠积极分子谈出来的,新南沄乡马某揭发了该乡 1954 年粮食统购中 4 名党员共同贪污 50 多斤粮食的问题。

第四,先进支部作介绍,互助启发,推动作用很大。训练班在学习支部领导问题时,由昌村乡、石板沟乡支部介绍领导经验,对党员启发很大。这两个乡支部着重介绍了党支部领导互助合作的经验和如何在农业社互助组内进行党的政治思想领导,以及办社前后的产量对比等,对党员有现实教育意义,让大家进一步体会到对农业的社会主义改造是一件很艰巨复杂的工作,没有党的坚强领导是办不到的。落摩寺党员经过对比,深刻体会到该乡年年受穷,除了曾遭日寇摧残破坏严重这一原因,主要是党支部的领导不坚强,互助合作没有搞好,该乡西庄自然村由于 1954 年建起一个 18 户的农业社,集体售粮 2.4 万斤,每亩平均产量达到了七斗八,而落摩寺乡有 46 户由于没有建起合作社来,互助组也没有搞好,1954 年只出售了 2.4 万斤粮食,每亩平均产量只有六斗左右,这就是一个明显的对照,他们认为西庄农业社是全乡的榜样。昌村乡(其时已基本实现合作化)许多群众过去把不结果的梨树砍掉烧了火,1954年看到西庄农业社的梨树获实际利益后,有许多群众自动重新种大梨果树,而且种得很多。事实证明,群众是"实际主义者",当他们亲眼看到合作化的好处时,才会自觉地无顾虑地参加互助合作组织,只要做出好榜样,问题就容易解决了。

第五,在整个教育过程中,结合教育内容,贯彻党的七届四中全会决议的精神,进一步增强党的团结,提高觉悟,提高认识,在此基础上,逐步澄清情况。有一类支部主要是党内严重不团结,由于部分党员个人主义、自私自利严重,为了实现其在党内争权夺利的目的,竟各自拉拢势力,各自为政,村与村闹独立,相互隐瞒欺骗。如,大岭村副书记马某在统购中隐瞒产量60石,红宓自然村党员李某把群众超额出售的2300斤余粮又退还群众,并全村集体隐瞒偷漏了5000斤梨的国税收入,甚至互相捏造互相找毛病,趁机打击报复。该村两个支委在土地改革中由于互相争权夺利,企图多占果实,以致形成捆吊斗争,这种不团结近十年之久,中间经过三次整党,但未从思想上解决问题。还有的由于违法乱纪,贪污腐化,破坏军婚,争风吃醋而形成不团结,9个支委中有4人因不团结而不工作,造成支部的落后,使党的各项政策和各项任务都不能顺利地贯彻和进行。这种落后支部包括新南宓乡的两个分支部。

第六,办好训练班,必须把生活搞好,如吃饭、住房、招待等各方面。这些支部不仅工作不甚好,而且党员"心病很多",如落摩寺乡一个党员带不起被子,到校后领导给他租了一床被子。为此,他不仅学习安心,而且影响很好。党员反映,"不是领导上对咱不照顾",而是"咱对党不忠诚"。该次训练的218人中有40人生病,都逐步治好,这就保证了党员身体好,学习情绪好。党员反映县委照顾周到,教员虚心,这次学习不好,就太对不起党了。很多党员表明了学习的决心,回村好好工作。该次训练缺点亦有。如有些整党干部不善于辅导党员讨论,在小组讨论时不能根据讲课的中心内容针对党员思想实际随时提出问题,启发诱导党员开展讨论。有的组的讨论偏离讲课中心,尽钻实际问题,虽经过及时指导扭转了方向,也不免走了些弯路。此外,整体教育是较好的,但在某些问题上有一部分党员还接受得不够好,有个别党员经过教育提高不大,或者没有提高,以致回村后仍不工作,甚至装病,不参加学习。①

综上所述,新中国成立初期,农村党员的思想认识与其时中共对党员的要求有很大差距,农村组织工作面临的困境可想而知。为此,中国共产党自上而下积极地规划,通过集训、普训到"经常化"教育的形式,有计划地分批分类地进行训练教育,在实践中逐步探索出了一些适合农村特点、符合农村党员思想行为实际的训练教育形式。在具体训练教育中,农村党员的教育工作服从于党的中心工作,其教育内容随形势发展、政策颁行等而不断丰富、变易和扩展,实际教育过程中亦注重导引,排除了他们对新形势、新政策、新变化的疑虑和茫然,引导他们更为理性地认识问题,在实践中善于操作,从而真正能够发挥其在乡村社会的组织领导作用。

反观寿阳县农村党员的训练教育历程,为提高党员素质和党员队伍的战斗力,党的各级组织进行了大胆探索,付出了极大的心力和智慧,各个阶段的训练安排细密周到,针对每一阶段的具体问题虽然收效难以精确估量,但其时党员的话语表达和行为模式已然显露出教育所达致的前行趋向。农村党员的集训起到了积极的作用,解决了受训党员的部分思想问题,党员觉悟明显提高。农村党员的生产积极性由此受到鼓舞,工作的自觉性得到了提升。当然,鉴于农民党员身上所凝结的乡土习性积淀日久,远非单纯的几次训练教育所能彻底更改,因而其时农村党员的教育并未完全达到执政党现实需要的理想状态。随着时势变易,对农村党员的训练教育仍须在不断探索中持续施力,逐步完善。

---

① 《关于我县集训落后支部党员的总结》(1955年2月2日),寿档:2-2.1.1-258-3。

第五章　新中国成立初期寿阳县农村党组织的整顿实践

新中国成立初期,部分农村党员存在着或多或少的不良思想,其行为作风亦多有不端,继而使农村党组织不能发挥其应有的功能,与执政党组织建设的理想形态差距极大。为了使农村党组织达到理想状态,从1950年起,中共中央在训练教育党员的同时加强了对农村党组织的整顿。特别是1951年第一次全国组织工作会议的召开和相关决议的颁行,为进一步开展大规模的全党整顿创造了条件、提供了依循。在这个基础上,为了进一步净化组织队伍,强化党员的思想政治教育,提高党组织的战斗力和凝聚力,从1951年初至1954年初,中国共产党开展了新中国成立以来第一次大规模的全面整党运动。

正如时任山西省委书记赖若愚所讲:"党的建设是个根本问题,领导力量搞不好,一切工作都搞不好,党的建设搞不好,就不能很好地教育农民、提高农民、不断地引导农民革命化。"[①]在党的建设上,其中重要的一点就是认真整党,扩大党内民主生活,建立各种民主制度,逐步强化"党要管党"的方针,克服"党不管党"的不良倾向。通过组织上的

[①] 《在山西省委整党会议上的发言》(1950年9月1日),中共山西省委党史办公室编:《赖若愚文稿》,中共党史出版社2012年版,第299页。

整顿,加强党组织的严密性和纯洁性,提高党的组织力和战斗力,不断夯实党在农村的执政根基,以期把"根"扎"正"、扎"深"、扎"牢",保证党能够更有力地领导与团结人民群众,完成其时的政治任务和建设任务。考察寿阳县的组织整顿历程,可深化对其时农村党组织之整顿趋向和基本形态的认识和思考。

一、农村党组织整顿的地方规划

新中国成立初期,寿阳县农村党组织始终随形势变动而不断进行整顿工作的统筹和规划。其间既遵照了上级的相关指示,也结合了自身组织发展的实际情况,对每一阶段组织整顿的时间、内容、步骤、方法均作了详细规划。

1950年10月5日,中共山西省委发布了《关于今冬明春农村整党工作的指示》,从1950年冬至1951年春,山西将以整顿农村一类、二类支部为重点开展农村整党工作。11月中旬,全省农村整党相继展开。在此背景下,1950年11月20日,寿阳县委制订了整党计划。① 整党计划中分析了其时全区党员的分布、组织状况和党员的思想状况。寿阳县198个农村党员支部中,一类支部42个,占21.2%,二类支部122个,占61.6%,三类支部34个,占17.2%。根据以上情况,除继续提高一类支部外,寿阳县委计划在当年冬次年春整顿好51个二类支部,其中有18个支部是结合结束土地改革工作进行整党的,这些村土地改革存在问题不大,其根本问题不是消灭封建、平分土地,而是改善领导作风,进一步密切联系群众,教育与提高党组织对生产领导的自觉,在这一基础上妥善解决遗留问题。同时,这些村都有区委干部领导进行。寿阳县委制订计划时认为可以结合生产进行整顿,这样可使全县在次年开展大生产运动时能有39个支部,即占64.6%的

---

① 《寿阳县委农村整党计划》(1950年11月20日),寿档:2-2.1.1-84。

支部成为农村中的领导核心。在这个总计划下,寿阳县委根据各区土地改革任务与领导力量的大小,对各区的整顿数作了具体要求:一区为6个,二区为9个,三区为10个,四区为6个,五区为8个,六区为6个,七区为6个,共计51个。为了正确稳当地整党,在达到整党目的与要求的同时,又不影响结束土地改革任务的完成,寿阳县委计划从1950年11月20日开始,到次年3月初结束,实际三个多月的时间,分三批进行整党——第一批为13个,第二批为16个,第三批为22个。第一批因为刚开始,经验少,又要进行土地改革工作,所以时间需要较长,但也不超过45天,后两批每批大约一个月。1950年11月21日,寿阳县委计划用7天时间召开一类支部委员联席会议,第一天报告农村生产方向与政策,以此为中心结合实际检查本村工作;接着讨论两日;为了交流经验,大会再讨论一日;鉴定两日(鉴定前以党员权利与义务及支部任务做大会动员);最后一天制定回村工作计划及大会总结,由县委领导出面。为了加强对一类支部的领导,防止因忽视造成放任自流,每区确定一个区委干部让其专门负责,通过巡视检查与召开汇报会议加以领导。另外,全县42个一类支部,其中有13个支部因为村里没有结束土地改革,在之前的训练学习时每村都有支委干部5人参加,且都经过鉴定,又有区委干部在这些村领导工作,因此,这13个支部计划按照"总结工作、鉴定党员"的方法,结合土地改革进行整党。这样既不影响土地改革任务的完成,又可通过整党使其继续提高效率。

1951年,第一次全国组织工作会议通过了《关于整顿党的基层组织的决议》,全面系统地部署了全国的整党工作。1951年6月6日,山西省委制订了《关于整党准备工作的计划》。7月,山西省委召开全省县级以上组织部部长、宣传部部长联席会议,各县召开代表会议总结了过去的整党工作。全省各级党委挑选3500余名党性强、作风正派、有整党知识和有能力的领导骨干与一般干部,由省委党校和地委党校分两期进行了集中整训,并在整训中制订了地区和县级的整党计划。10月9日,经中共中央和华北局批示同意后,中共山西省委下发了《关于整顿党的基层组织工作计划》,对全省的整党工作作了进一步的全面部署。[①] 在省委下发计划后,各地委积极筹划向县委布置任务,寿阳县委也制订了全面整党工作计划。[②]

《寿阳县委关于整顿党的基层组织的工作计划》(以下简称《计划》)是寿阳县委根据寿阳县党组织的基本情况与存在的问题,依据山西省委整党方针中"必须在党的坚强领导下,依靠党员中的积极分子,团结提高改造不完全具备党员条件的党员和不够党员条件的党员,清理不可救药的党员与混入党内的坏分子,把党的质量与战斗力提高一步"的精神制订,确定了整党的四个步骤。第一步,教育。对所有党员进行一次共产主义与共产党员的教育,这是整党的主要内容与中心环节,县委机关党支书从11月中旬开始就着手训练农村党员(先训练整党村的党员),采取训一批整一批的办法,所以这样一来,农村整党的第一步基本上是由党校主导。但是对留在村未能参加训练的党员,还须认真地进行教育,不能忽视。第二步,登记工作。经过教育后,参训党员的思想觉悟提高,在此基础上,党组织再对所有的党员进行登记。为防止登记流于形式,开始登记前再次进行党员标准教育和思想教育,同时耐心地征求他们的意见:一方面,愿意决心当一个共产党员者,首先登记;而还未下决心者,允许他们再三考虑;决心不愿做一个共产党员请求退党者,可以不登记。另一方面,将自己的历史和政治经历向党组织讲明白、弄确实,任何的隐瞒与夸大都会被视为对党不忠诚。第三步,审查与鉴定。每个党员根据党员条件,对照自己、检查自己,并在党的会议上作个人反省报告。其他人根据其实际表现和检查结果及认识程度进行逐条审查,找出其主要优缺点,制定出今后努力的方向,最后向支部大会宣布。第四步,组织处理。正确地执行党

[①] 中共山西省委党史办公室:《中国共产党山西历史》第二卷(1949—1978)上册,中共党史出版社2012年版,第140页。
[②] 《寿阳县委关于整顿党的基层组织的工作计划》(1951年),寿档:2-2.1.1-64。

中央的政策，慎重地处理党员的党籍，也是很重要的一环。必须把党与坏分子的界限和党与群众的界限分清，将混入党内的各类坏分子坚决地清除出党。如果不是坏分子，而是不够或不完全够标准的党员，应该热情地对待，只要他们表示愿意下决心改造自己与提高自己，组织上必须采取等待办法，让他们改造和提高自己。但是其中不可避免地会有些人要退出党的组织，务必使这些退党者在这个登记退党过程中自愿地退出，不要伤感情。

根据中央整党部署，寿阳县委计划三年完成整党。具体而言，全县196个农村支部，1951年冬和1952年春，完成51个支部的整党工作，分三批进行——第一批9个村，从1951年12月开始，计划一个月时间结束，包括训练20天，共50天时间；1952年春进行剩下的两批，完成42个支部的整党工作，因有第一批的经验，所以估计不超过50天，进展快的话40天即可完成。1952年冬至1953年春，计划完成112个支部的整党工作，经过1951年的整党工作，能够有意识地、有领导地从整党的助手中培养一批整党骨干和一批整党助手，这样就能完成112个支部的整党工作。剩下33个支部在1953年底全部完成整党。在整党做法上，寿阳县委是先整顿以往未进行整顿的党支部，包括一些党员发展较多的支部。1951年整党着重摸索经验，以正确地估计和分析寿阳全县农村支部情况，根据第一批9个实验村的情况，可从两方面总结经验：一是如何教育提高党员，为更高的共产党员条件而奋斗，坚决克服党内一切不良倾向，特别是克服农民思想，树立党员对实现共产主义社会的信心，下定决心为共产主义事业奋斗终身。二是关于处理党员，要注意严格分清敌我界限，如果存在支部从未澄清的情况，必须彻底澄清；比如有一些支部曾有不少党员自首叛变，参加会道门（新区和半老区较多），到1952年应在整党中不断提高农村党员的思想觉悟，而且要提升整党领导骨干的水平。

1952年训练党员也是个重大问题。1952年计划训练2500至3000名农村党员，计划在8月农闲时间训练一批，剩下的到1952年冬和1953年春训练,这样完成112个支部的整党是可能实现的。剩下33个支部在1953年秋季训练党员,冬季进行整党。《计划》强调,整党中要注意即时检查制度与报告制度,发现问题立即纠正,创出经验随时推动,这是保证整党顺利完成的主要环节。其时,寿阳县还组织了整党委员会与整党办公室,整党委员会共7人组成,主任由县委副书记赵玉玺担任,办公室由组宣部抽调有整党建党经验的4人组成,并指定专人负责,建立上下请示制度,区对县五天一次,县对地委七天一次,特殊事情即时请示报告。县委十天或半月对整党村进行一次检查,必要时随时组织检查组;每整党结束一个村,整党组向县委作出总结报告,每结束一批,县委作出总结向地委报告。此外每批整党村中要确定一两个村为重点村。在整党期间整党干部严格执行省委规定的纪律。

《计划》指出,整党要与中心工作相结合。整党必须结合中心工作,而不能单独进行,通过整党要把村的工作做得有新起色,随时随地由党员到群众、由党内到党外,密切联系与群众关系,巩固党群关系。要注意巩固整党成果,建立与健全各种制度。第一,要建立党内民主制度,整党完毕,支部进行改选,并规定每年12月农村进行普选一次,机关支部进行改选一次。党内开展思想教育,正确开展批评与自我批评,支委要不定期教育党员,区委对支部也要不定期进行教育,尤其要加强对农村支部的教育。第二,要加强学习制度与工作制度,已建立的支部传授站则要加强巩固与提高,未建立的在整党中建立起来,聘请选拔支部教员专门讲党课,包括时事政治等各种教育。经过教育后的每个党员,必须在党组织的分配下担负一种工作。第三,要经过整党使党的宣传网与宣传工作制度持久化和制度化,加强支委对宣传网领导,以求进一步宣传党的政策,密切联系群众。第四,要加强党对村级人代会的领导,以巩固人民民主统一战线,发挥人代会权力作用,克服包办代替和党政不分的现象。此外,要吸收一批准备成为发展党员的青年团员参加农村整党教育。

《计划》还指出整党中需注意的几个问题。第一,深入调查整党的支部,着重研究党员思想情况、历史情况、发展情况、工作情况,全面地评估党的基层组织情况,对所有党员进行一次系统的共产主义与共产党的教育,打好整党基础。第二,从教育中使所有党员都明白作为一名合格的共产党员的标准,然后根据这个标准来审查每个党员的实际表现:基本上达到标准的党员继续努力,争取不断提高自己;对不够标准或不完全够标准的党员,要加以教育,要求他们改造与提高自己,自行提出今后努力方向,言行一致,必须达到共产党员标准。另外,如果是拒绝党的教育,或者是敷衍党对他们的要求的党员,不能努力下定决心改造与提高自己,不能继续做一个共产党员,这样就请他们退党;对有严重毛病的党员,要求他们改造毛病;没有积极性或积极性不高的党员,要求他们积极起来、工作起来;觉悟不高、观点有错误的党员,要教育帮助他们提高觉悟,改正错误。第三,在整党中要分清两个界限。首先分清敌我界限,经过审查把混进党内的各类坏分子查明,坚决清理出党;但对不够党员标准的党员,不能和各种坏分子一样看待。其次要分清党与群众的界限(先锋队与阶级界限)。整党必须有坚强领导者,依靠党的内在力量。对于积极骨干分子,要从思想上充分发扬他们的积极性,正确地开展批评与自我批评,分清是非,表扬好的,批评坏的,使整党形成有领导的自觉运动,但防止重复1948年"搬石头"的教训。在整党中,处理党员必须经过严格慎重的手续,必须经过支部大会讨论与通过,再提交区委以上党委批准;支部向上级党委报告时,必须说清被开除者本人意见,绝不可以采取简单和粗暴的方法对待他们。整党中除共产主义教育与共产党的教育外,也要结合政策时事进行教育,通过这一教育,以求提高党员的思想觉悟,把工作持续向前推进。

1952年9月22日,寿阳县委结合前期整党工作的进展情况,根据一年实践工作中党支部对爱国生产竞赛运动和互助合作运动领导的结果,制订了下一阶段的整党工作计划。① 在该计划中,根据农村党支部的实际情况,寿阳县的支部大体上分为四个类型。1. 第一类支部是较好的支部,这类支部全县有 54 个,占全县农村支部的 27.6%。这类支部由于进行过整党,党内学习较好,能够正确使用批评与自我批评武器,所以组织纯洁,领导干部较强,大多数党员政治觉悟较高,党内团结,因此能够正确贯彻党的政策,生产工作搞得好,互助合作运动的成绩显著,各项工作也结合得好,因而在群众中的威信高。但仍有一部分党员由于对农村经济发展方向不够明确,在领导互助合作运动时,还带着消极情绪,盲目性大,作风不够民主。2. 第二类支部有 89 个,占全县农村支部的 45.4%。这类支部在农村中能够形成领导核心,大多数党员积极工作,支委有领导能力,党内团结,组织一般纯洁,党内制度健全,对领导生产一般重视,但互助合作搞得不突出,成绩平常,少数党员有行政命令作风,个别党员在 1951 年和 1952 年春雇佣过人(后因党的政策不允许,被迫解雇),党群关系平常。3. 第三类支部有 41 个,占全部农村支部的 20.9%。这类支部由于党内制度不健全,不开展思想斗争,只有少数支委干部和少数党员积极工作,多数党员缺乏积极性,支部做动员性的任务多,做长期性的工作少,对工作是推一推,动一动,存在着右倾思想,少数党员想走富农道路,个别党员贪污腐化,违法乱纪,因而党内不团结,党与群众关系不够密切。4. 第四类支部有 12 个,占全部农村支部的 6.12%。由于区委干部很少前去指导工作,所以这类支部缺乏教育,也没有进行过系统整顿,没有将个别不纯分子清理出去,制度流于形式,党内没有思想斗争,绝大部分党员严重地自私自利,"急于发财",光怕误工,不愿组织起来,想走富农道路,少数党员贪污腐化、违法乱纪,遭到群众反对。这类支部除能完成一般任务的动员外,对其他各项工作,尤其是对互助合作运动,搞得十分不好。

---

① 《寿阳县委关于农村整党工作计划(草案)》(1952 年 9 月 22 日),寿档:2-2.1.1-84。

寿阳县委认为上述情况充分说明了党内确实存在严重问题,这些问题和即将到来的大规模经济建设任务极不相称。为了确保党组织的纯洁性,提高党的质量和战斗力,对农村党组织的整顿应采取新的步骤和方法,以继续完成整党工作。因此,寿阳县委制订了具体计划与具体步骤。全县有 197 个农村党支部,1951 年冬和 1952 年春、夏已整顿的支部有 66 个,没有整顿的有 131 个;全县农村党员有 5242 人,1951 年冬和 1952 年春、夏仅训练过党员 1341 人,未经训练的党员有 3901 人。根据省委指示:"采取集中整训为主,分散发动群众相结合的方法",计划从 1952 年 11 月开始,到 1953 年 4 月初,四个半月内将未经整训过的党支部与党员整训完毕。为按期完成整训任务,将根据领导力量分为两处同时进行,每处每批整训党员 500 名,同时整顿好支部 25 至 30 个,每期时间为一个月,分四期(农历新年前两期,年后两期)进行。经过整训,第一类支部的党员要增加一倍半,原来的第三类支部的党员要有 80% 提高到第二类或第一类,如在 1953 年生产运动结合中做好巩固整党成果工作,势必使当年农村爱国丰产运动取得更大成绩。

1952 年,寿阳县委紧跟山西省委农村整党计划中所指示与规定的内容步骤,在整顿农村党组织,进行共产主义与党员标准的"八项条件"和审查鉴定中,要求必须紧紧抓住解决党内右倾思想与资本主义思想和反对贪污、反对浪费及克服行政命令的作风,使整党内容更加丰富充实起来。为了保证上述计划的实现,县委提出在实践中应注意的问题。第一,必须以最大决心,抽调一定数量且合格的干部领导整训工作。第二,立即着手在农村党组织中广泛宣传整党意义,使党员能够自觉地、积极地要求参加整训,以便为整训工作做好思想准备工作;并在整训开始时,由区委亲自做好动员工作,结合实际,进行调查研究,掌握并充分分析支部存在的问题与党员干部思想状况,以便整训工作顺利进行。第三,领导层面要努力学习,提高政策思想水平,必须根据华北局、省委关于整训工作制定的方针、政策进行整党,正确地掌握党员标准,遵守省委规定的整党纪律。

1953年,为了加强农村支部的政治领导与思想领导,进一步密切党与群众的关系,巩固党的组织,提高党的战斗力,以便更好地团结带领广大群众,深入地开展互助合作运动,完成国家经济建设和文化建设的各项任务,寿阳县委开始着重巩固整党成果,加强关于农村支部的工作,使其成为加强党对农村政治思想领导的一个重要环节。为此,1953年1月17日,针对以往在农村支部工作中长期存在且未加以纠正的严重缺点,寿阳县委制订了《关于农村支部巩固整党成果的计划草案》①(以下简称《计划草案》),其中提出目前寿阳县存在如下问题。1. 县委不重视对农村支部的领导,缺乏政治思想工作,表现在:任务给得多、办法给得少,使用多、教育少,追要数字多、调查研究少,布置多、检查少,号召指示多、具体帮助解决问题少,因而减弱了支部的战斗力,难以推进工作。2. 支部制度不健全或存在形式主义,党内民主生活不定,对党员教育不够,不少党员长期不过组织生活(有三年未过组织生活者),有的支部一年不交党费,有的党员不愿意当干部,认为是"额外负担",甚至有个别支部非党干部督促支部开会或是非党干部代替党员干部开会等。3. 不开展批评与自我批评,致使支部松懈无力,缺乏政治空气,邪气上升,纪律松弛。

《计划草案》还指出,为了彻底纠正上述缺点,巩固整党成果,特提出意见以试行。县委认为巩固整党成果的标志有四。1. 把互助合作运动真正搞起来,支部真正成为领导核心,党员能积极地、模范地带领群众成为互助合作的领导者、宣传者、鼓舞者。2. 健全各种制度,并能坚持贯彻执行,经常地、严肃地开展批评与自我批评。3. 所有党员能够统一在支部领导下,进行各种活动。4. 党群关系密切,支部能够在各种工作中真正发挥领导核心与堡垒作用。为达到这个目的,寿阳县委要求各支部必须做好以下工作:加强党对农村互助合作运动的领

---

① 《关于农村支部巩固整党成果的计划草案》(1953年1月17日),寿档:2-2.1.1-120。

导；加强支部教育工作；实行集体领导和科学分工，减少兼职，建立责任制；加强支部民主生活，密切党与群众联系；建立并健全支部会议制度，严格组织生活等。

虽然不断进行了组织整顿工作，但农村支部的混乱情况难以在短期内彻底改变，特别是由于各级党委对支部教育工作以及党员干部的经常教育不够，导致各支部对工作存在事务主义的任务观点，放松了对农村支部的组织领导和思想教育，形成了"党不管党"的不良倾向。为此，1953年4月12日，为了巩固整党成果，加强对农村支部的领导，克服"党不管党"的不良倾向，寿阳县委又出台了《寿阳县委关于克服党不管党的支部工作计划》，①提出应采取如下措施：

1. 应让所有党员干部认识到纠正"党不管党"的恶劣倾向的重要意义和目的。1953年是开展大规模经济建设的第一年，为了胜利完成经济建设的光荣任务，必须加强党的思想领导和组织领导，整党工作仅仅是结合今后的支部建设工作创造了良好的开端，绝不是解决了一切问题，重要的工作是今后如何巩固整党成果，所以县区各级党委要结合春耕生产组织农村支部党员学习《山西日报》3月21日登载的由中共山西省委发出的《推广璩寨村党支部工作经验》与《中共璩寨支部的领导工作经验》，并学习同时登载的社论《为巩固与发展整党成果而斗争》等三篇文章，使党在农村成为发展生产的堡垒，提高每个党员的战斗力与思想觉悟，改进工作作风，贯彻反对官僚主义、反对命令主义、反对违法乱纪坏作风的思想，密切党与群众的关系，提高党在群众中的威信。

2. 完成一切工作必须坚持由党内到党外的工作步骤，这是克服"党不管党"恶劣倾向的中心环节，是巩固整党成果的可靠保证。对各项工作任务的进行，首先要在支委会、支部会上进行布置，说明任

---

① 《寿阳县委关于克服党不管党的支部工作计划》(1953年4月12日)，寿档：2-2.1.1-120。

务,讲清政策,动员党员,帮助党员干部在工作中想办法,经过支部研究制订工作计划,建立健全必要和可能的制度。支部党员分工负责,到群众中进行工作,团结动员群众完成任务,对工作要有布置、有检查、有总结,好的表扬,不好的批评教育,坚决地纠正以往不运用党的组织力量,一揽子会议的工作作风。在各项工作中,必须要加强党的思想工作与组织工作,不断提高党员与候补党员的思想觉悟水平,提高党员的组织性和战斗力。在检查春耕生产过程中,要避免互助合作运动中的急躁冒进倾向,首先了解支部党员有哪些糊涂思想,工作上存在哪些问题;发动支部党员学习关于《中共中央互助合作决议和春耕生产指示》和3月26日《人民日报》社论文件等。要把这些学习和社会主义前途教育相结合,彻底解决党员糊涂思想的问题,启发他们的政治自觉,使他们以身作则带动群众解决工作中存在的问题。经过这一过程,把思想教育工作经常化和制度化,把政治教育和实际工作相结合,不断提高党员的爱国主义和国际主义的觉悟和水平,教育他们学习农业生产上的技术和领导工作的方法,通过生产活动学习工作的方法,杜绝会议多、号召多、一般化解决问题的做法。

3. 支部委员会要建立集体领导下严格的分工负责制。在党委的领导下,定期召开支委会和全体党员大会,明确支委分工——支部书记负责全面领导,检查全面工作,其他的委员分工按任务分为组织、宣传、保卫、武装、青年、纪律等,对各系统的领导也要确定专门的分工,对生产运动中的互助合作、宣传竞赛等活动也要有经常的分工。此外,为了深入党的领导工作,团结群众,党员干部在完成一个工作时,应按地委确定的任务,分村分片的责任制,做到有布置有检查。完成一个工作任务后,支部可根据各个党员的表现好坏进行鉴定,表扬好的,批评坏的。

4. 为了加强对支部的经常领导,由县委组织部、宣传部牵头,每月召开一次研究支部工作的会议,并直接联系三个支部;各区委在县委统一领导下,要建立分工责任制,每季抽出一定的时间,互相轮换检查,经常地和各个支部取得联系,了解情况,指示工作,每个季节给群众布置工作;建立农村支部会议制度,半月召开一次支委会,研究中心工作,十天召开一次小组会议,从检查中心工作入手,结合反对命令主义和违法乱纪,开展批评与自我批评。所有党支部要一月召开一次支委大会,研究工作,确定今后任务。此外要坚持汇报制度,每季节总结中心工作,村支部半月向区委汇报一次,区委每月向县委汇报一次,县委每半年总结一次支部工作,每两月给地委汇报一次支部工作。此计划发出后,各区委都应根据实际情况制订具体计划并报告县委。

1954年,为了加强县级领导,寿阳县取消了1953年划乡工作后的区建制,对有的农村支部进行了合并。其时的第一类支部有44个,党员2629名,占总党员数的55.9%。这类支部多数都经过了整党,只有个别支部未进行过整党,但经过各个运动进行了整顿,基本达到了整党目的,有力地领导了互助合作运动。有90%的党员参加了互助组,但是还存在一些问题。如,制度不够合理,学习不够经常,绝大部分支部会议开得多,解决问题目的性不够明确,开起会来时间较长,内容较多。因此,上级的指示农闲时能执行,农忙时就松懈下来。另外,支部发展不够平衡,主要是因划乡后几个支部合并为一个支部,个别支委工作劲头不大,补贴制乡干部与无补贴制乡干部有矛盾,存在互推互靠思想,党员中有部分党员思想不够进步,个别党员为资本主义自发势力,不愿领导互助合作。此外,由于有的支部成绩显著,表扬多、批评缺点少,支委领导有自满情绪。

第二类总支部/乡支部有38个,党员1743名。这类支部虽经过整党,但其中也有一些党员未进行整党,或进行过整党教育未进行过组织审查。这类支部经过各个运动也有不同程度的提高,80%以上的党员积极领导互助合作运动,但其中有10%以上是走形式,存在严重问题,还未达到整党目的。这类支部的问题表现在以下几个方面:一是支委缺乏单独领导工作的能力,有依靠思想;工作作风不扎实,发挥不了全体支委的领导作用,工作不深入,停留在一般号召之上;同时,互相不团结相当严重。二是阶级界限不够明确,缺乏正确掌握政策的能力,在工作中往往是偏听偏信,或强迫命令,或尾巴主义,或放任自流,对互助合作缺乏苦心钻研,没有深入实际过程去领导工作。三是支部内存在相当落后面,约20%的党员不积极工作,个别党员要求退党,自发趋势相当严重,个别党员甚至脱离群众,违法乱纪。四是支部制度不健全,有10%以上党员长期不过组织生活,不缴纳党费,因此组织涣散,且不关心群众疾苦。

第三类支部7个,党员345名。这类支部有一部分新建支部,有一部分老支部,经过总路线的学习和支部选举,调整了领导成分,领导互助合作有了改善,但领导不够坚强;虽不论新老支部都进行过整党,但主要问题未得到彻底解决——工作落后,情况复杂,不纯分子未清理出党。有的支部在粮食收购中清理了一些坏分子出党,但未很好地进行党内讨论和认识,多数党员未能觉悟。除此之外,许多落后党员躺倒不干工作,说坏话,和落后群众结合在一起,有的甚至包庇反革命,违法乱纪。老区主要存在的问题是"老油腻",摆老资格,放任自流,自发资本主义倾向相当严重,甚至发展成富农,对粮食收购、互助合作均存在不满情绪,支部无法领导起来,因此降低了党的威信、党的战斗力,对党的影响很坏。

1954年6月10日,寿阳县委结合新的变动和支部情况制订了新一阶段的整党计划,①并对不同支部采取不同方针与方法。第一类,经过整党或未经过整党,但经过总路线教育、统购统销互助合作等运动,已达到整党目的的40个支部,不进行专门整党,而以互助合作生产为中心,完成公粮统购,组织农民经济生活,结合宪法宣传,完成各项任务,加强日常管理与领导,在已有基础上,继续提高,培养其独立

---

① 《中共寿阳县委关于1954年整党计划》(1954年6月10日),寿档:2-2.1.1-174。

领导工作的能力。主要做好如下工作:首先要建立与健全支部的集体领导,严格进行分工包干责任制,检查已订立的各种制度,认真执行合理的制度,对不合理的制度加以修订,特别要抓学习制度、分工负责集体研究制度和生活制度。乡支部或乡总支部委员会,一般半月召开一次会议;乡支部或分支部大会一月一次;总支部大会两月一次。会议主要是总结工作,订立工作制度,通过决议。学习制度以乡支部和分支部形式进行,每半月一次,小组生活会议结合学习讨论与工作检查进行。其次要加强县委对乡支部的领导,定期布置检查工作,并在这类支部确定重点,摸索经验。县委将昌村乡、闫庄乡确定为重点乡,实行分工负责,县委亲自联系,培养乡支部、乡长独立工作能力,按制度总结工作,推广经验,开展批评与自我批评,彻底纠正和克服自满情绪。最后要加强支部教育,认真搞好传授制度,把总路线的宣传、互助合作政策和支部教育相结合(培养好支部教员工作),县委定期传授,靠近县城十里的乡以基点进行传授,乡分散并离基点超过十里以外的乡,建立传授站。

第二类,39个经过整党或未经过整党尚存在遗留问题的支部。主要做如下工作:首先要结合中心澄清情况,指定专人进行教育,解决问题,进行一次总路线的系统教育,总结支部领导经验,认真批判资本主义思想,使党员能够划清社会主义与资本主义界限,进一步提高党员的社会主义觉悟,在此基础上解决问题。其次可采取随时整顿随时考察的办法,不必死搬教条,但要做到心中有数,有计划地进行。最后,明确前途方向,增加党组织的纯洁性,在党的薄弱自然村培养入党对象,吸收新鲜血液,壮大党的组织,培养领导骨干的独特领导工作能力,加强支部战斗力,健全制度。配备委员或相当区委员的领导有目标地开展整党工作,一般需要20天到一个月时间。

第三类,7个落后支部是这次整党中的重点。主要按如下要求进行:首先县委领导重视,鼓励大家动手,组织坚强力量,派县、区干部去这类乡开展工作,用一个月左右的时间结合改变落后乡工作进行整顿,以增加党组织的纯洁性,调整党的领导,树立领导骨干,彻底改变落后面。其次要充分发动群众,大量培养积极分子,把青年、妇女、民兵工作做好,应用各方面积极因素,在全面充分发动群众的基础上,改善党的领导,培养领导骨干。此外,在发动党外力量的同时,认真审查并分别处理组织中存在的不纯分子,提高党员和群众觉悟。

此次的整党计划就整党的内容与目的亦作了明确指示。具体而言,整党的内容是继续贯彻总路线,加强工农联盟的教育、互助合作政策的教育,开展《关于增强党的团结的决议》精神和开展怎样做一个共产党员的教育,以提高党员的社会主义觉悟,明确前途和农村生产方向,促进互助合作运动,克服党内资本主义自发趋势,巩固党内团结。

此次的整党计划要求整党必须在县委的统一领导下制订周密计划,密切围绕各个时期中心工作,此阶段以互助合作生产工作为中心进行,联系各个支部实际情况,抓住支部存在的主要问题,分类型组织力量,按季分批进行整顿,重点整顿第二、三类支部。当时,全县86个农村支部,除40个达到整党目的的支部无须再进行整顿外,包括第二类39个支部和第三类7个支部在内共46个支部分批进行整党。第一批进行第二类支部2个和第三类支部2个的整党工作,从7月16日开始到8月16日结束,用时1个月。第二批进行第二类支部5个和第三类支部3个的整党工作,其中,县直接进行5个,区进行3个,从8月20日开始到9月20日结束,用时1个月。第三批进行第二类支部8个和第三类支部2个的整党工作,从9月20日开始至10月15日结束。第四批进行第二类支部11个的整党工作,从10月18日开始到11月13日结束。第五批进行剩下的13个第二类支部的整党工作,从11月15日开始到12月左右结束。如此,到年底可以完成计划的整党工作。

此次的整党计划就整党中应注意的问题亦作了明确要求。具体言之,一是要在整党中吸收一部分积极分子参加整党教育,但必须是自愿的、有组织的、社会主义觉悟较高的(如团员、妇联会员、民兵、农业生产合作社社员、互助组组员)积极分子,这些人员已具备了入党条件,经过教育,本人要求入党,整党完毕后,可有计划地个别发展,以免发生整党中任务太多而草率从事的现象。二是对资本主义分子与坏分子,绝不能因一时的工作表现而忽视了他们的品质。三是提倡深入依靠党内外的积极分子,团结教育一般,批判教育落后,密切联系群众,听取群众反映,分析研究防止发生偏向。四是整党必须与其时中心工作紧密结合,服从并服务于生产,不能脱离中心工作,同时注意利用空隙时间进行教育,防止过多耽误党员生产。

由上可见,1950 到 1954 年,寿阳县通过对农村党组织的调查了解,结合实际存在的问题和现实形势发展的需要,分阶段制订了整党工作计划和巩固整党成果的计划。这些计划一般均根据支部的类型、存在的问题和整党的目的,进而确定整党的时间、批次、步骤、内容和要解决的问题等,其间特别强调要建立和完善支部各种制度,以实现对乡村社会改造和建设的领导。整体来看,寿阳县各个阶段的整党计划均较为翔实周密,为全县整党工作提供了重要依据。

二、农村党组织整顿的实践运作

从 1950 年冬开始到 1955 年,寿阳县依计划分阶段逐步推进对农村党组织的整顿,实践中经过了初步整顿、运动中整顿、全面整顿、整顿巩固等阶段,整顿党组织在这一历史阶段始终是组织工作的重要内容。

(一) 1950 年冬到 1951 年春:初步整顿

寿阳县 1950 年冬季整党始于 11 月初,共进行了两批。第一批 26 个支部,第二批 19 个支部。在将近 4 个月的时间内,县里调训党员

1584人,占全县党员的26.7%,各支部参加整党的党员1375人,调训党员占全县的23.2%。全县198个支部(包括一类支部42个,二类支部123个,三类支部33个),除23个三类支部未参与抽训外,其余支部均有参加训练(每个支部大约调10人)。经过整党的共45个支部,各类支部参加整党的党员1375名(一类444名,二类584名,三类341名,四类6名),整党的结果是共处分了188名党员,占参加整党党员的13.7%,包括给予劝告、警告、撤销工作、留党察看、开除党籍等处分(见表5.1、表5.2和表5.3)。

表5.1 寿阳县整党前后支部党员类型变化表

类别		一区		二区		三区		五区		六区		七区		合计	
		整前	整后	整前	整后	整前	整后	整前	整后	整前	整后	整前	整后	整前	整后
支部数	一类	2	3	7	8	8	8	1	2	2	3	2	2	22	24
	二类	1	6	8	3	5	1	—	6	7	—	—	—	21	19
	三类	—	3	—	2	—	—	—	—	—	—	—	—	—	5
	合计	3	12	15	13	13	9	1	8	9	8	2	2	43	45
党员数	积极	37	67	185	263	131	173	17	35	25	49	49	63	444	650
	一般	60	36	216	218	162	191	34	23	77	56	35	29	584	543
	落后	33	16	147	59	110	15	13	1	25	12	13	3	341	106
	各种分子	—	—	6	1	—	—	—	—	—	—	—	—	6	1
	合计	130	119	554	541	403	379	64	59	127	117	101	95	1375	1300

资料来源:《寿阳县冬季整党基本总结》(1951年3月18日),寿档:2-2.1.1-64。①

---

① 另据寿阳县组织部档案2-3.1.1-24,所载数据与该原始档案有出入,经过比对,是因该草表打印时有录入错误,笔者已改正。

该时段整党的方法有三：一是以县为基点集中整党，二是以行政村集中整党，三是结合土地改革进行整党。在整个过程中训的多、整的少，原因是1950年要完成结束土改等繁重工作，力量所限，因而没有实现训一批、整一批的计划，但把训练视为整党的首要环节，非常重视。以县为基点集中整党的方法，不仅能集中领导力量，便于实时分析研究问题，解决干部弱和干部少的困难，且易使党员正视问题，考验了党员，虽然对生产有些影响，但能使整党工作颇具成效。三区第二批用此方法，事先做了组织动员工作，运动发展平衡，解决问题彻底。与此同时，二区以村为单位进行，虽每村都有一名区委干部具体领导，但由于干部政策水平不等，因而发展程度与解决问题的进展亦有所区别。

整个过程中，党内外进行的具有整党目的的宣传，启发了党员整党自觉。比如，具体实践中，发动亲邻关系，分别以托人、雇工、捎办、帮忙等方法，帮助安置好家庭困难的党员；召开非党干部会议，让群众酝酿选出群众代表，集中群众意见，准备参加整党。[1] 整党中的党员训练实际上也是教育党员的过程。从结果上看，受训党员回去一般都能够把学习的理论方法贯彻到支部实际工作中去，即使当时未进行支部整党，但这些支部起码在组织领导上有所改进，工作一般都有新的起色，不过支部内的团结一致与党群关系、支部的战斗力与整党村有所区别。总之，经过训练和整党后，大多数村干党员在政策思想、政治觉悟与斗争意志、工作作风、对党认识等方面，均有不同程度的改进与提高，为提高党在农村的领导作用和完成各项实际工作奠定了良好基础。

---

[1]《寿阳县冬季整党基本总结》(1951年3月18日)，寿档：2-2.1.1-64。

表 5.2　寿阳县整训基层组织情况统计表（1950.11.3—1951.3.17）

项目			矿山	企业	农村	其他	总计
支部总数			1	4	198	11	214
整训支部数			20	55	45	—	120
党员总数			—	—	5925	294	6219
训练党员数			—	—	1584	—	1584
审查党员数			—	—	1375	—	1375
处分党员情况	劝告	当面	—	—	6	—	6
		当众	—	—	29	—	29
	警告	当面	—	—	9	—	9
		当众	—	—	30	—	30
	撤销工作	—	—	—	10	—	—
	留党察看	—	—	—	28	—	—
	开除党籍	奸细分子	—	—	1	—	1
		阶级异己分子	—	—	—	—	—
		投机分子	—	—	6	—	6
		流氓分子	—	—	35	—	35
		自首分子	—	—	—	—	—
		叛变分子	—	—	—	—	—
		脱党分子	—	—	—	—	—
		蜕化分子	—	—	18	—	18
		落后分子	—	—	13	—	13
		参加反动党派分子	—	—	—	—	—
		参加宗教道门分子	—	—	3	—	3
		其他	—	—	—	—	—
		小计	—	—	76	—	76
		开除的党员占审查党员的比例	—	—	5.53%	—	—

续 表

项目		矿山	企业	农村	其他	总计
奖励党员情况	当面奖励	—	310	—	310	—
	当众奖励	—	340	—	340	—
	其他					
	共计		650		650	

1. 矿山支部即采矿队。
2. 企业支部4个,包括邮政局、银行、粮食公司、供销社。
3. 农村支部内有城关支部1个。
4. 其他支部包括公安局、税务局、县委会、7个区机关支部。

资料来源:《寿阳县冬季整党基本总结》(1951年3月18日),寿档:2-2.1.1-64。

表5.3 寿阳县整党支部党员纪律处分统计表(1951年3月18日)

区支部			纪律处分类别								错误性质						
区别	支部数	原有党员		劝告	警告	撤销工作	留党察看	开除党籍	取消候补	劝退	自退	总计	自首叛变	投机分子	奸细分子	蜕化分子	落后分子	违法乱纪	腐化堕落贪污受贿	其他	合计
一区	4	130	支干	1	—	—	1	1	—	—	—	3	—	1	—	—	1	—	1	—	3
			党员	1	—	—	1	9	1	—	—	12	—	—	—	2	7	1	2	—	12
二区	16	554	支干	3	—	2	5	1	—	—	—	11	—	—	1	1	5	4	—	—	11
			党员	23	19	2	10	3	—	—	—	64	—	4	—	3	26	7	24	—	64
三区	13	403	支干	2	3	2	4	1	—	—	—	12	—	—	—	4	4	2	2	—	12
			党员	2	13	1	6	33	—	—	—	55	—	1	—	8	35	4	7	—	55
五区	2	64	支干	—	—	—	3	—	—	—	—	3	—	—	—	—	3	—	—	—	3
			党员	1	1	—	1	4	1	—	—	8	—	—	—	—	3	—	5	—	8
六区	8	127	支干	—	2	—	—	1	—	—	—	3	—	—	—	2	1	—	—	—	3
			党员	—	—	—	—	9	1	—	—	10	—	—	—	1	8	1	—	—	10

续　表

区支部			纪律处分类别									错误性质							
区别	支部数	原有党员		劝告	警告	撤销工作	留党察看	开除党籍	取消候补	劝退	自退	总计	自首叛变	投机分子	奸细分子	蜕化分子	落后分子	违法乱纪	腐化堕落贪污受贿	其他	合计
七区	2	97	支干	—	1	—	—	—	—	—	—	1	—	—	—	1	—	—	—	—	1
			党员	2	—	—	2	1	1	—	—	6	—	—	—	—	—	6	—	—	6
合计	45	1375	支干	6	6	7	10	4	—	—	—	33	—	1	—	5	10	9	8	—	33
			党员	29	33	3	18	65	7	—	—	155	—	5	1	13	79	19	38	—	155
说明	一类支部 24 个，二类支部 21 个。|																		

资料来源：《寿阳县冬季整党基本总结》(1951年3月18日)，寿档：2-2.1. 1-64。

(二) 1951年春：运动中整顿①

寿阳县在深入普及抗美援朝爱国运动与镇压反革命运动的同时，在重点实验村进行了党组织整顿。当时，全县农村党员中参加一贯道者较多，还有参加同志会者，有些甚至还是国民党员。之所以造成这种情况，是由于发展党员不够慎重，同时对党员的教育与培养不够，党员思想水平低，政治觉悟差，特别是阶级观念不明确，敌我界限不清。寿阳县委为了进一步增加党组织的纯洁性，提高党员政治思想觉悟水平，树立国家观念与敌情观念，明确划清敌我界限，依靠党内外积极分子与较好分子，开展批评与自我批评，结合检举反革命分子及取缔一贯道等措施，进行了组织整顿。就各支部党员具体而言，其时二、三区支部党员对抗美援朝爱国运动和生产竞赛运动认识较多，但对镇压反革命运动存在一种轻敌思想，认为在土地改革中组织已彻底打垮了敌

---

① 《三、四两月整顿农村支部组织工作简报》(1951年5月20日)，寿档：2-3.1.1-19-9。

人,所以他们目无敌人。他们说"即便有地主活动也反不了"。同时就全县来看,未开展运动时,大部分党员思想有顾虑,怕惹人、怕误工,存在怕整党"搬石头"再来一次的想法,同时有的区干部掌握政策不够,形成盲目运动。如四区大王强村开始时未发动群众就扣起 12 人,引起群众的恐慌。大家反映说:"区干部去找,村干们保,吓的群众跑。"以此为教训,在后来的整顿中各级党组织首先结合政治、时事启发,说明胜利肯定是人民群众的,并结合对敌斗争开展诉苦,接着解决"怕惹人、怕误工"等思想顾虑,树立了热爱祖国以及敌情观念,特别指出了"敌人是不怕惹人误工的",在此基础上进行了整顿。如五区 23 个行政村,共有支部 23 个,支委干部 123 人,其中 23 名支书中就有 10 名参加了会道门者,4 名是伪干部,还有 4 名是怀疑对象,只有 5 名是清白者。芹泉村支部为二类村,该村反动势力基本被打垮,人民群众优势树立,初步有了国家观念,党群关系较好,支委形成领导力量,大多数党员是积极工作的,全村共有 45 名党员,在运动前积极工作的 7 名,工作平常的 8 名,不工作的 30 名,其中参加一贯道的 18 名(整顿后全部退出),内有同志会成员(支书)1 名,国民党 2 名,会道及伪组织都是入党前参加的。经过整顿,该支部大有提高,积极工作者上升为 15 名,工作平常的有 21 名,不工作的降至 9 名。最不纯的是六区,大部分党员政治觉悟水平很低,敌我界限不清。平头村群众控诉反革命分子并将其送司法科,结果该村村长又出头来保。大部分村干部在过去都有过贪污,这是非常严重的,如南庄村村长支书贪污,群众要求政府帮助立即让他们算账。群众这种要求在六区谷村亦存在。

在这段组织整顿后,总体来看,党员政治思想较前有所提高,初步树立热爱祖国观念、国防观念与敌情观念,特别是经过抗美援朝爱国主义的教育,分清了敌我界限,对过去目无敌人的麻痹思想有所克服,群众思想觉悟有所提升,党员干部对工作的信心也有了提高。生产方面大有提高,大部分村干都有信心参加互助组;过去由于一贯道影响,群众不敢养鸡喂猪,经整顿,三四月就新增养猪 33 头。社会风气也有所改观,过去是每日关门办道,整顿后是每日开门打扫街道。从干部方面来看,大部分党员干部的工作积极性同样有所提高。在第一批组织整顿之后,党组织继续加强抗美援朝爱国运动教育,党员自觉积极地参加提高互助合作运动,关心国内外大事,积极地参加读报和各种宣传活动。各级党组织还教育群众要有高度的政治警惕性,经常和政府合作进行防奸和除奸工作,同时在党内严肃慎重地执行党纪,对所有违法乱纪的党员一概给予纪律处分。

在镇压反革命运动中,142个农村支部结合运动进行了初步整顿。其方法一般是在运动中进行阶级教育,在工作中锻炼党员单独工作能力,最后由党组织进行鉴定,民主改选支委,制定爱国公约。经过运动,每个党员均开展了实际工作,使整顿支部有了实际内容,经过整顿教育党员本身的理论思想和工作能力都大大提高。①

(三) 1951年冬到1953年春:全面整顿

依据1951年制订的整顿工作计划,寿阳县要在整党试验的基础上进行全面整党,这一阶段的整党运作经历了试验、动员到全面铺开。

1. 整党试验②

其时寿阳县选取了9个村进行整党试验。据笔者查阅,档案的留存仅有上曲村的资料可见,其原因不得而知。故在此仅以上曲村为例来观察试验村的整党运作。

该村共317户1345人,共有党员36名,男党员30名,女党员6名,参加支委党员8名,在成分上看一般都是中、贫农成分。就党龄看,1944年至1948年入党者12人(男11人,女1人),1949年入党者

---

① 《1951年全年组织工作总结报告》(1951年1月25日),寿档:2-3.1.1-83-11。
② 《寿阳县委组织部整党试验村工作简报》(1951年8月24日),寿档:2-3.1.1-19-4;《寿阳县委组织部上曲整党试验村第二次简报》(1951年9月27日),寿档:2-3.1.1-19-6;《寿阳县委组织部上曲整党试验村总结报告》(1951年10月18日),寿档:2-3.1.1-19-3。

24人（男19人，女5人）。该村支部分两段建立，第一段是1945年日军投降后，在领导反奸清算运动时发展党员8人。但在1946年阎锡山军队大进攻时叛变7人，只有1人未叛变。第二段是在1948年冬季土地改革运动中发展起来的，建党后承担了解放太原支前任务，完成了土地改革运动，开展了抗美援朝运动，领导了爱国增产竞赛，支部党员基本上起了领导作用，但是存在的问题并未彻底得到解决。如：1948年建党时没有依照入党要求，把根本不够党员要求的2人发展入党，他们"翻了身"有报恩思想，但本人"头脑不够聪明"，成为党员后对革命工作丝毫不起作用。有的用个人情感去发展党员，发展了男性党员后则把其老婆也拉了进来。有些自首分子，没有经过考察，也被吸收成党员，如有一叛变党员混进党内。另有同志会1人，参加过迷信落后反动会道门的有5人，给敌人当过伪村警卫团自卫队的11人。区委领导从来没有对这些党员进行过深刻教育，解决这些党员存在的问题，甚至存在利用观点，因而党员缺乏思想觉悟。解放太原后，大部分党员有革命成功、自私自利、怕会误工思想，严重脱离群众；支委领导对工作是任务观点，强迫命令作风，个别党员干部甚至贪污腐化。如公安员在镇压反革命运动中接受贿赂，包庇反革命分子，村长公开流氓腐化。就全支部看，工作较为积极的有9人，平常的有15人，落后分子有12人。

工作组于8月10日入村至10月5日结束，50多天时间分为四个步骤进行工作。首先了解情况，形式以调查座谈访问及召开党的各种会议为主。通过调查研究，澄清支部情况，了解党员思想状况，然后进行教育。在这一过程中了解了党员对于整党的认识：一部分党员曾在县里党校学习，他们认为年年整党，表现出满不在乎的情绪；有些没有学习过的党员是不知学习什么，有何作用；还有些落后党员自私自利，只怕误工。对照如上思想情况，根据刘少奇在全国组织工作会议上的报告精神，工作组说明了革命前途和党员的任务，就党员中存在的问题，进行了思想动员，组织思想讨论。党员这才认识到整党的重要性,认识了革命前途,端正了态度。对照文件并结合每个党员的实际思想,工作组还组织了社会发展前途教育和党员的"八项条件"的学习。在讨论中发现该村党员存有三种情况:有的不承认工人阶级领导,认为革命胜利是农民的功劳;有的认为社会主义社会是好,但是自己等不到;还有的对将来社会主义到共产主义社会不大相信。根据以上思想,工作组用阳泉工矿工人和上曲村采矿工人的实际与农民的情况作对比,对有些羊工雇工出身的党员加强了阶级教育,通过对比,大家认识了工人阶级的伟大创造性;用思想作比较,认识到农民不能领导革命,承认了工人阶级领导;用现实和过去的社会实际作对比,相信社会主义与共产主义的发展前途;用过去和现时社会作对比,相信社会主义和共产主义能够实现。学习积极性较高的党员说:"这次学习是脱胎换骨。"

在进行思想教育的基础上,为了彻底摸清情况,工作组继续进行了个别教育和初步登记。在登记中,结合了党员"八项条件"学习,划分清楚了共产党和群众的界限、党员和坏分子的界限,培养了内在力量,打下了审查鉴定和组织处理的基础。在这一阶段,地委召开了县委整党工作组长会议,进行了一次思想检查。检查的结果是各县委虽对前途问题都有了信心,对党员"八项条件"一般都能了解,但对怎样发展到社会主义和共产主义还不够明确,即对社会主义制度不够了解,具体怎样执行和运用都还不懂。根据此种情况,地委开展了一次总的教育,经过三天时间的讨论补上了这个缺陷。

在审查鉴定阶段,工作组事先做了准备工作,召开了支委会议做了计划,在积极分子会议上进行了动员和典型示范。开始时,在小组会鉴定问题较小的情况,这锻炼了小组力量,后将之转到大会鉴定。为了解决党群关系,提高党的威信,在人代会内选举了11个党外人士来参加大会,鉴定与解决了党员脱离群众等8个问题,然后转到小组宣布鉴定结论。这次运动较为严肃,根据党员标准开展了批评与自我批评,基本上是有力而正确地开展了思想斗争。

在组织处理阶段,结合了群众的反映。在处理前,召开了可靠的积极分子会议,讨论哪些人够党员条件;哪些人不够党员条件但还可以改造教育,作为"等"的对象;哪些人根本不够党员条件,作为"请"的对象;哪些人是坏分子,决定开除其出党。党员干部和普通党员做到思想一致,上下明确心中有数,为了让被"请"的对象在思想上不受刺激,事先安排可靠党员进行说服动员,使他们自愿退党,然后经过党的小组结论,支部大会通过,县委批准,方正式宣布。具体情形如下:一种是学习了党员标准,感觉自己根本担负不了党员的任务,思想没觉悟,脑筋不够用,不能发言,自愿退党的5人,2男3女;另一种是历史上政治上没有问题,但在思想上工作上不够党员条件,自己要求在党内改造,要当个好的共产党员,决定"等"的6人,其中"等"三个月的2人,"等"五个月的4人。有的是历史清白,但作风上流氓腐化,立场不坚定,形成事实,这次学习较自觉的,给予留党处分2人(时间半年)。还有的是历史不明,政治不清,自首后混入党内,对党不老实有隐瞒的有2人;流氓成性的坏分子,依靠党的权力达到个人野心,一贯破坏政策,这次学习觉悟很差的有2人;最后支部决定开除以上4人党籍。

经过整顿,全支部党员36人,自愿退党5人,开除党籍4人,整顿后共有党员27人(其中"等"的6人、留党处分2人)。整顿结束时,党员的表态大部分是感觉到"轻松愉快",积极学习要求进步。有的说:"世上没有为难事,只怕碰到有心人。"有的说:"咱们现在已成了个新人哩。"犯错误的党员说:"这一回才把我的病治好了,不是来这里学习非死不行。"党外群众与参加整党会的代表说:"我看了整党会,共产党真是光荣、伟大、正确。"还有党代表说:"咱们群众还能给党员提意见,让他们改造错误。"代表张某说:"共产党实事求是,要的是好人不要坏人。"任某说:"经过这次会议才知道共产党是为人民服务的党,今后群众对党有意见就给支部提。"还有许多群众说:"共产党就是给人民办事谋利益的党。"

整党后进行民主选举,选举产生了新的支部,支委委员共7人,同进调整了各系统的干部,建立了党的学习会议、汇报制度,支委会十天一次,小组会半月一次,支部会一月一次,支部委员明确分工,安排了秋收复耕工作。为了巩固整党成果,其时留区干部1人继续在此工作。

该试验村获得如下经验。一是认识了前途,对照文件结合每个党员实际思想,端正了态度。二是利用阳泉(农业少工业多)工人和上曲采矿工人的实例,结合本地雇农羊工,从自身体会到阶级上,承认了工人阶级的领导。三是在鉴定中,支委会议上做了计划,内在力量做了动员准备,进行了典型示范,由小组到大会鉴定,解决了干群关系。四是为使被"请"的对象思想上不受刺激,事先进行了说服工作,使其为了党与党员不失去人民的信任,自愿要求退党。五是在鉴定中,选举人民代表参加鉴定,第一使群众认识了党是光荣的、伟大的、正确的,是真正为人民谋利益的;第二清除了党员与群众的隔阂,解决了党与群众不密切的问题。就整顿中的缺点亦做了相应总结。如领导整党工作者,觉得文件都很重要,在整党初期,死搬文件,在教育党员学习时,要求党员把文件都背下来,结果党员接受得较差,在讨论时并不能结合学习内容发言,整党效果不明显。此外,整党的意义没有很好地在上曲行政村下辖的很多自然村贯彻下去。

正如该村的实验总结报告所言,虽然进行了整党试验,但在实践中并没有把经验传播或推广开来。事实上,更可能的情况是各个地方情况不同,虽实践中大体的工作步骤相近,但面对的具体问题不同,可能解决的方法亦不同,还需结合实际不断探索。

2. 整党动员

为了使整党工作顺利进行,在整党工作前期,县委一般会安排对党员进行动员,以消除其思想顾虑。动员党员参加整党训练一般采取集中整训、分散发动群众的工作方法。在某种意义上,动员工作的成败对整训工作起着决定性的作用。在此,即以1952年10月29日所进行的一次整党动员来观察其时的党员对整党工作的态度及如何解决其思想问题的运作过程。①

1952年的首批整训工作定于11月4日开始,为此,1952年10月29日,寿阳县委开展了整党动员。首先进行思想动员工作。10月29日的县、区、村三级干部会议上,在布置1952年冬到次年春的工作时,县委对整党进行了动员。同时,在此会议上利用下午休息时间,将参加会议的党员集中起来,共600人,专门又进行了一次较具体的动员,11月10日,借赴苏参观代表报告会的机会,留下整党村的党员,再次动员,奠定了思想动员的基础。其时,党员们的思想驳杂,如,怕学习20天耽误生产,不满意;有贪污的干部,怕像县区干部"三反"时的打虎办法,认为难过这一关;个别贪污严重的怕被扣,因此装病,在家半夜不睡,清算账目;妇女担心做衣服等。针对这些思想,工作组入村采取个别谈话办法,摸清每个人的思想顾虑,然后召开支部大会,针对大家思想实际反复讲解整党实际意义与目的,耐心地说明整党政策,让每个党员都进行初步自查,对照自己检查出的缺点,认识整党的必要性(二区张韩河村就是这样进行的)。同时还进行阶级教育,启发其阶级自觉性。如七区安胜村蔡某以前就说:"割了我的头也不去。"因他过去做长工,对地主最仇恨,抓住这一点进行教育,最后蔡某觉悟了,说:"党这样爱戴咱,不去不对。"他后来转变为积极分子。在打通了思想后,任何困难自己都能克服。如四区常某、任某,起初动员时借口很多,比如说妻子坐月子不能离开,后经过动员,思想打通了,请来岳母照顾妻子从而解决困难,愉快地参加学习。其时还邀请人代会代表帮助动员。参加学习的非党干部发挥了很大的作用,如三区十字埋村中一些不愿意来学习的村民就是被非党员干部动员起来的。

为了动员党员参加训练,县委给各支部写了一封信,据工作组反映,信的效果很好。县委要求各支部接到信后必须给县委复信,表明他们的态度,各支部写复信时,必须全体党员都在,一人执笔大家说,

---

① 《寿阳县委给榆次地委的整党动员报告》(1952年11月15日),寿档:2-2.1.1-84。

任何人不应代替。七区安胜村共有党员 29 名,原来就有 20 名坚持不参加学习,原因主要是怕误工,怕"三反"等,工作组代表县委给他读了信后,大家首先进行了讨论,经过讨论和工作组再动员,感到党对他们的关心,结果都要参加学习。八区太安村共有 13 名党员,听了县委的信以后,大家争先恐后要求参加,都怕留村不让前往学习。至 11 月 10 日,34 个支部(包括宗艾村在内)都给县委回信,表明他们的态度。二区盐土窊村就制订了六项制度表示其学习的决心与信心;此外,还发动支委领导,运用积极分子分工动员和说服落后党员。

将思想动员与解决实际困难相结合,一般生产中的困难如喂牲口等工作都是委托给互助组照管,党员临走前,互助组组员们都替他们承办,并动员他们说"你们去学习,家里困难我们负责",比如三区顺化村 6 个青年团员为 7 个党员家供水吃。这些都鼓舞了党员的学习情绪。

整党动员亦推动了生产工作。六区百僧庄村党员平时工作不积极,这次整党时,却能领导群众复耕秋地、碾公粮,并将走后 20 天的工作做了安排,如 14 日至 24 日组织 140 个劳力打蓄水池 3 个(每个蓄水池 800 担),后 10 天修梯田,进行工地基本建设,7 个人组成冬季生产委员会领导工作。三区松塔和四区常广等村都推动了秋耕,将原计划不耕的田都耕过了。三区十字垭村留在村里工作的干部张某说:"我保证领导好村里各项工作";去学习的党员说:"我们去了以后,决心努力学习"。

在此次动员中,县委组织了 30 名干部深入农村进行动员分设两处——七区宗艾村设一处,城关村一处。以城关村看,经过动员,虽然连下两天雪,天气冷寒,道路难行,但是学员情绪饱满精神十足,不论距城远近(最远距城 90 里),均能准时报到,这是之前训练农村党员从没有过的。这次参加的支部有 22 个,共产党员 662 名,原计划其中 592 人参加训练,实际有 561 人(妇女 49 人),占全体党员的 84.7%,占原计划的 95%;共有非党干部 55 人,原计划参训 50 人,实到 46 人,占原计划的 92%;原计划参训积极分子 49 人,实到 51 人,占原计划的 104%;另外还包括旁听的农村青年团员 40 人。

总之,寿阳县委对动员工作比较重视,除派遣工作能力较强的干部到支部去进行动员外,在第一期整党集训之前,先后利用三级干部会议、劳动模范会议、宣传员代表会议、农民代表赴苏参观团报告会议的机会进行了整党动员。在第二期开始之前又派遣参加过整党的党员到附近的村传达整党情况。县委给受训的支部党员写动员信,向党员交代了整党的目的、意义和政策。这些工作都起到了良好的效果。在动员中,首先向支部全体党员交代清楚整党目的、意义、方针和政策。其次,重视培养积极分子并依靠他们去发动其他党员,一般在交代清楚整党目的、意义、方针和政策后,总会有 1/4 到 1/3 的党员积极响应党的"积极参加整党"的号召,负责动员工作者在发现了这些积极分子及较好的支部后,就以他们为典型去教育别的支部和党员。此外,在群众中宣传整党的目的、意义、方针和政策,以发动群众帮助整党。经过这步工作,许多群众从多方面帮助了整党工作。做好党员家属的工作,也起到了鼓舞党员积极参加整党的作用。在动员中,各支部还召开支部大会或党的小组会,检查党员对参加整党训练的态度,会议上同时要对党员进行服从组织决定的教育,运用批评与自我批评的武器,分别对党员存在的思想问题进行教育。对仍有落后思想的党员要给予严格的批评;对确实有实际困难的某些党员,尽可能在大家互相帮助下求得解决;对困难较多确实不能走开的党员,经过党的组织批准,可允许暂不参加或随后补课。安胜村支部开始动员时,20 名党员表示不能参加训练,经过上述工作,党员大都表示要积极参加整党。① 如在第一批整党时,总共训练了 30 个支部,共有党员 1021 人,参加训练的党员数占党员总数的 84.4%,其余的党员绝大部分是因

---

① 王成旺:《寿阳、盂县、平定三县动员党员参加整党训练的经验教训》,《山西日报》1953 年 2 月 12 日,第 3 版。

为疾病、外出或其他特殊原因,经过领导批准才没有参加,拒绝参加整党的只有 5 个人。①

从如上动员实践可见,其时因观念意识的积淀及受自己经验意识对现实形势的判断所限,多数党员会有思想问题,其对整党工作的认识模糊或有偏差,或有实际生活困难,不积极参加整党,因此整党工作并非一呼百应。所以对这些党员的动员工作非常必要,而动员中的细致工作必不可少,这不仅关系到动员的效果,而且直接影响到整党工作的顺利进展。

3. 整党运作②

截至 1953 年 3 月,全县 198 个农村支部(包括街道支部 1 个)已全部完成整党,其中有 66 个支部 1363 名党员在 1951 年冬至 1952 年 10 月已经整顿过。从 1952 年 11 月 15 日开始到 1953 年 3 月 15 日为止,四个月中又分三期完成了 132 个支部 2751 名党员的整党任务,其中第一、二期还训练了非党干部 237 人,积极分子 285 人,青年团员 194 人,总共整训了 3467 人。每期整党的步骤大致相同,以 1952 年 11 月 15 日到 1953 年 3 月 15 日这期来看,整党中配备了经过训练的骨干、助手 104 人(包括省委支援的 27 人在内),组成了有力的整党队伍以领导整党。整党运作中主要采取集中整训和分散发动群众的方法,每期用时一个月左右——集中整训 20 天,回村解决问题 10 天,具体步骤是教育、初查、登记、鉴定、审查处理、回村解决问题。

第一,整党教育是整党工作的灵魂,而前途教育如何又是决定整个教育过程能否深入的因素。整党中首先通过教育使党员树立共产主义人生观,明确如何一步步走向社会主义、共产主义社会。通过讲解讨论,党员对社会主义制度、生产关系、生产方式、分配原则、生活方式都有了一个较完整的概念,"山地不能实现社会主义""公有制怕吃

---

① 王丕玉:《寿阳县进行整党工作的经验》,《山西日报》1953 年 1 月 17 日,第 3 版。
② 《寿阳县第一、二、三三期农村整党训练工作总结》(1953 年 3 月 21 日),寿档:2-2.1.1-120-70。

亏"等糊涂误解得以消除。工业化方向的教育能够让党员懂得农、林、牧全面发展的计划生产,大大鼓舞了党员为实现社会主义、为共产主义社会而奋斗的自信心;互助合作道路的教育,通过分析了农村阶级分化和互助合作的优越性,能够让党员明确组织起来是集体致富逐步过渡到社会主义、转变到农业集体化唯一正确的道路。"资本主义走不通"和"小农经济不稳定"的道理对党员思想影响很深,从而党员自愿地批判和清算了资本主义剥削行为以及支部放弃对农民的政治思想领导和生产自流倾向。据典型考察推算,大约有30%的人对互助合作学习一向积极努力,经此教育后更加明确自觉起来;有50%的人经过学习明确了道路前途;有15%的人虽提高了认识,但不深刻;有5%的人学习不好,思想不通。从结果来看,这三期整党的共同点是组织方向问题解决较好,不过在前途问题上有所差别。第一期因把前途方向混在一起解决,结果顾此失彼,前途教育收获不大。第二期分别讲解专门讨论,解决得较好。第三期集中进行了工业化方向教育,收获较大。

其次,帮助支部党员初步弄清了党的性质,将共产党与其他党派、团体、与普通农民的界限划分清楚,明晰了成为一名合格的共产党员的标准。经此教育,消极疲沓不干工作现象大大减少,"怕误工""怕当干部""想出党"的氛围有了很大扭转。五个村的调查结果显示,五个村原有党员104名,学习前消极不工作的党员41人,学习后积极工作起来的32人。在这次全县整党中,各种不良行为得到揭露和批判,以资本主义剥削论者计雇长工的72人,经营机构及商业入股的32人,放高利贷的20人,出租土地的11人,共计135人,占参加整训总人数的4.9%,其中大多数在学习之后,停止不良行为。延续至此次整党时只剩17人,经过学习,这些人也自愿地停止了不良行为。贪污的党员有413名,占参加整训总人数的15%,其中贪污30万元以下的371人,30万至100万元的37人,100万以上5人;一般均在10万元以下,最高的一人达665.7万元,贪污总额4343万元。

总体看来,整个教育中始终贯彻前途教育与阶级教育,这一点是启发党员进行自我教育的重要方法,比如在解决资本主义剥削思想和消极落后思想时,只要启发回忆斗争历史,检查入党动机,并引向前途美满幸福的认识,就会推动其阶级自觉,鼓励其斗争信心。在解决作风问题时,进行阶级对比,将先进与落后、过去与现在对比,从总结工作、算利益、找根源入手,这样很快就提高了认识水平,逐步树立起正确的思想。如讲清了社会主义制度的优越性和工业化的美好前途之后,通过树立计划生产是为了支援工业的观念,组织起来以后就有了明确的方向,促进党员更加自觉地学习与工作,从而有利于解决各种问题。从中可见,教育的关键是教育内容重点明确,按照整党的目的和要求,紧密结合本地党内实际情况,使教育更近乎实际。如此则给下一步登记、审查、鉴定准备了良好条件。

第二,通过教育,纠正了强迫命令、为所欲为的特权思想,树立了全心全意为人民服务的工作作风。据统计,三批整党中发现强迫命令者占党员总数的23.4%,问题虽得到了初步解决,但仍有不足,主要是从正确的方面树立群众路线的工作方法差。据了解,有些第一、二批整顿过的支部的村党员,回去后在实际工作中依然束手束脚,怕犯了强迫命令的错误,而表现为放任自流、违法乱纪,后来基本上把这些问题揭露出来了,并进行了批判。三期共查出从新中国成立以来捆打、罚、扣群众的224人,敲诈勒索的18人,隐瞒黑地的38人,贩吸毒品的21人,包庇反革命的16人,收受贿赂的50人,家庭暴力的188人(包括偶尔打一两次的),赌博的156人,强奸妇女的3人,偷漏国税的27人,小偷12人,总共753人。其中除因工作而犯有捆打、罚、扣错误,不以违法乱纪讨论外,实际违法乱纪者约占党员总数的19.2%。其时解决这个问题的方法主要如下:一是通过阶级对比,划清界限,党员认识到命令主义、违法乱纪行为与共产党员全心全意为人民服务的宗旨不相称。二是通过总结工作,揭露批判,运用典型对比,党员认识命令主义和违法乱纪的危害性,进而树立群众路线工作作风的好榜样。三是支部领导带头检讨,启发党员自觉性,开展批评与自我批评。四是通过具体分析,分清是非,分清责任,发扬好的,批评不好的。这样既不伤害党员的工作热情,又彻底解决了存在的问题,密切了党与群众的联系。

第三,登记、鉴定、审查处理是一件关乎党组织的纯洁性,提高党的战斗力的极其细致的工作,这一阶段党员思想波动最大,斗争相对较为激烈。经过前段教育,大多数党员愿意登记,少数决心退党,还有小部分党员存在着各种不同的思想顾虑,对当不当党员动摇不定。为了把这一工作做好,在整训中,首先对党员进行了一次充分的思想教育,辅导员及时掌握思想情况,使登记不至于流于形式。其次在鉴定中选择各种类型的党员,重点鉴定,树立榜样,这样既能够使党员掌握合格党员标准,又能够启示方法,后续可根据党员思想、实际工作表现、学习中的态度及今后如何确切地衡量其条件,作出结论。再次在审查处理中进行具体分析、分别归类、分别处理,与自退和被劝退出党者分别进行谈话,耐心地进行教育和解释,达到在加强团结的同时又不伤感情的目的。按照党员标准的"八项条件",各支部严肃慎重地对党员作了审查。计三期,共清除、劝退、自退出党者228人,占被审查党员总数的21.5%。其中,清除出党者34人,占出党总数的14.9%(有血债的10人,叛变分子8人,流氓份子2人,投机分子2人,不忠实分子2人,阶级异己分子3人,包庇反革命的2人,耶稣教1人,党籍不明、不承认党员身份的1人,蜕化堕落分子1人,一贯偷盗屡教不改的1人,强奸妇女的1人);因不够党员条件而自退者108人,被劝退出党的86人,两种共占出党人数的85.1%。此外,受其他处分的57人(其中留党察看的15人,当众警告的29人,劝告的9人,撤销工作的4人)。在整训的同时,各支部还吸纳了新党员208人,这些新党员一般成分好、觉悟高、历史清楚、对党忠实,其中不少是在各项运动中涌现出来的优秀分子。但也发现有入党动机不纯者,如为了到工厂找出路,或者糊涂入党的,入党以后回村工作不够积极,存在上述情况的有七八人。在审查鉴定的基础上,各支部还改选了支部委员会,计两批原有支委503人,连选连任者339人,连任失败者191人,新上任者199人。少数村的新支委上台后工作生疏,落选者则袖手旁观,导致工作无法开展。甚至有个别支部中个别支委根本不称职,或者利用职权在支部中闹宗派报复的。

据第一、二两期统计数据,这次整党共整顿了94个支部,其中整顿得好的有48个,占51%,一般的有29个,占31%,未整顿好的有17个,占18%。整党中亦存在缺点和偏向,主要表现在如下几方面:一是曾一度产生急躁情绪,表现出赶时间和单纯任务的观点,不看实效,急于求成。比如在第一期结束后,未能很好地总结经验和教育整党干部,回村解决党群关系时间又短(五至七天),还没有解决存在的问题,就急于开始第二期,致使一些辅导员采取盲目草率的教育方法等。更严重的是,由于动员时的单纯任务观点,未顾及党员的身体状况,来校学习以后,生活方面安排不够妥善,致使一个党员突然得了重病,虽经急救,但终是病故。二是反对官僚主义、反对强迫命令、反对违法乱纪是一个关系到密切党群关系、引导人民前进的重大问题,但从揭发出的情况看,当时农村党员的强迫命令、违法乱纪现象相当普遍且严重,但在第一、二期中并未得到认真解决,特别是在违法乱纪的问题上,有些支部是有顾虑的,因而解决得不彻底,省委整党会议以后才将之当作整党的重要内容去解决,但只是偏重于反对党员的强迫命令和违法乱纪问题,而反对官僚主义仅仅是露了露头。三是政策界限交代不清,第一、二期只按条条讲了讲,未具体划分,扩大了党员的剥削行为的范围,把本来不应以剥削论者也笼统地统计起来,没有将违法乱纪、强迫命令严格区别开来,以致产生了或"左"或右的偏向。第三期专门就这个问题进行了详细分析和具体解答,解决比较透彻,但依然未能很好地对违法乱纪与行为不端加以区别。四是第一、二期在进行组织处理时,由于思想工作做得差,再加上"背靠背"发动群众做得不好,在进行党员"八项条件"的教育时,未给予充分讨论的时间,一部分党员接受党员条件或"左"或右,因而在组织处理方面,特别是在自退和劝退问题上,发现了一些问题。如,第一、二批已整过的96个支部中有6个支部在组织处理时发现对少数党员处分不当,这6个支部共有党员140人,其中受处分的有7人,自退和劝退的有12人,经考察应劝退而未劝退的有3人,不应退而退出的有2人,不应处分而处分的有3人(警告2人、劝告1人)。此外,也发现对个别人的党籍处理情况与实际有所出入。五是在回村解决问题方面,第一批认识不足,虽对留村党员进行了补课,但没有给予充分教育和提高思想的机会,仅根据其以往工作表现和支部对其的影响而急于处理(主要是自退和劝退),以致引起有的党员产生"你们20天,我们一上午"的怨言。在解决党群关系时,亦未能很好地进行党内外的思想发动,有些地方表现出形式主义迹象,致使一小部分村党群关系未能解决好,有的村甚至两三次派工作组都未得到很好的解决。

对于该阶段整党中存在的问题,寿阳县委亦有清醒认识,认为通过整党,促使他们具体地、深刻地体会到"党不管党"的现象和严重的官僚作风所造成的恶果。县委认为之所以产生这些问题,首先是因为自身工作不深入,不了解下情,只给下面分派任务,不交代政策界限及"完成任务"的方法,甚至不管下级能不能执行或如何执行,就把任务平推下去,更缺乏周密计划和具体领导,只凭主观意愿设想任务,完成一件任务往往是在形式上盲目估价为参照,沾沾自喜,不善于检查实际效果,因而某些工作华而不实。其次,由于县区领导未能及时地、认真地检查和监督工作,即使检查也多停留在干部层面,没有真正深入到群众中去检查工作的方针、政策、任务、计划是否正确、是否可行,因而不能及时地发现问题和解决问题,致使某些工作产生偏向、错误,各支部却还长期不自知。此外,因长期限于完成许多中心任务的圈子内,对党的基层组织缺少过问,这就必然忽视了对他们的审查、教育。1951年冬县里曾整顿过一批支部,当时这批刚整顿过的支部一度积极热情工作,但由于严重的"党不管党"现象未得到克服和纠正,因而有些支部隔了一段时间就又松懈了。正因为对存在的问题有极为清醒的认识,认为"如此发展下去是很危险的","这一历史性的问题必须用极大的努力",才能从根本上加以转变。因此,在总结工作时,县委亦明确提出了之后的改进措施。第一,加强经常的支部教育工作,拟在整党教育的基础上,健全各种制度,拟定支部教育计划。县委定期地、有计划地训练教员,以提高他们的教育能力;县委还应经常地固定联系支部,直接联系老区、解放区支部各一个,每区委至少联系三个支部,了解支部情况,研究支部如何进行工作,摸索经验。县委还计划在当年前半年选择一个重点支部以推广长治璩寨村支部的领导经验,县区党委组织员和专职整党干部实行分工负责,加强对各个支部的领导和巡视、检查。第二,坚持由党内到党外的工作程序,布置每一项工作都必须首先在支部传达动员,然后通过党员在群众中活动以带动群众完成任务。应纠正党务干部以行政人员的面貌与方式进行工作的恶劣作风。第三,训练全县农村支部书记,贯彻日后支部工作,特别是要组织整党干部结合生产有计划地检查整党后的支部情况,解决遗留问题和纠正其中的偏向。此外,第三期整训的39个支部的组织处理工作分两批进行。同时,特别强调要重视对新发展党员的教育审查工作等。

  总体来说,这次整党集中地、系统地、有重点地向农村党员进行了关于共产主义与共产党的教育及怎样做一个党员的教育,进一步巩固并壮大了党的组织,提高了党的战斗力,改善了思想作风。在上级党委的指示下,各支部不断总结经验,提高领导能力,改正方法,纠正缺点,按照实际情况充实内容,修改补充教育计划。支部已全部整顿完毕,但并不是所有的党员都参加了整训,在集中整党期间留村工作或因其他原因未到训的党员有976人。另外根据调查了解,已经整过的支部中有27个支部405名党员未整顿好,需要重新补课。这样,全县农村党员需要再进行整训的还有1381人,从中亦可见组织整顿工作仍需继续完善。

（四）1954 年到 1955 年：继续整顿，巩固成果

随着整顿工作的推进，虽然支部中存在的问题得到改进，但随着各项工作开展，支部仍表现出与现实需要不相适应的一面。据 1954 年 14 个乡的澄清材料可见，在第二、三类支部中存在的主要问题之一是土地改革后支部对农村发展方向不明确，党内滋长了资本主义思想。经过 1952 年整党教育、1953 年冬总路线和总任务的学习、粮食统购统销政策教育以及普选和领导农业生产互助合作运动，支部党员思想觉悟有了很大提高，但还或多或少存在着生产不用领导的自流思想和参加互助合作不够自觉的状况，具体表现为入组后，依然存在着四怕思想，即怕麻烦、怕吃亏、怕误工、怕伤脑筋，因而表现为不积极领导，这类党员据统计有 233 人，占参加学习党员的 28.2%。除此以外，还有一部分党员的资本主义剥削思想和剥削行为较为严重，具体有以下几种表现形式。

1. 用互助组的招牌占群众的便宜，或是由于存在剥削，危害到了互助组的运动。如库仓乡党员闫某长期不清工、不付款，拖欠组员两三年的工资，因此两年搞垮了三个互助组。孙家庄党员徐某自己土地多，又租了别人 5 亩，共 23 亩，但只有一个劳力，每次清工都是短下许多分，自己又是组长，就从中剥削，把互助组的工资压低到极不合理的程度，每个工分与社会工资（同季同工）相差 4000 元，还欠下组员的工分未清理。后来，徐某在整党中认识了错误，公开检讨，按照当时社会工资清理了组内拖欠，组员很满意，互助组也得到巩固。

2. 合伙雇长工。张村乡乡长郭某、乡队长周某合伙雇长工，开始还不认为自己是剥削行为。更有甚者，区干部、党员邰某 1953 年还以 80 元的工资雇了 1/4 的长工。

3. 在经营商业方面党员有三种剥削方式。一是党员自己就是小资本家，本人不参加劳动，雇人经营从中剥削。城关镇党员程某，利用

自有资金开了一个理发店,雇了 3 个工人经营,而自己不劳动,在劳资分红比例上也不合理(劳方 40%,资方 60%)。二是自财自本自己经营。党员王某在城关开了一个杂货铺,虽未雇人经营,也有违发展方向,也不是党员的正当职业。三是在私人商号入股,合伙经营。城关支委郑某,1950 年在私人商号入股 100 多万元,与人合伙经营开栈房,1952 年整党后,抽出一部分存入银行,1953 年从部队转业带回 100 万元又投资到私人商号兴隆栈,作其活动资金(本人承认分过红)。

4. 党员买入房屋土地,雇工经营,或者是出租剥削。城关党员王某土地改革之前是贫农,土地改革中分到 9 亩土地,随着生产发展有了积蓄,在 1952 年春买进贫农姜某土地 11 亩,当自己经营不过来时,雇了一个长工,1954 年又买进房院一所,并说:"四大自由真好,有钱就能买房买地,咱也过上两天地主生活吧,这是闹革命闹下的,有何不可。"盘湾底乡党员姜某出租土地三四亩,得租黑豆 3 石;白矾岭村支委周某出租 1 亩土地,得租黑豆 7 斗。这些都是带有封建性质的剥削,问题严重,但经过教育批判后,这些党员均表示真诚悔改,党内不给处分。

5. 个人利益高于一切,抵制党的粮食统购统销政策,甚至采取反抗的态度。据第一批 4 个乡统计数据显示,这类党员有 15 名,占第一批 4 个乡党员总数的 7.7%,如盘湾底乡党员李某,存有 1000 多斤余粮,不卖给国家,反而和其他落后群众勾结起来抵抗统购工作,经批判其错误后,勉强售出 200 多斤。太平村分支委尹某全家四口人,1953 年实收 20 石粮食,没有出卖 1 石,反而领了供应粮,让国家供应他粮食吃,本来不是缺粮户,也买了 50 斤粮食,更严重的是当年打下 9 斗麦子,自报出售 20 斤,结果未卖出,反而向贫苦农民尹某用欺骗手段套购麦子 31 斤,并且出售了 16 斤白面。这些举动引起了群众的极度反对,说"什么好事都让党员们干了",对党的影响极坏,党组织准备给予处分。

6. 假借名义骗取国家银行贷款，投资倒贩牲口，违法偷漏国税。库仓乡党员王某骗取银行贷款，投资倒贩了四五次牲口，偷漏了国税，政府处罚其50万元罚金，王某还不知悔改，长期不缴罚款，并放话让政府拉他的牲口抵罚款。

7. 企图挣大钱发财，不安心于农业生产，推了土地，承揽羊群雇工经营。程子宕乡党员翟某1953年将14亩土地租出，自养了20只羊，承揽了群众羊群，雇了两个羊工经营，由于经营不善，未达到挣大钱的目的。

8. 用搞男女关系的手段，变相雇工剥削转业军人。程子宕乡党员李某（夫妻俩都是党员），1952年将该村一转业军人留居在他家，一处吃饭同居，该转业军人为其劳动了两年。

9. 只顾个人埋头发家，丧失了革命热情，不愿担负党所分配的工作。据11个乡统计数据显示，这类党员95人，占参加整训党员总数的11.3%，其中要求退党的25人。如程子宕乡党员王某说："不管整党不整党，反正我是不干了。"上述问题是第二、三类支部存在的共同问题，也是主要问题。

此外，在一部分党员中仍相当严重地存在着经验主义、居功自傲思想和个人主义情绪。经验主义突出地表现在工作不深入、不动脑筋。程子宕乡支书王某两年参加了两个互助组，一个被搞垮，另一个也是处于放任自流的状况。究其原因，主要是党支委长期对互助组不加过问，问题得不到解决。居功自傲和个人主义的突出表现是斤斤计较个人得失，闹情绪不工作。如程子宕乡支委李某原任行政村支书，普选中没有被选为乡主干，挣15万的目的没有达到，因而对党有意见，埋怨党是"过了河拆桥"，称自己"抗日时是香椿芽儿，现在香椿芽儿也不值钱了"。石板沟王某（支委）也因为没有达到挣15万的目的，埋怨党不照顾他，闹情绪，四五个月不工作。这类问题在第一、二类支部中较多，特别是老区支部。新区和第三类支部也不同程度地存在此类问题。在组织方面，第三类支部主要表现为没有达到整党目的，在土地改革、镇压反革命运动中,发动群众不充分,基本群众还未取得压倒一切的优势,群众思想落后,党的政策和各项工作都不能顺利进行,还有个别不纯分子没有从党内清理出去,个别村仍有会道门活动,甚至对抗党的统购统销政策和互助合作的政策。第二类支部主要是党内资本主义思想未得到深刻批判和清算,两条道路的界限还未彻底划清,支部中还有相当一部分消极落后党员。和第二类支部比起来,还是第三类支部此种情况较多。据 4 个第三类支部的统计数据显示,清除落后党员 59 人,占 4 个乡参加党员总数(167 人)的 35%;而据 12 个第二类支部统计数据所示,消极党员有 132 人,占 10 个乡党员总数(706 人)的 18.7%。此外,个别第二类支部也存在着土地改革的遗留问题,如石板沟乡洞子咀自然村,虽然经过土地改革等运动,但发动群众不充分,封建势力没有彻底被摧垮,人民优势没有确立,政权仍然掌握在那些被斗争的上层分子手中,贫农中没有担当干部者。该村虽有两个共产党员,但两个都是"外路人",还受到排斥,未担负一点行政职务,因而也根本谈不到掌握政权的问题。

针对如上问题,1954 年 7 月 16 日到 10 月 5 日,寿阳县继续进行组织整顿,完成两批 14 个乡的整党工作,包括张村、盘湾底、白矾岭、胡家堙等 4 个第三类乡支部(其中有胡家堙、张村两村未达到目的)、城关镇、石板沟、七里河、库仓、太平、张净、道坪、程子寯、逯村、独壁、太安驿、韩赠等其余 12 个乡,除韩赠乡有第一类支部外,其余均为第二类支部。14 个乡共有党员 890 名,参加整党学习的 826 名(其中有妇女党员 132 名),占党员总数的 92.8%,并吸收了非党积极分子 95 名,其中青年团员 108 名,民兵 50 名。整个过程是经过教育、审查、鉴定、组织处理等步骤,基本上达到了保持党组织纯洁性、提高党员思想觉悟的目的。在组织处理方面,受到党纪处分的党员共计 28 人,占 14 个乡党员总数的 3.15%(其中开除党籍的 10 人,留党察看的 5 人,撤销工作的 4 人,警告 9 人)。此外,清退不够党员标准的党员 20 人,取消候补党员资格的 1 人,还有 1 人转正,2 人取消了原受处分。两批整党共吸收各种非党积极分子271人,经过教育和学习,其中有86人具备了入党条件,另有93人具备了入团条件。在整党中及结束时先行接收了新党员人选40人,团员人选65人,分别报请县委和县团委审查批准后,正式成为候补党员和团员。他们在学习中表现出积极热情和负责的精神,这是农村组织的一批新生力量,对推动各项工作起到了一定作用,有益于日后领导农业生产互助合作及其他各项工作。如张村乡付家垴自然村在整党中运用积极分子力量,整顿了原来14个形式上的互助组,在秋收秋耕中热烈地行动了起来,走上了正常发展的轨道(如开始推行包工、评分、工票、清工结算等制度),并有3名新的妇女积极分子被选为互助组的副组长,又有13户农民要求参加互助组,因此群众舆论有了很大扭转,过去一些不愿参加互助组的落后农民,看到了互助组的优越性,要求入组。其反映是:"共产党的教育高,懒婆懒汉改造了,互助组变样了,妇女上地亦积极了。"从付家垴群众的反映也可看出整党效果和党员积极分子的活动情况是好的。两批整党工作,都是在逐步摸索、逐段检查、总结、逐步深入提高的基础上进行的,在教育方法上也有了逐步改进。集中整党的干部反映:"一次比一次思想目的更加明确,头脑清醒了,工作也熟练了。"从已结束的两批14个乡来看,绝大部分乡整党效果都很好,唯有胡家垭乡因为工作组干部思想目的性不够明确,工作方法也不够深入,主要是不善于把整党和其时中心工作统一起来紧密结合进行,因而澄清问题不够透彻,有形式主义倾向,未达到整党目的。张村乡也有三四个自然村较好,但有半数以上村未达到整党目的。如胡家垭乡整党干部王某反映:"我们这段是手忙脚乱,工作很多,碰上甚干甚,面面俱到,结果是甚也没管下个长短。"①

经过一段整顿后,据1954年11月至1955年8月统计数据所示,

---

① 《关于我县一、二批整党工作的总结报告》(1954年10月10日),寿档:2-2.1.1-174-34。

全县 85 个乡,共有乡总支部 54 个,乡支部 31 个,分支部 181 个,党员 5175 名,占全县人口的 3.3%。根据全县支部看,其中能够积极领导互助合作进行农业增产运动及各项工作,已能顺利地完成任务的支部有 159 个,占支部总数的 59.8%,党员 4026 名,占党员总数的 77.8%。这类支部的特点是支委能形成领导力量,并有独特工作能力,支部制度健全,绝大多数党员对领导互助合作有热情,能够积极工作,能模范地执行党的各项政策,并能够按照支部决议开展工作,互相间能开展批评与自我批评,党内团结,党群关系也较为密切。虽有个别党员或多或少有些缺点,需在中心工作中继续教育,但这类支部不需要再进行整党。此外,有些支部党员的思想和组织方面存在不少问题,在社会主义改造的各项任务中不能够充分发挥党员的积极领导作用和模范带头作用。更有组织不纯、问题复杂、不团结、工作落后、已失去了核心领导作用的落后支部,这类支部存在的问题较为复杂,因而将其作为整党改造落后乡的典型。

总体来看,其时农村支部亦存在一些问题,主要表现为第一、二类较好支部仅有 41 个,占支部总数的 15.4%,885 名党员占党员总数的 17.1%。这类支部存在的问题是党内制度不健全,党员不能经常接受党的教育,因而大部分党员思想落后、工作消极,一遇运动他们就对党员采取抓一把的办法,一旦运动过去,就再不过问,更不教育。如郭义乡党员张某说:"整党的时候老是说我们思想落后,工作不积极,可是平素永不叫我们学习,就是用时抱到怀儿,不用了扔到崖儿,甚至半年连生活会也不过。"由于以上情况,不少支部在工作上停滞不前,只看到一些成绩,看不到缺点,更开展不了批评与自我批评,因而支部领导集体也产生了严重的骄傲自满情绪,对领导互助合作不积极,党内自发的资本主义思想也逐步发展起来。多数党员参加互助合作不够自觉,还有些党员拒绝担任组长,不愿意领导互助组。有个别支部存在不团结的现象,如董家庄乡支部支委领导思想不一致,互相歧视甚至打击报复,副支书和支委两人在土地改革中因处理问题形成矛盾,思想一直不统一,在工作上各自拉拢部分党员,各搞一套,使党的政策得不到正确贯彻,各个运动中的任务也无法完成。

其时,全县共有第三类支部即落后支部12个,占支部总数的4.5%,这些支部共有党员263名,占党员总数的5.08%。根据集训和各项工作过程中的考察,这类支部存在的问题复杂且严重。从性质上讲,大致分为如下三种情况。

第一种是支部扎根不正,组织不纯,土地改革、镇压反革命运动不彻底,群众发动不充分,建党不慎重,破坏分子混入党内,直接或间接地操纵了领导权,因而支部中未能确立人民优势,反革命和封建势力仍未被摧垮,致使工作落后。胡家埕乡全部2045人中,参加过反动组织的88人,当过伪排长、大队长、伪村长、特派员、冲锋队队长等职务的有31人(其中有伪团长1人、副县长1人、连长1人),当过伪军的有213人,参加反动会道门的有200余人,通过土地改革、镇压反革命运动,镇压过3人,外逃的反革命分子3人,还有罪恶比较大的反革命分子没有受到惩办,因而这些人在各个运动中不断地进行破坏。如当过伪村长的赵某在粮食统购中造谣煽动农民说:"毛主席实在好,把粮食都运到苏联、印度了。"并说组织互助合作和阎锡山政权的"兵农合一"一样,只是在名词上有了改变。又如在棉布计划供应时,"坏分子"赵某煽动说:"穿一身、吃一肚,一年领的丈三布。"此外,党内也有不纯分子混入,甚至操纵了党的政治领导权力。如卢家庄村分支党员石某长期隐瞒参加过国民党的情况,混入党内,且不工作;有的已成为蜕化变质分子,对党的各项政策抵触不满;党员吴某还变相地雇工剥削,并在整党中拒绝党的教育。由于以上问题的存在,致使党的各项政策得不到贯彻,工作长期陷于落后。

第二种是党内严重不团结。部分党员在党内外拉拢各自势力,在党内争权夺利,有些党员甚至把封建宗派观念带入党内,互相攻击。比如新南窊乡有两个分支部,共56名党员,其中有些党员存在严重的自私自利与封建宗派思想,造成支部不团结,虽有所处理,但未能解决根本问题,这种思想被带到划乡工作时,又与自私本位的思想结合起来,造成了新的不团结。有的党员是因乱搞男女关系造成争风吃醋,因而互相捏造错误、找毛病,甚至互相陷害,不做工作,使党的各项工作不能顺利进行,在群众中造成不良影响。1954年全乡41个互助组中只有1个互助组的工作进行得较好。

第三种是支部组织涣散。大部分党员思想落后,一些党员的资本主义自发倾向严重,有的已蜕化变质,再加上未能接受足够的党的教育,共产主义觉悟水平低,不能抵抗农村资本主义自发势力的侵蚀,因而只埋头个人生产,不问政治。更有一些年龄大的党员,产生了自己年龄大因而前途不大的念头,没有动力工作;新生力量又未发展起来,所以支部缺乏朝气,涣散无力。这类支部有张村、落摩寺乡等8个(分支部6个,乡支部2个),包括134名党员。有些党员虽然名义上参加了互助组,但没有一人愿当组长,由非党员当组长,他们的说法是"不领导群众也会生产,何必麻烦",导致支部失去了领导作用,工作被搞得一团糟。又如落摩寺乡因党支部不重视互助合作生产运动,群众感到山地没有前途,生产劲头不大,生活贫困。全乡109户中没有被子或几个有一条被子的户数占总户数的12.6%。由于该乡党支部不领导互助合作生产运动,土地改革后又出现了阶级分化,15户中农卖地167亩,47户贫农卖地292亩,46户中农买地241亩,1户富农买土地4亩,经过土地买卖,有5户中农成为富裕中农,有6户贫农在土地改革后又变为赤贫,其中有4户下了煤窑,1户讨了饭,1户当了羊工。由于以上三种情况及存在的其他问题,这些乡村长期处于落后状态。①

根据上述全县农村支部的实际情况,按照上级党委对农村整党工作的指示精神,县委分析了农村支部的情况及存在的问题,划分了支部类型,制订了整党计划,采取按类排队分期进行整顿的方法。全县

---

① 《关于农村支部整党工作总结报告》(1955年8月14日),寿档:2-2.1.1-258-9。

整党工作从1954年11月10日正式开始,前后共整顿了较好支部(第一、二类支部)41个,党员885名,落后支部(第三类支部)12个,党员263名,并同时结合改变落后乡6个。经过七个半月的时间,此次整党工作截至1955年6月25日全部结束。

这一阶段全县农村整党过程大致分四步进行:

第一步,在党委统一领导下充分做好准备工作,这是做好整党工作的首要环节。县委首先组织领导机构,设立整党办公室,有专人负责,并抽出一个县委委员(县委副书记)进行全面领导,统一调配了有较高领导水平、富有整党经验、强有力的党员干部57名(骨干29人、助手28人,其中包括较好支部的整党骨干22人、助手17人),组织了整党工作组,并从其中抽出3人组成巡回检查组进行检查指导。同时,县委召开了整党干部会议,学习了中央、省、地委有关整党文件和指示,认真讨论了县委整党计划,对整党干部进行了训练和整顿,并且通过开展批评与自我批评,从思想作风上整顿了队伍,使党员干部们清醒头脑,提高领导水平。然而训练亦遭遇了一些困境。如,有些整党干部对整党与改变落后村的关系认识还不够明确,在思想上不够一致;有些组织员思想不安,考虑整党结束后分配他们什么工作;从其他部门借调来的整党干部有苟且思想,只等结束后回本部门工作。这样就产生了一系列松懈情绪。经过教育批评,这些问题才基本得到了解决,同时也向党员群体进一步明确了整党与改造落后村是不可分离的关系。大家一致认为,做好整党工作是改造落后的先决条件,也是完成各项工作的政治保证。

第二步是教育阶段。1954年12月25日至1955年1月8日,县委集训了12个支部的199名落后党员,专门为留村工作未参训的64名党员进行了补课。在调训党员离村期间,重视思想动员工作,为使党员来校能安心学习,县委特派能力强的整党干部深入各乡进行思想动员并帮助党员解决实际问题,因此大部分党员到校后都安心学习,情绪饱满。此次教育收效良好,到校参训的199名党员占到应到党员

206 名的 92.1%,同时还吸收了积极团员 19 人,经过 15 天集训,其间进行了工业化、工农联盟教育和对农业进行社会主义改造的教育,使党员明确了社会主义前途和农村经济发展的方向,提高了社会主义觉悟,初步树立了工业化的思想,进一步坚定了对农业进行社会主义改造的决心。

第三步则在集训结束的基础上,工作组(整党干部)于 1 月 20 日随同各村党员回村进行就地整顿,对留村党员进行补课并继续整党教育,推动各项具体任务的完成,从实际工作中考察了解党员,理清支部存在的问题,针对实际进行教育。

第四步是在提高党员思想觉悟的基础上,进行登记审查;针对支部党员的问题,进行组织处理;民主选举支部委员会,研究改进支部领导方法,健全制度。同时吸收新党员,扩大党的组织,增加新血液,提高领导力量,解决党群关系,并制订下一步工作计划。

根据全县支部的分类和存在的不同问题,经县委研究针对具体问题,整党中也采取了不同方法。

其一,对第一、二类较好支部,一般采取根据支部存在的问题和党员觉悟程度的不同进行分类排除,分期分批进行整顿,并依靠工作组中比较有整党经验、有工作能力的党员干部,紧密结合中心工作去进行,采取边教育、边行动、边考察的方法,把整党教育和党员的实际行动结合起来,以整党教育推动中心工作以及各类任务的完成。通过实际工作考察整党实际效果,鉴定党员的行动,这样做的好处是使教育内容生动有力,党员提高快,实际效果好。整党开始后,以贯彻总路线入手,结合中心工作对党员进行关于国家社会主义工业化、对农业社会主义的改造和工农联盟的教育,系统地进行党员"八项条件"问题的教育,在提高党员觉悟的基础上,澄清情况和问题,本着有什么问题解决什么问题的精神,通过批评与自我批评,解决问题,达到巩固提高的目的。最后进行党员鉴定、登记、组织处理和民主选举支部领导集体(一般采取个别支委的调整,不进行全面选举)。

其二,将第三类支部(落后支部)的整党与改造落后村的工作紧密结合。工作组入乡后,首先帮助支部安排当前各项工作,制订生产与整党相结合的统一计划。从领导群众生产入手,继续贯彻总任务和党员"八项条件"教育,在提高党员觉悟的基础上,深入群众了解情况,进一步发现和培养积极分子,并听取正派党员和群众的反映,同时接受群众检举控诉,从多方面查对情况,找出党内外存在问题的症结所在,为打击封建势力和反动气焰的整党工作做好准备。具体做法是:依靠党内外的积极分子组织发动群众,提高群众的阶级觉悟,划清敌我界限,开展斗争,把混入党内的不纯分子及其他坏分子清理出党,将一些罪恶重大的违法分子则依法处理,按此方法做的乡一般效果良好。如胡家埪乡,采用此办法,从党内清除了不纯分子4人,扣捕了反动分子3人,并重新查出了3户地主(经地委批准并做了处理)。

总之,组织整顿这一工作是在理清存在问题的基础上,从检查总结支部主要工作,如统购统销、征集补充兵员等工作入手,肯定支部工作成绩,表扬好人好事;对支部存在的主要问题则分别性质,按照严肃慎重的方针,进行组织处理,分别对待;对犯有严重错误或有重大问题者,慎重审查,严肃处理。但是各支部解决问题的重点也各不相同。如新南宋乡主要是解决支部不团结问题,整顿过程中,通过深入贯彻党的七届四中全会的精神,进行增强团结的教育,提高党员的阶级觉悟,并采取批评与自我批评的方法以达到团结的目的。落摩寺乡支部则主要是通过教育,提高党员社会主义觉悟,加强党组织对互助合作农业生产的领导,以改变落后的状况。胡家埪、卢家庄等乡支部则是在提高党员阶级觉悟的基础上,划清了敌我界限,清理了不纯分子,保持了党组织的纯洁性,从政治上经济上打击了反动气焰,树立了人民优势。①

---

① 《关于农村支部整党工作总结报告》(1955年8月14日),寿档:2-2.1.1-258-9。

综上所述,新中国成立初期,寿阳县农村党组织是经过试验、动员,在实践运作中结合党组织实际存在的问题而不断推进整顿工作的。可以说,这一时段组织整顿始终是组织工作的核心任务。特别是随着农业合作化运动的推进,中国共产党更加重视农村支部在农村工作中的角色地位及作用,故支部整顿工作更加频繁严密,通过分类逐步实现了支部的全面整理。

三、农村党组织整顿的实际成效

新中国成立初期,农村党组织在中共组织体系中的地位日益凸显,然而其时农村党组织的实况和中国共产党乡村社会治理的理想与需要极不相称,为此,通过持续不断地管党治党之探索与实践,其时的组织整顿取得了许多成效。

第一,在整党教育中,党员思想觉悟不断提高。由于在整党前长期不学习,农村党员对党的权利义务茫然无知。经过整党,这些党员拓宽了眼界,认识了革命前途与目的,纷纷反映"当个党员可不简单啦!"过去不工作的党员也说:"以前认为当党员是多误个工,这回才认识了是加入了工人阶级的先锋队",从而解决了党员中存在的"退坡""换班""革命成功思想"等思想觉悟问题。1950年整党中,二区第一批8个村共167名党员,整党前有45名党员干脆不工作,经整党后,只有7名未整好。有一女党员之前一贯不工作,听了党课后怕被开除,感到自己和党的标准距离很远,边哭边说"政治生命不愿意丢掉",提出如果之后照旧不改接受被开除。河底村支书王某党内要撤职,想要党挽救他,表明自己的进步方向,当即连夜清算了自己的经济问题。各地还为解决农村发展方向问题对党员进行了充分教育,通过事例对比,克服了农业社会主义生产不需要领导的糊涂思想,使党员具体体会到组织起来提高技术是党领导农民提高生产的正确道路。许多党员通过学习都说:"以前光认为互助是上级给的任务,却没有认为是第二个革命的问题。"①经过对党在过渡时期总路线和总任务的学习,党员思想上进一步明确了革命前途方向,弄清了中国革命为什么分两步走的道理和两个阶级的革命任务和性质,懂得了党在过渡时期的总任务就是逐步实现国家社会主义工业化,逐步对农业、手工业、资本主义工商业进行社会主义改造,深刻地体会到工业建设对农业的好处与发展农业的重要性,进一步认识到工农联盟的关系,基本上划清了社会主义和资本主义的界限、资产阶级和无产阶级的思想界限、互助合作和富农道路的界限。在提高党员觉悟的基础上,党内开展了反对资本主义的斗争,这是一个教育的过程,也是一个思想斗争的过程。

总之,整党教育使党员懂得了怎样做一名合格的共产党员,进一步明确了农村发展的方向,大部分党员在工作中都感到有信心、有办法,原来消极落后的党员也都变得积极起来,热情地参加并领导互助合作及农业生产运动。据1955年41个较好支部885名党员的统计数据所示,原有消极落后党员229人,一般工作的党员307人,较为积极的党员349人。经过整顿后,积极的党员增加到486人,原来229名消极落后党员减少到108人,这些党员都有了不同程度的转变,一般都能够进行工作。据12个落后支部263名党员统计数据所示,原有消极落后党员91名,其中,有12名党员要求退党,通过教育提高认识后,除19名党员转变不大外,其余都有了显著转变。如张村乡党员张某原来坚决拒绝担任农业社社长一职,后积极领导工作并被选为社长。据12个支部统计,参加互助合作的党员由整党前的185人增加到了239人,党员当组长的原有6人,整党后增加到95人,当农业社社长的1人,整党后增加到50人,农业社由整党前1个发展到整党后的20个,实现了乡乡有社;组织起来的农户由原来的1239户,占总户数的53.7%,增加到了2568户,占总户数的76%,极大地推动了农业

---

① 《寿阳县冬季整党基本总结》(1951年3月18日),寿档:2-2.1.1-64。

生产。据6个乡的统计数据所示,整党中积肥56.1万担,并把原有的肥料全部送到了地里,修整了土地3170余亩,整修了农具100余件,买下牲口19头,还完成了其他征集补充兵员的任务15个,不少党员在征集中起到了模范作用,带动青年报名入伍人数达适龄青年总数的80%。如张村乡党员姜某,原来思想落后不工作,经过教育转好,工作也很积极,征兵中还动员儿子参了军。

此外,整党中还在内部进行了增强党组织的团结的教育,整顿了党内不团结的现象,使党员认识到不团结的严重危害,从思想上解决了问题。如新南宄乡支部两支委各自为首拉拢部分党员,由争权夺利到互相报复、打击陷害,直至参加了反动富农的活动。这使工作受到了很大阻碍,七年之久未得到解决,经过整顿教育,该问题从思想上获得了解决,该乡原来严重不团结的大岭、林风坡、黄坡等六个自然村得到了团结。如其中一人在检讨中说:"因为争夺七斗粮食、一所院子,咱们闹成严重的不团结,不知使党与人民受了多少损失。"另一人说:"闹不团结是自己的拳头捣自己的眼睛,不论对党对自己都不利,今后坚决克服。"如红宄村原来7名党员"三股劲",有的见面不说话,经过整党,不论开会、工作都一心了。同时,各支部经过整党贯彻了农村的阶级路线,提高了党内外群众的阶级觉悟,划清了敌我界限。据12个落后支部的统计数据所示,整党中整顿了20个农业社604户,208个互助组1964户,并清除了混入互助合作运动中的地主、富农及有问题者20人。①

第二,农村党组织把组织中一些不合格党员清除出党,从而保持了党组织的纯洁性,严密了党的组织,严肃了党的纪律。整党中一般会进行登记、审查、组织处理,清理混入党内的坏分子和违法乱纪分子,同时,对已失掉立场犯有严重错误,经过教育仍未提高和改变的落后分子,适当地做了处理。据1955年整顿结束的41个较好支部、12

---

① 《关于农村支部整党工作总结报告》(1955年8月14日),寿档:2-2.1.1-258-9。

个落后支部统计,受到各种党纪处分的党员共有95人,占党员总数的8.27%,共开除党籍的有22人,留党察看的有14人,撤销工作的有11人,警告的有16人,取消候补党员资格的有10人,劝退和自退的有20人,"等"的有2人,其中开除党籍、取消候补党员资格、劝退和自退的有52人,占党员总数的4.54%;此外,取消了原受处分的有4人,转正的有21人。将混入政权内的李某、乡长赵某(原为三青团团员)等10人从政权内部清理出去,基本上击垮了旧势力。该村在农业生产互助合作方面也有了很大提高,参加互助合作的农户由原来的35%增加到了65%,群众表示拥护党与政府的政策,说:"毛主席的政策到了咱村,咱们头上的石头这下可搬掉了。"贫农石某说:"这才是拨开云头见青天。"①

第三,不断建立与健全农村支部制度。整党以后,各支部普遍进行了支部民主制度与生活制度的建立工作,有的在整党中建立了传授站,这是继续提高党员觉悟、巩固整党成果的重要内容。各支部通过整党同时健全了支部的领导核心,并对各系统各组织的领导也进行了改选,把对党忠诚、政治觉悟较高、能密切联系群众、具有一定领导能力的优秀党员选拔到了支部的领导岗位上。如据1955年8月的报告所示,其时改选和个别调整了支书2人、其他各支委17人,新选17人,连选连任的41人,被撤职的5人,未能连任的15人,新选支委19名。与此同时,基层政权、武装、青团妇等各组织也都进行了改选。其中,基层政权改选中原有的3名乡长被撤职1人、清理1人、提为支书1人、新选3人;原有副乡长中被撤职1人、调职1人、新选13人;原有各委员会的主任中被撤职的5人、调职的1人、落选13人,新选13人;原有妇联主席中落选3人,新选3人。经过整顿,各支部加强了支部领导核心,各系统的领导者也得到加强,因而农业生产互助合作及其他各项工作均有了极大改进。原来支部组织涣散无力,各项

---

① 《关于农村支部整党工作总结报告》(1955年8月14日),寿档:2-2.1.1-258-9。

工作很难完成,整顿后加强了支部的战斗力,各层级领导也能够积极领导,保证了各项任务的完成。此外,为了彻底改变落后支部,巩固组织基础,各支部在整党中特别注意培养积极分子和发展新党员。据53个整党支部的统计数据所示,这些支部共教育训练了积极分子355名,其中培养了建党对象227名,截至整党结束前后,经县委批准这些支部接收了133名新党员,并请示县团委批准发展将78名25岁以下的青年建团对象为团员,这扩大了党的组织,吸收了新鲜血液,加强了党的战斗力,为巩固整党成果及做好之后的工作打下了牢固的基础。①

第四,密切了党群关系。整党工作的目的之一就是解决党群关系中存在的问题。其时存在许多违反群众路线的严重缺点:一种是家长式的领导方法,不是以党代政就是以政代党,实行包办代替,不善于发挥群众的力量。如六区双水村,不论什么工作,不通过支书不能办事,以致造成全体干部工作不积极的状况。二区河底学校领灯油、教员汲水及柴炭问题,支部书记不在就没有人去解决。第二种是缺乏工作说服能力,不命令就没法工作。如一区白矾岭村村长在秋征时,不从解决群众思想问题着手,而强迫群众说"谁不交公粮把村长给谁搁下"。第三种是权威思想作怪,认为自己是干部党员,怎么做都对,缺乏群众观点,如三区南下洲村支委在药铺买药低价赊买,郭村杨某交公粮交坏粮。老区由于历史上整党单纯整缺点和政治上麻痹,"目无敌人",以致形成了一团和气。另如,尾巴主义则是失掉了组织原则,表现在对工作消极怠工,应付"门市",在党内当好人,认为"说的话多,惹的人多""为一个比惹一个强"。此外,针对诸如贪污腐化赌博等脱离群众的作风,各地均进行了严肃批判,把命令特权、尾巴主义、群众路线三者的界限用实例划清,说明这三者对党对人民的危害,提出了解决方

---

① 《关于农村支部整党工作总结报告》(1955年8月14日),寿档:2-2.1.1-258-9。

法,教育了党员,提高了党员的思想觉悟,党群关系趋于团结。①

在1954年的整党中,寿阳全面发动,依靠群众,理清问题,解决问题,达到了密切党与群众关系的目的。张村乡付家垴村召开民兵、妇女、互助组各系统会议,给党员王某、潘某等提出了批评意见,如不领导互助组,易犯自由主义的毛病,泄露支部会机密等。针对这些问题,整党中首先启发党员,让他们在认识成熟的基础上,有领导、有目的地在群众中公开作深刻检讨。王某、潘某表示虚心接受群众意见,改正错误,决心搞好互助组。因检讨较好,群众也满意。当时,付某等群众也检讨了自己不愿参加互助组、怕不自由、怕吃亏的错误想法,他们说"党员有错误能改,我们也能改",表示自己以后服从领导,共同办好互助组。党群关系逐步改善,也促进了各村的生产。如王某等五个妇女在挖黑豆时取得了同工同酬,一些老年人也感到共产党的政策真是以理服人。② 为了改变群众对某些党员的认识,一般要求整训党员回村解决问题时要作深刻检讨,"检讨越深刻,群众才会相信你有改过的决心""检讨不是丢人,相反的更会提高党的威信和自己的威信",同时也指出,对于群众指出的问题要做到"有则改之,无则加勉",万一"群众意见与事实不符也要虚心解释"。凡是依此行事者,检讨就能得到群众满意。如东郭义村群众开始对副支书齐某满腹意见,由于齐某检讨深刻,群众情绪顿时转变,都说:"共产党就是好,党员贪污了三五十万元钱,还得在大会上向群众这样道歉,过去二战区(国民党)的官员贪污了几百万、几千万,不用说道歉,不打骂群众就是好的。"相反,如果满足于"刚整了党检讨不成问题",不再去做工作,检讨就不会使群众满意。如一区峰李庄大会检讨过程中就发生了检讨人与群众顶嘴现象,结果作了两次检讨才解决问题。③ 由此可见,密切党群关系需要

---

① 《寿阳县冬季整党基本总结》(1951年3月18日),寿档:2-2.1.1-64。
② 《关于我县一、二批整党工作的总结报告》(1954年10月10日),寿档:2-2.1.1-174-34。
③ 《第一批整训党员回村解决问题的简报》(1952年),寿档:2-2.1.1-84。

党员对自身存在问题有深刻认识,并在实际行动中使群众满意。

第五,促进了合作化运动和生产活动有序开展。1950年整党后的支部积极转向领导生产,制订生产计划。二区整党后建立了8个村供销社,羊头崖村通过冬产活动,组织了大车等三个组,准备从春耕转向互助。三区郭村全村26名党员,参加互助的就有19名。二区红窊村整党后,党员分片组织互助组,不少村通过冬季生产活动,为组织工作打下了良好基础。① 1954年整党后,党员的社会主义觉悟得以提高,更坚定了走社会主义道路的热情和信心,大大促进了互助合作运动。据11个乡统计数据所示,总共有6741户农户,整党开始前参加组织的农户有4383户,占到总户数的65%,共有554个互助组,有40%至50%是自流或半自流的状态(如城关镇64个互助组,只有25个较好,半自流的有26个,垮了台的有13个)。整党中有80%的互助组经过了整顿,如城关张某等支委积极领导党员整顿了52个组,改变了互动组原来的自流状态,并发动群众参加信用社入股达1128股;张村乡付家垴自然村把原来10个互助组整顿合并成7个组,帮助4个组改选了组长,把3名妇女积极分子选为互助组组长或副组长。经过整顿,各互助组不仅改选了领导,更重要的是进一步贯彻了党的"自愿互利"的互助合作政策,调整了互助组的成员,真正做到了组员本人满意,因而有13名个体农民自愿参加了互助组,11个乡准备新建33个农业社,报名参加的农户已达到1141户,占总农户的17%。其时,边教育、边行动的办法,坚定了党员行动的决心和信心,考察了整党效果,促进了生产工作。第一期整党是以锄苗、追肥、补种等生产活动为中心,并成为整党的实际行动。据4个乡统计数据所示,整党中发动群众把种下的147857亩黑豆普遍锄过3次,其中267亩锄过4次;玉米追肥1177亩,占下种亩的74.1%;其他各种作物均全部锄过一至三次不等。第二期整党是秋季生产时与洪水等自然灾害做斗争。据

---

① 《寿阳县冬季整党基本总结》(1951年3月18日),寿档:2-2.1.1-64。

7个乡统计数据所示,1953年种麦6812亩,1954年实种7761亩,比上一年增加949亩,并且组织群众调剂麦种4376斤(自行调剂不统计在内)。程子窊乡党员付某带头发动群众调剂麦种335斤,帮助32户非种麦户扩大麦田27亩。此外,通过党员积极分子的带头作用,7个乡还挖渠10082丈,挽救了各种作物1076亩,扶苗762亩,补种菜数3885亩。①

第六,积累了农村党组织建设的经验。整顿组织工作作为其时的重要工作之一,虽然有规划,但没有现成经验可循。在实践中情况不同,方式方法亦不同,所以结合实践不断地探索和总结是其时组织工作中的重要环节。从其时上报的各级组织工作报告中可见,每一份工作报告中均对其工作中可行的办法进行了梳理和总结,以为后来的工作提供借鉴。如1955年的整党工作报告就梳理了几点经验。

其一,正确地组织和使用整党力量是保证整党工作顺利进行与改造落后乡的重要环节。必须在党委统一领导和具体指导下,组织专门力量,用一定时间才能取得整党胜利。这些支部的问题复杂严重,如果没有整党经验和坚强有力的干部去领导,就不可能达到整党与改造落后乡的预期目的。因此县委必须重视,并加强具体指导,由公安、政法等有关部门的干部结合组织员组织成专门整党工作组,经过训练组织学习,进一步明确整党与改造落后的方针、政策、目的、意义以及具体工作方法步骤。如其时的21名组织员在地委学习后,思想上明确了整党目的,坚定了自身的意志和信心。组织员赵某反映说:"只要思想目的明确,就不怕困难。"此外,整党要紧密结合中心工作,配合粮食统购统销等工作展开。如寿阳县委派遣经过地委训练的18名组织员进行整顿落后支部工作,另派3名组织员到较好的支部进行整顿工作,要他们负责到底。这样做既通过中心工作贯彻了整党精神,又对

---

① 《关于我县一、二批整党工作的总结报告》(1954年10月10日),寿档:2-2.1.1-174-34。

党员进行了思想发动和教育工作，提高了党员觉悟。一面在完成各项工作的实际中考察支部领导同志的行动，另一面依靠积极分子了解发现支部同志存在的问题，充实教育内容。如有党员曾这样说："县委没有来咱村，什么问题都知道。郭家庄村支书张某包庇富农杀羊漏税，吃了人家一碗杂割也知道了。"如此则促进了党员自觉检讨。整党中县委必须"亲自动手"，深入实际，具体指导，发现问题及时通报，必要时召开整党干部会议，总结一段工作的经验，指出其时存在的问题。这种使整党工作行动统一、思想一致的工作方法，是保证整党工作顺利进行的有力措施。

其二，对党员进行教育，必须把党的基本知识教育和党内存在的问题与党员的思想结合起来，将党的前途教育和实际工作联系起来，这样便于党员接受，也能使党员的体会更深刻。具体方法上应采取回忆、对比、算账，提高党员觉悟，开展批评，鼓励表扬好人好事，树立榜样，批评落后，教育党员认识到党在农村领导的重要性。郭家庄村总结了前任支书郑某自私自利，拒绝党所分配的工作，变成了政治上堕落的人，思想蜕化变质，由原来开店房发展到宰杀猪羊、贩卖牲口，欺骗群众，贩卖土地，欠下很多外债，不敢见人。郑某在检查中说，如果不是这次整党挽救了他，他还有心不想再活。诸如上述事件的检查批判，对遏止党员自发的资本主义思想作用很大，许多党员表示说："坚决不走资本主义的道路。"

其三，整顿落后支部必须全面发动群众，培养党员积极分子，依靠他们查出落后的根源，揭发村中存在的问题和党内的问题，以便两边得到同时解决。如胡家埕乡召开过6次136人参加的土地改革时的贫雇农和部分好中农的座谈会，向他们讲清了改造落后政策的目的和农村的阶级路线，贫农十分兴奋。根据群众所揭发的问题，各支部经过多方面的情况对照，核实问题，按照情节轻重，根据问题的性质，划清敌我界限，对所涉人员分别进行处理——将混入党内和组织内的坏分子清理出去；对一些罪恶重大的反动分子，在整党结束时，召开群众大会公开揭露并扣捕法办;犯有一般错误、情节微小的人员,让其公开检讨,从宽处理或不予处分。同时,在整党中注意培养积极分子,为改进党内外领导工作打下良好基础。①

寿阳县委对组织整顿中存在的缺点亦能客观认识并坦诚面对,并引以为戒。如,1950年整个整党过程中,寿阳县委紧紧掌握"继续提高党员觉悟"的整党方针,分清是非轻重,一般都做了慎重处理,但个别也曾发生了过"左"或过右的偏向——二区在第一批整党中,处理个别"不可救药"的党员时,因其一时的哭泣央求而减轻处分;相反,三区在第二批整党5个村118名党员中即处分了50人(开除16人,留察10人,其他警告处分24人),占党员总数的42.4%,表现出严肃惩办的态度。有些支部则因处分面宽,党员感到不痛不痒,失掉了严肃的教育意义(后经县委指示检查纠正)。②

又如,1954年的整党学习中还有不平衡现象存在,究其原因,一是工作组领导不全面,作风不深入,充分发挥基层力量不够,因而形成了工作组干部所在村不论整党还是互助合作生产运动都有所推动,而不是所在村的各项工作都差。如张村乡12个自然村,工作组干部常在的付家垴、张村等5个村转变较好,而姜家寨等2个村因工作组干部没有去领导工作,整党后根本没有变化。二是组织调配力量也有缺点,如太平村93名党员,只有8名干部领导,每天忙于跑腿,极大影响了整党收效甚或形成形式主义。有的工作组干部讲课能力差,备课也不足,因而有照念条文、不善于结合实际的教条主义存在。有的工作组干部思想目的不够明确,缺乏工作计划性,工作没重点,乱忙一阵,所以收效不大。如胡家埋乡工作组干部王某说:"我们这段工作是碰上了甚干部,甚也想管,甚也没管下个长短,结果是情况澄的不清,解决问题不透,还得补课重整。"吸收积极分子工作带有很大的盲目性,

---

① 《关于农村支部整党工作总结报告》(1955年8月14日),寿档:2-2.1.1-258-9。
② 《寿阳县冬季整党基本总结》(1951年3月18日),寿档:2-2.1.1-64。

如张村乡29名党员就吸收了50名积极分子,选择上也极不慎重,不分好坏,无党组织空白村的团员和非党干部一齐参加;中途动员退出3人,结果他们还有意见。

寿阳县委在具体检查帮助上和及时指导上,也做得不够。① 如1955年的资料中就指出了县委在整党工作中有以下几个缺点。一是整党干部领导水平不一,对个别支部党员的思想问题解决得不够彻底,如新南岔乡因整党干部文化理论水平低,在讲课时不能够理论联系实际,对党员的启发不大,所以虽有补课,但还有个别党员思想问题解决得不够透彻。二是在整党结束时,对党员进行组织处理上存在两种偏向:对个别消极落后党员不愿耐心教育说服,存在"左"的整办现象;还有个别支部对"永不工作"的老党员有些迁就。因有以上两种倾向,整党后组织工作中仍有消极面存在。三是整党工作发展不平衡。一个乡有两个样,胡家埯后沟村、卢家庄乡贾坪村整党后仍有些党员落后,不参加工作,群众也未得到提高,天旱没雨还求神祈雨,坏分子造谣仍不断发生,因此还得继续改造。②

综上所述,其时的组织整顿虽取得了一定的成效和经验,但缺陷和教训亦明显存在,从其时留存档案资料可见各级组织对此亦毫不隐讳,积极应对,在总结实践工作中总是不断地剖析存在的问题,探寻可行的改进路径,以期党的组织日益先进。中国共产党之所以反复进行组织整顿,就在于"不怕自我批评,不怕揭露自己还存在的缺点",对自身存在的缺点"不否认和隐讳",而是"承认它们的存在,在党员面前揭露它们,并想出办法,决心把它们纠正"。③ 可见,中国共产党把整党视为其不断强化党员干部队伍自身建设的重要途径。中国共产党通过整顿以克服党员中存在的各种不良现象,密切党群关系,在民众中

---

① 《关于我县一、二批整党工作的总结报告》(1954年10月10日),寿档:2-2.1.1-174-34。
② 《关于农村支部整党工作总结报告》(1955年8月14日),寿档:2-2.1.1-258-9。
③ 《刘少奇选集》下卷,人民出版社1985年版,第66页。

塑造了勇于自我净化、自我革新的形象,使农村社会全面认同党的执政,从而将政权逐步扎根于广大农村。然而农民党员固有的乡土习性很难在几年内荡涤干净,因而对其"党性"的塑造非一日之功。此外,其时整党采取派驻工作组员到村指导的方式,通常是在完成其中心工作的同时推进整党工作的开展,这就要求领导整党的工作组干部必须目的明确,对如何妥善地、有计划地统一安排好生产和整党工作有清晰的思路,并能统一步调、分工负责。当然,如果结合得不好,就会有相互"挤掉"的危险,不是影响了生产、脱离了群众,便是忙于中心工作而忽视了整党工作,使整党流于形式。所以这种通过外在力量整顿组织的缺陷显而易见。关键的症结是如何进一步强化乡村内生的组织力量。然而,从其时工作中存在的缺点和不足中可见,农村党组织内生力量的增长需要多重因素的累积,需要在实践工作中不断培育和探索。正因如此,对农村党组织的整顿始终不曾停歇,1956年后又结合整顿农业社而继续进行,以期达到其理想的组织形态。正如1952年7月1日,时任中共中央组织部副部长安子文在《在"三反""五反"胜利的基础上加强整党建党工作》一文中所言:"历史经验证明了,我们每进行一次整党,革命的事业就向前迈进一步。中国革命的道路还只走完了第一步,我们不断地整理我们的党,才能达到最后的胜利。"[①]

[①] 韩劲草主编:《安子文组织工作文选》,中共中央党校出版社1988年版,第59页。

结 语

翻阅中华人民共和国成立初期留存的组织工作档案,经常跃入眼帘的便是"扎根"二字。"扎根"二字既表明了中国共产党组织建设的理想目标,又形象地呈现了其动态过程。"大木百寻,根积深也"。中国共产党由建党初期 50 多名党员发展到如今 9800 多万名党员,正是在历史发展进程中一寸一寸地根植之结果。细密精心地步步根植,方使其根须扎得愈来愈广,愈来愈深,愈来愈正,愈来愈牢。

"务农重本,国之大纲。"作为农业大国,为了更加高效地治理乡村社会,执政党扎根农村之重要性不言而喻,乃为其组织建设的必然趋向。然而广袤的农村既有造就组织生长的肥厚土壤,又有制约一个志向高远政党前行的各种羁绊。如何化羁绊为力量是考验中国共产党组织力和生长力的重要标尺。追溯历史可见,中国共产党将组织根须逐步延伸至农村的历程中蕴含了大量的辛劳与付出,正如此,其"化羁绊为力量"的过程更体现了中国共产党真正的能量和智慧所在。

新中国成立初期党组织扎根乡村的实践是中国共产党极为关键的一段组织生长期。该时段是中国共产党全面执掌政权,排除各种政治力量干扰后能集中精力全方位地扎根农村的关键时段,可谓新中国成立以来农村党组织建设的奠基阶段。该时段农村党组织的顶层规划——无论是初始的整顿限制，还是农业合作化期间的大规模发展，其目的均是要建构强有力的农村党组织体系，使其成为农村各项工作的领导和推动力量，从而夯实中国共产党的执政根基。该时段通过不断地自上而下的组织建构，不断扩大党组织的规模，真正意义上实现了"村村有党员，乡乡有支部"，党组织对乡村社会的控制日益加强。回望历史可见，新中国成立初期农村各项工作中所取得的成效与农村党组织建设的不断加强密不可分。新中国成立初期农村党组织的建设是通过上级党组织在乡村中一个一个地逐步推进，从而使得党组织在农村逐渐扎根。如果说革命年代的农村给予了中国共产党许多革命的灵感和力量，而新中国成立后的农村则是实实在在为其组织建设提供了丰富的物质保障。因而，以具有深厚革命传统的农业省份或县为考察对象，可见中国共产党扎根乡村之"密钥"。为此，新中国成立初期的寿阳县农村党组织的建设可视为其时整个党组织建设的缩影。结合时代主题，中国共产党为解决其时农村党组织存在的各种问题，在该地区所做出的努力探索，对其时的农业生产和乡村社会建设均起了极大的促进作用。其实践过程正是中国共产党乡村党组织建设基层实践的具体呈现，从中更能体察到其时党组织建设的实况和趋向。

搜诸史料，通过对新中国成立初期寿阳县农村党组织的吸纳、党员的构成、党员的教育、党组织的整顿等层面的考察，其时农村党组织的组织形态及发展实态跃然眼前，其时组织发展的复杂面相亦得以重现。从新党员的吸纳机制和实践看，其间依据上级指示和当地组织部门的相关规划，各农村党组织遵循既定的工作程序，积极采取各种措施，推动了组织吸纳工作的进展，总体上完成了建党任务。尤其是中国共产党为了保持组织系统的严密性和纯洁性，更加注重考察所吸纳党员的条件。诚然，浸染乡间日久，农民阶层所固有的传统习性和思维定式很难轻易改变，农民党员的思想状况和实际行为与其时中国共产党对党员所期望的理想形态差距极大，可以想见农村党组织工作面临的困境，实践中农村党组织的建设始终存在执政理想与现实困境之间难以消解的矛盾。这亦是农村党组织建设始终不能松懈、需不断完善的实践趋向之必然。为了提升农村党员的组织意识和思想认识,并使其在其时农村社会各项工作中发挥应有的担当,中国共产党积极探索农村党员的教育方法,通过自上而下地积极规划,采取集训、普训到经常化训练的形式,有计划地分批分类地进行训练教育,在实践中逐步探索出一些适合农村特点、符合农村党员思想和实际行为的训练教育形式,使农村党员的教育日益经常化或日常化。其时的教育内容亦特别针对农民党员的乡土性中诸如文化水平低下、眼界偏狭、自私自利,缺乏献身精神等,施以目标远景教育、党员标准教育、时事政策教育等,以期在农村社会不断培育出合格的共产党员。这些教育的具体效果虽难以精确丈量,但从其时党员的话语表达和行为模式的逐步转变,乃至实践工作的具体推进,已然显露出教育所达致的前行趋向。当然,鉴于农民党员身上所凝结的乡土习性和经验意识积淀日深,难以通过几年的短期训练完全将其纠正,所以其时农村党员的教育实际上并未完全达到执政党现实需要的理想状态。直至今日,亦难言农村党员均已达致中国共产党高远意识形态所期望的理想状态。因此,随着时势变易,对农村党员的教育仍需不断探索和完善。

党的力量来自组织。农村党支部作为党的基层组织,在中国共产党自上而下的组织体系中具有至关重要的作用。上级党组织对党员的管理、各项工作的推进、上级决议的贯彻落实都须通过基层党支部来付诸实践。新中国成立初期,党日益重视农村党支部建设,而支部制度的规定与实践间的张力一直存在。中国共产党人恪守初创时的理想信念是其组织本分,但农村党员因受其所处环境的制约,基于现实利益考虑者居多,这明显与其时的意识形态准则相悖,故而影响到其所属农村党组织——支部作用的发挥。为了促进支部组织效能充分发挥,中国共产党对农村党组织的整顿在该时段始终未曾停歇。从寿阳县农村党组织的整顿来看,基层支部存在诸多问题,党员数量的增加与党员质量的提升并不完全同步。在基层实践中,为了完成组织吸纳计划,各种有违组织原则的"拉夫"、"只看个人劳动表现"而不顾及其思想意识转变的状况比比皆是。作为执政党的中国共产党很难容纳不合格者滞留党内,因而,必须按照党员标准来审查党员,清除不合格党员,净化党的组织,完善组织制度,使党组织更能深入群众,以密切党群关系,促进各项方针政策的顺利推进。正是通过大量细致入微的工作,特别是对每一个党员的审查、批评或处分,既显示了党对农村党支部的控制能力,也呈现出党对群众利益的悉心呵护,无形中传递着中国共产党对自身组织严格管理和净化的严格态度,使农民更加认同全面执政后的中国共产党的整体形象和施政方针,使基层党员日益自觉地严于律己,进一步密切党群关系,群众日益主动地融合到执政党的政权体系中,从而将党组织及基层政权逐步扎根于广大农村。可以说,其时的组织整顿亦为一种党员形象塑造的组织化仪式。

当然,无论是党员的吸纳、党员的教育,还是党组织的整顿,整个实践过程历经繁杂,工作中的缺陷在所难免。极为可贵的是,寿阳县的各级组织部门对工作中的缺陷亦有清醒认识,能够坦然直面,这从其上报的总结报告中明显可见。他们在报告中对实践中存在的问题均直言不讳,这亦恰恰能反证农村党组织建设之复杂和艰难,还客观展现了中国共产党"少讲成绩,多摆问题"的革命传统之实质。不仅如此,各级党组织往往在摆出存在问题的同时会针对问题提出之后的改进措施。诚然,所存在的问题中,有些是根深蒂固的老问题,有些是前所未见的新问题,均非一日之功可以彻底解决,需在实践中不断探索,循序渐进,但其面对问题亦提出改进措施的坦诚的确是一种正确态度和优良作风。正是在碰到难题、迎难而上,解决问题、细寻不足,针对问题、继续改进的这样一种螺旋式递进中,展现了中国共产党在农村组织建设实践中实事求是、力求完善的勇于自我革命的精神。总之,中国共产党从中华人民共和国成立之初到1956年的七年农村党组织建设实践中所取得的成绩不容忽略,然而所存在的缺陷亦不可回避。无论成绩或缺陷均为一种客观的历史呈现,借助史料细致描述,既有助于对其时组织实态生发更清晰的认识,又能对这一时段丰富复杂的社会图像和时代特征有更深刻的体认,还能从更深层次上体味中共在农村党组织工作历经艰难曲折中的坚定与执着。

新中国成立初期中国共产党通过积极探索和努力,建立和完善了乡、村基层党的组织系统,夯实了党执政的组织基础。通过对一个普通县份的考察,既生动地呈现了中国共产党在农村组织建设中积极应对各种困境的真实面相,又精细地梳理了其时农村党组织建设所遵循的逻辑和规律,这些亦可为当前农村党组织建设提供极为有益的经验和借鉴。时至今日,农村、农业、农民问题仍是关系我国社会主义现代化进程的重大问题,亦始终为全党工作的重中之重。做好农村工作,关键在农村基层党组织。只有农村党组织坚固起来,党在农村的各项工作才能有坚实的基础,农村的发展稳定才能有可靠的保障。习近平总书记曾言:"党和人民事业发展到什么阶段,党的建设就要推进到什么阶段。这是加强党的建设必须把握的基本规律。"①观今宜鉴古,无古不成今。习近平总书记还强调:"我们党抓党的建设,很重要的一条经验就是要不断总结我们党长期以来形成的历史经验和成功做法,并结合新的形势任务和实践要求加以创新。"②因而,在当前全面从严治党的形势下,深入梳理和总结新中国成立初期农村党组织建设的经验可为当前农村党组织建设提供借鉴。

以史为镜,新中国成立初期农村党组织建设的经验对当前农村党组织建设的启示可大致归纳如下几点。第一,深刻认识新形势下的农村新党情始终是加强农村党组织建设的基本前提。不同历史阶段,社会环境不同,党情亦有差异,每当面临时代转型,其情势则更为复杂。党的十八大以来,中国特色社会主义进入新时代,身处新的历史时期,

---

① 习近平:《在庆祝中国共产党成立 95 周年大会上的讲话》(2016 年 7 月 1 日),《习近平论中国共产党历史》,中共中央党史研究室编印 2017 年 1 月,第 322 页。
② 习近平:《关于〈关于新形势下党内政治生活的若干准则〉和〈中国共产党党内监督条例〉的说明》(2016 年 10 月 24 日),《人民日报》2016 年 11 月 3 日。

农村党员的思想、行为等未必完全与时代合拍。因而,结合现实,调查分析,以深刻认识新形势下的农村新党情,特别是要对农村党组织的组织状况、党员的思想状况、作风状况等进行全面的摸底调查,方能针对新形势下的新情况、新问题积极地探索逐步改善党情的新举措。第二,建立健全农村党组织体系始终是推动农村各项工作付诸实践的组织保障。为了保证党的路线、方针、政策能在农村顺利地贯彻执行,应结合农村社会发展状况,创新组织设置方式,及时合理地根据区域分布、党员流动趋向等调整党组织设置,努力实现农村基层党组织全面有效地覆盖,以便更好地发挥农村基层党组织的创造力、凝聚力和战斗力。第三,强化农村党员干部的教育培训始终是不断优化农村党员队伍的现实路径。为了不断提升农村党员质量,就要依据农村社会的发展趋向与时俱进地丰富和拓展教育内容,使其具有现实针对性。尤其要通过加强理想信念、政治理论和党建知识等教育,全面提升党员的组织觉悟和党性修养,以保证基层党组织的纯洁性和先进性。同时要创新党员培训的方式方法,新时代下应利用各种新型的信息化手段改进教育培训的方式,培育农村党员的信息化素养,发挥好现代远程教育作用,逐步构建起便捷有效的培训格局,使农村党员的教育学习成为日常。第四,重视农村党组织的制度建设始终是充分发挥农村党组织战斗堡垒作用的重要保证。新中国成立初期通过组织制度建设以不断规范农村支部是有效可行的。当前,更要结合农村发展变化,大力加强"三会一课"、"四议两公开"、党员活动日、民主生活会、民主评议党员、党员管理、党费收缴、党员联系群众等制度的建设和落实,使农村党组织运行有制度可依,组织工作更加规范化,充分发挥基层党组织的堡垒作用。第五,坚持不懈地净化农村党组织系统始终是确保农村党组织积极应对新形势的长效机制。结合实际工作狠抓组织净化,以逐步提升农村党组织面对新形势的组织定力,在任何时候都不过时。当前主要是持续排查整顿软弱涣散的农村党组织,对违纪违法党员要给予严肃处理,处理时要明确认定标准、处置程序和政策界限等,以此进一步保持党员队伍的纯洁性,不断夯实农村组织基础,使农村党组织持续焕发生机和活力。总之,结合历史经验和现实状况可见,新中国成立初期党组织扎根乡村的实践和经验对当前农村党组织建设的推进仍有借鉴和启示意义,当前农村党组织建设仍然可从如上几方面不断深入和强化。当然,党在不同的历史时期会面临不同的形势和任务,管党治党面临的问题和挑战亦在不断发展变化。新时代党组织建设既有新情况,又有新要求;既有新特点,又有新任务。当前,乡村振兴战略的实践离不开农村党组织建设,需要教育党员认清自己所处的历史方位,明白自己所应担负的时代责任。因此,农村治党的形式和方法既可参照过去的经验,更需与时俱进,不断改革创新,以增强农村党组织建设的针对性和实效性,从而全面构建农村社会良好的政治生态。

在历史和现实的不断碰触中,笔者发现对于新中国成立初期农村党组织建设的研究是一个内涵极其丰富的论题,其时的组织工作除了党员的吸纳、教育和整训,还包括干部工作、组织管理工作等,对党政关系、党群关系、上下级党组织关系等的考察亦能深化对其时组织工作的认识。此外,更不能忽略置身于整个组织网络体系中的党员个体。笔者专注于这段历史,亦想努力呈现农村党员个体在党组织的发展演进中之命运和境遇,以突破过往组织史研究中"重组织"而"轻个体"的局限。当然,仅靠档案资料的收集、整理与研究可能还远不能完整呈现历史的丰富面相,但这些留存的组织档案恰恰就出自其时的党员干部之手,既提供了可以观察历史的原料,更直接呈现了研究对象的遗迹。反观中国共产党在乡村社会的扎根过程,可见其间农村党员的成长轨迹亦较为曲折。农村党员来源于乡村社会,其成长的环境乃至传统思维的积淀,致使农村党员群体呈现出双重面相——他们既是生长在熟悉村落并受传统村落文化深刻影响的村民个体,亦为隶属党组织并须服从于党组织的党员个体。可以说,身在组织,心难脱俗。因而,农村党员要经历多重考验,而党组织亦需费尽心力展开多方工作,以使农村党员不断提升自我,符合党员标准。档案资料或明或暗地透露了其时农村党员的群体具象:不断地用各种形式对农村党员施以教育,暗含了农村党员曾经知识水平和认知能力低下,缺乏应有的组织性格;不断地强化组织整顿的频率,暗含了农村党员曾经意识和行为常常游离于党组织所期望的理想形态之外;不断地强调党员要服从党组织,暗含了农村党员曾经无序散漫和消极被动;不断地强调整顿后要密切群众关系,暗含了农村党员曾经与普通群众存在隔膜和疏离;等等。从中可见其时农村党组织内在的一种无形的张力。农村普通民众对中国共产党的认识主要是通过身边的党员的具象去建构抽象的中国共产党的高大形象的,这无形中使农村党员受到一种组织外的监督,更强化了党员自身与群众对党员应具有的组织界限的认识。事实上,农村党员就是在这样一种组织张力和界限中逐步成长的。换个视角,历史真实的一面自然呈现,透过这些真实更能探寻历史演进的逻辑和规律。毋庸置疑,如果能结合田野调查进行描述,那些党员具象及党组织建设历史将会更为丰富和立体。这是日后笔者继续努力完善之处。相信随着各个方面研究的进一步深化,未来将能更为生动具体地呈现历史的丰富面相。

总体而言,以区域的视角,以一个县域为例考察组织史,可以洞察中国共产党组织发展历程的复杂和精妙。正如吕思勉先生在《中国通史》绪论中谈及文化史研究的方法时所言:"要合之而见其大,必先分之而致其精。"对于中共组织史研究亦当如是。中共组织史研究的目标是总结组织发展的历史经验,探寻组织演进的客观规律,把握组织发展的实践趋向。因而只有通过对不同时段、不同地域的中共组织史的各个层面进行深入研究,以充分呈现和展示一定历史时段中国共产党组织发展的时代特征、区域特点及组织个性,方能更全面深刻地认识整个组织发展运行的立体图像和丰富内涵,也才能更客观地体察中国革命、建设和改革过程中中国共产党自身发展和运行所经历的艰难和曲折,以及中国共产党为此不断革新自我的努力和奋斗。因而,在开放多元的学术环境中,从多层面、多视角去拓展中共组织史的研究取向和维度,呈现其来路所经历的一切,无论辉煌与成就,还是艰难与曲折,均必然成为学者们的一种学术自觉。当然,如何更好地结合微观与宏观,将两种视域的研究相互补充和融合,达致宏微互洽,应为中共党组织史研究者和其他历史学者的共同论题以及孜孜不倦以求实现的学术目标。在学术新时代,相信学者们会以更敏锐的学术视界、更明晰的问题意识、锲而不舍的追问精神,炼实功夫,辩证思考,见微知著,使中共组织史研究蒸蒸日上,硕果迭出。

主要参考文献

一、已刊(版)文献集

1. 毛泽东选集.第4卷.人民出版社,1991.
2. 毛泽东文集.第2卷.人民出版社,1993.
3. 毛泽东文集.第6卷.人民出版社,1999.
4. 刘少奇选集.上卷.人民出版社,1981.
5. 刘少奇选集.下卷.人民出版社,1985.
6. 周恩来选集.上卷.人民出版社,1980.
7. 中共中央文献研究室编.建国以来毛泽东文稿.第1册.中央文献出版社,1987.
8. 中共中央文献研究室编.建国以来毛泽东文稿.第2册.中央文献出版社,1988.
9. 中共中央文献研究室,中央档案馆编.建国以来刘少奇文稿.第2册.中央文献出版社,2005.
10. 中共中央文献研究室编.建国以来刘少奇文稿.第3册.中央文献出版社,2005.
11. 习近平.论中国共产党历史,中央文献出版社,2021.

12. 中央档案馆,中共中央文献研究室编.中共中央文件选集(1949年10月—1966年5月).第3册.人民出版社,2013.

13. 中央档案馆,中共中央文献研究室编.中共中央文件选集(1949年10月—1966年5月).第6册.人民出版社,2013.

14. 中央档案馆,中共中央文献研究室编.中共中央文件选集(1949年10月—1966年5月).第7册.人民出版社,2013.

15. 中央档案馆,中共中央文献研究室编.中共中央文件选集(1949年10月—1966年5月).第8册.人民出版社,2013.

16. 中央档案馆,中共中央文献研究室编.中共中央文件选集(1949年10月—1966年5月).第15册.人民出版社,2013.

17. 中央档案馆,中共中央文献研究室编.中共中央文件选集(1949年10月—1966年5月).第16册.人民出版社,2013.

18. 中央档案馆,中共中央文献研究室编.中共中央文件选集(1949年10月—1966年5月).第18册.人民出版社,2013.

19. 中央档案馆,中共中央文献研究室编.中共中央文件选集(1949年10月—1966年5月).第20册.人民出版社,2013.

20. 中央档案馆,中共中央文献研究室编.中共中央文件选集(1949年10月—1966年5月).第24册.人民出版社,2013.

21. 中央档案馆,中共中央文献研究室编.中共中央文件选集(1949年10月—1966年5月).第25册.人民出版社,2013.

22. 中央档案馆,中共中央文献研究室编.中共中央文件选集(1949年10月—1966年5月).第26册.人民出版社,2013.

23. 中共中央文献研究室编.建国以来重要文献选编.第4册.中央文献出版社,1993.

24. 中共中央文献研究室,中央档案馆编.建党以来重要文献选编(1921—1949).第15册.中央文献出版社,2011.

25. 中共中央文献研究室编.十八大以来重要文献选编.中.中央文献出版社,2016.

26. 国务院法制办公室编.中华人民共和国法规汇编(1953—1955).第2卷.中国法制出版社,2014.

27. 中共中央组织部等编.中国共产党组织史资料.第5卷.中共党史出版社,2000.

28. 中共中央组织部等编.中国共产党组织史资料.第9卷.中共党史出版社,2000.

29. 中共中央组织部编.中国共产党党内统计资料汇编.内部发行.党建读物出版社,2011.

30. 中央宣传部办公厅编.党的宣传工作会议概况和文献.中共中央党校出版社,1994.

31. 中共山西省委组织部,山西省档案局编.中国共产党山西省组织史资料(1949.10—1987.10).山西人民出版社,1994.

32. 李茂盛等主编.当代山西重要文献选编.第1册.中央文献出版社,2004.

33. 韩劲草主编.安子文组织工作文选.中共中央党校出版社,1988.

34. 中共山西省委党史办公室编.赖若愚文稿.中共党史出版社,2012.

二、馆藏档案资料

1. 全县党的组织概况统计表.1947年3月8日.寿阳档案(以下简称"寿档"):1-1-142-25

2. 寿阳县土地改革典型村考察总结.1947年11月15日.寿档:1-1-38-1.

3. 寿阳县公开支部统计表.1949年7月1日.寿档:1-1-152-3.

4. 寿阳县委组织部关于今后半年组织工作计划与意见.1948年11月12日.寿档:1-1-136-2.

5. 晋中区党委关于培养妇女干部与发展妇女党员的指示.1948

年10月25日.山西省革命历史档案:A47-1-114-11,太原:山西省档案馆藏.

6. 寿阳县妇委会关于妇女参加土改的总结.1949年4月16日.山西省革命历史档案:A47-2-111-2,太原:山西省档案馆藏.

7. 老区这次土改整党的情况.寿档:1-1-132-41.

8. 这次土改新区公开建党情况.寿档:1-1-132-41.

9. 寿阳县委二三月综合工作报告.1949年3月31日.寿档:1-1-67-7.

10. 寿阳县行政区划人口及党的组织综合统计表.1949年6月.寿档:1-1-124-23.

11. 寿阳县农村党员增减四五六月份报表.1949年6月.寿档:1-124-24.

12. 寿阳县农村支部支委四五六月份统计表.1949年6月.寿档:1-1-124-25.

13. 寿阳县七八九月份的党员分布统计表.1949年9月.寿档:2-3.1.1-1-3.

14. 寿阳县七八九月份行政区划人口及党的组织综合统计表.1949年9月.寿档:1-1-148-12.

15. 寿阳县农村党员增减七八九月份报表.1949年9月.寿档:1-1-148-19.

16. 太原区一地委组织部关于半年来组织工作的总结报告.1949年8月10日.寿档:2-1-139-38.

17. 关于整党与建党问题.1949年10月20日.寿档:1-1-150-6.

18. 寿阳县委关于建党工作的具体计划.1952年9月20日.寿档:2-2.1.1-84-1.

19. 寿阳县委关于1953年6—12月底建党工作计划.1953年6月15日.寿档:2-3.1.1-76-1.

20. 寿阳县委关于1954年内建党的计划.1954年6月15日.寿档:2-2.1.1-174-5.

21. 关于我县1954年建党工作总结及1955年建党工作计划.1955年4月24日.寿档:2-3.1.1-129-61.

22. 中共寿阳县委组织部关于1955年建党工作基本总结及1956年至1957年的建党规划.1956年5月9日.寿档:2-3.1.1-167-1.

23. 关于建党工作会议的报告.1956年9月16日.寿档:2-3.1.1-167-10.

24. 寿阳县党员统计表.1951年12月14日.寿档:2-3.1.1-22-2.

25. 寿阳县党员统计表.1952年12月9日.寿档:2-3.1.1-38-29.

26. 寿阳县委关于夏季建党工作总结报告.1954年9月3日.寿档:2-2.1.1-174-6.

27. 关于我县1956年全年建党工作总结报告.1956年12月17日.寿档:2-3.1.1-167-5.

28. 关于我县前半年建党工作的情况和存在问题及提出今后继续完成建党任务的几点意见.1956年9月10日.寿档:2-3.1.1-167-8.

29. 关于填写入党志愿书应注意的几个问题.1955年4月18日.寿档:2-3.1.1-122-8.

30. 关于填写入党志愿书几个问题说明.1956年8月26日.寿档:2-3.1.1-162-12.

31. 关于新党员入党仪式举行的方法内容.1956年9月4日.寿档:2-3.1.1-162-11.

32. 关于新党员举行入党仪式的方法.1954年2月16日.寿档:2-3.1.1-86-13.

33. 我县建党谈话员以来的工作检查及今后几点改进意见.1956

年8月16日.寿档:2-3.1.1-162-13.

34. 中共寿阳县委组织部关于对预备党员巩固提高的计划(草案).1957年5月23日.寿档:2-3.1.1-231-1.

35. 寿阳县1950年第一期农村党员训练总结报告.1950年3月27日,寿档:2-3.1.1-16-3.

36. 寿阳县关于农村党员集训情况综合报告.1951年2月1日.寿档:2-3.1.1-83-10.

37. 寿阳县委农村整党计划.1950年11月20日.寿档:2-2.1.1-84.

38. 寿阳县委关于训练农村党员干部的计划.1950年11月4日.寿档:2-3.1.1-19-1.

39. 关于开办农村党员训练班的通知.1950年3月9日.寿档:2-3.1.1-16-2.

40. 寿阳县委关于三年普训党员干部的具体计划.1951年10月30日.寿档:2-2.1.1-64-3.

41. 寿阳县委关于集训农村党员训练计划.1952年8月6日.寿档:2-2.1.1-84-6.

42. 关于加强党员教育工作的指示.1954年12月7日.寿档:2-2.1.1-174.

43. 榆次地委关于在农村支部实验共产主义教育的通报.1951年9月5日.寿档:2-2.1.1-58-26.

44. 中共榆次地委关于执行省委1951年支部教育计划的指示.1951年3月15日.寿档:2-2.1.1-58-28.

45. 农村整党教育要点(初稿).1954年.寿档:2-2.1.1-171-2.

46. 中共寿阳县委第三期整党训练学习婚姻法的简报.1953年3月16日.寿档:2-2.1.1-120-60.

47. 中共寿阳县委关于党在过渡时期总路线的学习计划.1954年4月14日.寿档:2-2.1.1-174-20.

48. 东郭义党支部整党情况的典型报告.1952年12月8日.寿档:2-2.1.1-84-23.

49. 张韩河党支部整训情况的典型报告.1952年12月13日.寿档:2-2.1.1-84-24.

50. 南燕竹党支部整训情况的典型报告.1953年1月3日.寿档:2-2.1.1-120-109.

51. 寿阳县委关于学习和推行璩寨党支部领导工作经验的计划.1953年4月19日.寿档:2-2.1.1-120-80.

52. 关于集训一类支部农村党员的报告.1950年12月12日.寿档:2-3.1.1-16-4.

53. 农村党员干部训练总结报告.1951年9月15日.寿档:2-3.1.1-19-5.

54. 寿阳县第一、二、三三期农村整党训练工作总结.1953年3月21日.寿档:2-2.1.1-120-70.

55. 关于我县集训落后支部党员的总结.1955年2月2日.寿档:2-2.1.1-258-3.

56. 寿阳县委关于整顿党的基层组织的工作计划.1951年.寿档:2-2.1.1-64.

57. 寿阳县委关于农村整党工作计划(草案).1952年9月22日.寿档:2-2.1.1-84.

58. 关于农村支部巩固整党成果的计划草案.1953年1月17日.寿档:2-2.1.1-120.

59. 寿阳县委关于克服党不管党的支部工作计划.1953年4月12日.寿档:2-2.1.1-120.

60. 中共寿阳县委关于1954年整党计划.1954年6月10日.寿档:2-2.1.1-174.

61. 寿阳县冬季整党基本总结.1951年3月18日.寿档:2-2.1.1-64.

62. 三、四两月整顿农村支部组织工作简报.1951年5月20日.寿档:2-3.1.1-19-9.

63. 1951年全年组织工作总结报告.1951年1月25日.寿档:2-3.1.1-83-11.

64. 寿阳县委组织部整党试验村工作简报.1951年8月24日.寿档:2-3.1.1-19-4.

65. 寿阳县委组织部上曲整党试验村第二次简报.1951年9月27日.寿档:2-3.1.1-19-6;

66. 寿阳县委组织部上曲整党试验村总结报告.1951年10月18日.寿档:2-3.1.1-19-3.

67. 寿阳县委给榆次地委的整党动员报告.1952年11月15日.寿档:2-2.1.1-84.

68. 关于我县一、二批整党工作的总结报告.1954年10月10日.寿档:2-2.1.1-174-34.

69. 关于农村支部整党工作总结报告.1955年8月14日.寿档:2-2.1.1-258-9.

70. 第一批整训党员回村解决问题的简报.1952年.寿档:2-2.1.1-84.

三、报刊资料

1. 王丕玉.寿阳县进行整党工作的经验.《山西日报》1953年1月17日,第3版.

2. 关于推广璩寨党支部工作经验的指示.《山西日报》1953年3月21日,第1版.

3. 王成旺.寿阳、盂县、平定三县动员党员参加整党训练的经验教训.《山西日报》1953年2月12日,第3版.

四、中文著作

1. 中共中央党史研究室. 中国共产党历史. 第 1 卷. 上册. 中共党史出版社,2011.
2. 谢春涛主编. 中国共产党如何治党. 新世界出版社,2017.
3. 中共山西省委党史办公室. 中国共产党山西历史. 第 2 卷. 上册. 中共党史出版社,2012.
4. 中共中央党史研究室. 中国共产党历史. 第 2 卷. 中共党史出版社,2011.
5. 赵生晖. 中国共产党组织史纲要. 安徽人民出版社,1988.
6. 肖东波,曹屯裕. 新中国成立初期执政党建设研究. 浙江大学出版社,2010.
7. 卢先福,龚永爱主编. 农村基层党建历程. 湖南师范大学出版社,2011.
8. 行龙. 从社会史到区域社会史. 人民出版社,2008.
9. 梁启超. 中国历史研究法. 上海世纪出版集团上海古籍出版社,2006.
10. 李里峰. 革命政党与乡村社会——抗战时期中国共产党的组织形态研究. 江苏人民出版社,2011.
11. 杨念群等主编. 新史学:多学科对话的图景. 中国人民大学出版社,2003.
12. [美]柯文. 在中国发现历史——中国中心观在美国的兴起. 林同奇译,中华书局,2002.
13. 王奇生. 党员、党权与党争:1924—1949 年中国国民党的组织形态. 华文出版社,2010.
14. 寿阳县志编纂委员会编. 寿阳县志. 山西人民出版社,1989.
15.《中国共产党寿阳县历史》编委会编. 中国共产党寿阳县历史. 中央文献出版社,2011.

16. 郝正春.经验、技术与权力：晋中新区土地改革研究.中国社会科学出版社,2014.

17. 中共寿阳县委党史研究室编.中国共产党山西省寿阳县历史纪事(1936—2004).中共党史出版社,2005.

18. 朱汉国,谢春涛,樊天顺主编.中国共产党建设史.四川人民出版社,1991.

19. ［美］杰克·贝尔登.中国震撼世界.邱应觉等译,北京出版社,1980.

20. 李秉奎.太行抗日根据地中共农村党组织研究.中共党史出版社,2011.

21. 张明楚主编.中国共产党基层组织建设史(1921—2016).福建人民出版社,2017.

五、期刊(学位)论文

1. 王先俊.新中国成立初期党的基层组织建设.《中共党史研究》2007年第5期.

2. 吕连仁.新中国成立初期农村基层党组织发展的政策变化及影响分析.《理论探讨》2013年第3期.

3. 李庆刚.论建国初期的整党运动.《上海党史与党建》2003年第8期.

4. 熊秋良."集体化"语境下农村整党考察(1952—1954).《福建论坛》2010年第11期.

5. 罗平汉.东北地区"公开建党"进程分析.《中共贵州省委党校学报》2013年第5期.

6. 黄进华.新中国成立前夕黑龙江地区"公开建党"探析.《中共党史研究》2014年第1期.

7. 刘振华.论中国共产党的政治运动建党方式.《理论探讨》1999年第1期.

8. 徐勇."政党下乡"现代国家对乡土的整合.《学术月刊》2007年第8期.

9. 吕连仁.建国初期"党支部下乡"与农村政治整合.《山东大学学报(哲学社会科学版)》2013年第5期.

10. 杨丽梅.新中国成立初期川北区整党建党运动研究.《中共四川省委党校学报》2012年第4期.

11. 庆格勒图.新中国成立初期内蒙古的党的基层组织建设.《内蒙古大学学报(哲学社会科学版)》2016年第5期.

12. 何志明.地权变动中的新区农村党建工作研究(1952—1954)——以川北达县为个案.《中南大学学报(社会科学版)》2014年第3期.

13. 满永.二十世纪五十年代的农村建党——以安徽省为中心的考察.《中共党史研究》2015年第11期.

14. 王奇生.党员、党组织与乡村社会——广东的中共地下党(1927—1932年).《近代史研究》2002年第5期.

15. 陈启能.略论微观史学.《史学理论研究》2002年第1期.

16. 曲青山.提高反对历史虚无主义的能力与水平.《求是》2018年第4期.

17. 本刊评论员.以党的自我革命推动伟大社会革命.《求是》2018年第3期.

18. 卷帙浩繁鉴往知来——中共组织史资料编纂出版述实.《中共党史研究》2001年第2期.

19. 郭小凌.浅谈史学中的宏观与微观研究.《世界历史》1993年第4期.

20. 黄道炫.如何落实:抗战时期中共的贯彻机制.《近代史研究》2019年第5期.

21. 李泓.张磐石事略.《文史月刊》2007年第6期.

22. 钱江.张磐石的青少年时代.《文史月刊》2006年第3期.

23. 钱江.张磐石一生创办三个《人民日报》.《中国报业》2013年第10期.

24. 赵修.英雄的人民光辉的业绩//中国人民政治协商会议寿阳县委员会文史资料研究委员会编.寿阳文史资料.第1辑.寿阳.1984.

25. 刘传毅.寿阳县二区公所是如何建立和开展抗日工作的.中国人民政治协商会议寿阳县委员会文史资料研究委员会编.寿阳文史资料.第1辑.寿阳.1984.

26. 刘胡兰式的女英雄尹灵芝.《党史文汇》2020年第6期.

27. 赵亮.1951—1954年整党运动研究.博士学位论文.中共中央党校.2012.

28. 陈明艳.1951—1954年中共整党研究.硕士学位论文.南京大学.2012.

后　记

本书是笔者转向党的建设研究方向的第一本著作。此次付印得益于导师谢春涛教授的鼓励和支持。在此特别感谢谢春涛教授在百忙之中给予的引导和鼓励。师道既尊，学风自善。我也将谨记老师教诲，努力学习，辛勤工作，精心生活，踏实前行。

书稿的写作基于笔者所收集的大量现存档案资料。当在档案馆翻阅那些泛着陈墨味道的档案时，笔者由衷地感谢当年的那些党员干部们，正是他们牵引我走进了那段历史。他们书写的大量工作计划、请示报告、数据统计、工作总结等，为探究那段历史留下了最有价值的第一手凭据。翻看那些资料特别是手写资料时，我常常不由自主地揣摩他们当时的心境和处境，这些文字似乎在诉说着他们的各种境遇，透过那些纸张似乎能感觉到他们触摸翻阅档案的温度，从他们留下的笔迹可见他们工作时的态度，无论书写得工整还是有些许潦草，其认真与执着远远超出了处于信息化及大数据时代享受着种种便利的我们之一般想象。正是这些亲切的文字，给予我更多的灵感与遐想，他们是非常值得敬重的一代共产党人。

感谢山西省寿阳县档案局等档案收藏机构的工作人员，他们为我查阅资料付出了极大的辛劳。在审稿期间，他们又对所引档案进行了

后 记

——核对。他们对历史的尊重、对工作的认真态度及对查阅者的耐心让我感动。正是他们让这些鲜活的资料得到了有序的整理和留存,为研究观察历史的后来者提供了极大便利。

感谢晋中市史志研究室庞建明、寿阳县史志研究室马荣琳等专家对书稿的精心审阅,与他们的交流学习更加深了我对这段历史的感悟和体认。

感谢北京林业大学人事处处长赵海燕教授,马克思主义学院刘广超院长、张秀芹书记、金鸣娟教授、巩前文教授等的支持和鼓励,以及教研室同仁给予的各种关照和帮助。

感谢家人的理解、关心和照顾!写作期间,每每忆及父母,百感交集。思绪总是被牵引到父辈们投身革命和参与建设的情境,自己仿佛回到那个热烈火红的年代。反复品味历史的绵长、厚重和温情,我隐约有了一种寻着了根的满足,也更坚定了要去探寻那段历史的信念。很欣慰孩子的健康成长,他没有埋怨忙碌的母亲偶然对他的忽略。感谢爱人的理解与支持,他在忙于自己工作之暇常帮我收集整理资料,分担生活中的各种喜悦与悲伤。总之,家人们的支持与鼓励是我不断前行的坚实动力!

特别需要指出的是,因自己学识局限,书中仍有诸多不足与缺陷,恳请专家学者不吝批评指正。

郝正春

2023 年 11 月于北京